学前儿童美术
教育活动指导

边 霞 主编

国家开放大学出版社·北京

图书在版编目（CIP）数据

学前儿童美术教育活动指导/边霞主编．－－北京：国家开放大学出版社，2022.1（2024.6 重印）
ISBN 978－7－304－11093－2

Ⅰ．①学… Ⅱ．①边… Ⅲ．①学前教育-美术教育-开放教育-教材　Ⅳ．①G613.6

中国版本图书馆 CIP 数据核字（2021）第 263905 号

版权所有，翻印必究。

学前儿童美术教育活动指导
XUEQIAN ERTONG MEISHU JIAOYU HUODONG ZHIDAO
边　霞　主编

出版·发行：国家开放大学出版社	
电话：营销中心 010－68180820	总编室 010－68182524
网址：http://www.crtvup.com.cn	
地址：北京市海淀区西四环中路 45 号	邮编：100039
经销：新华书店北京发行所	
策划编辑：杜建伟	版式设计：何智杰
责任编辑：李京妹	责任校对：张　娜
责任印制：武　鹏　马　严	
印刷：河北赛文印刷有限公司	
版本：2022 年 1 月第 1 版	2024 年 6 月第 5 次印刷
开本：787mm×1092mm　1/16	印张：21.25　字数：413 千字
书号：ISBN 978－7－304－11093－2	
定价：45.00 元	

（如有缺页或倒装，本社负责退换）
意见及建议：OUCP_KFJY@ouchn.edu.cn

Preface 前 言

"学前儿童美术教育活动指导"是国家开放大学学前教育（专科）专业的一门专业核心课程。它是学前教育专业五大领域教育的重要组成部分，是一门培养学生具有基本的美术素养和较强的学前儿童美术教育教学能力的实践性课程。本课程旨在引导学生在理解学前儿童美术与美术教育相关理论的基础上，能够胜任幼儿园不同类型美术教育活动的设计与实施，具备基本的学前儿童美术教育教学能力。

本教材是国家开放大学学前教育（专科）专业的专业核心课程"学前儿童美术教育活动指导"的全国通用教材。本教材的使用对象主要为就读学前教育专业的学生，同时它也可以作为幼儿教育工作者参加继续教育的教材或参考书。

本教材的编写以儿童发展特点与需要、美术学科特点及《幼儿园教师专业标准（试行）》《3—6岁儿童学习与发展指南》《幼儿园工作规程》《幼儿教育指导纲要（试行）》《学前教育专业认证标准》中的相关要求为依据，希望学生通过本课程的学习，能够了解美术、学前儿童美术与美术教育的基本理论，认同学前儿童美术教育的价值和意义；掌握学前儿童美术教育的目标与内容，学前儿童美术教育的原则、方法与途径；能组织与实施不同类型的美术教育活动；能正确评价学前儿童的美术活动与作品。

与国内同类教材相比，本教材在编写过程中努力体现以下课程教学理念与要求：

1. 幼儿为本，观念为先

在本课程的教学过程中，首先要帮助学生建立正确的学前儿童美术教育观念。学生应正确理解学前儿童美术教育的本质和学前儿童美术教育活动过程的特点，对学前儿童美术教育的基本定位形成正确的认识，尊重学前儿童美术能力的发展特点，形成促进学前儿童美术能力发展的责任感。这体现了党的二十大报告中提出要"全面贯彻党的教育方针，落实立德树人根本任务"。我们的幼儿园美术教育要坚持以儿童为本，这是教育的前提。

2. 能力为重，素养为基

通过本课程的学习，学生应该具备的学前儿童美术教育教学能力包括：设计与实施不同类型美术教育活动的能力、幼儿园美工区环境创设与活动组织的能力、根据学前儿童美术能力的发展特点和个性差异进行适宜指导的能力等。作为未来的幼儿教师，要能够引导幼儿去感受美和创造美，自身应具备一定的美术素养和审美能力，包括学生在对美术的兴趣与态度、感知与欣赏、创作与表现等方面所表现出的综合素质与修养，注重素质教育，这是做好学前儿童美术教育的重要基础。

3. 实践为主，反思为径

本课程的基本目标是培养与提升学生的学前儿童美术教育教学能力，帮助学生分析与理解学前儿童美术教育活动设计与实施的特殊性，提高学生将理论知识运用于实践的能力，最终提升学生开展学前儿童美术教育活动的能力。本课程要引导学生关注并分析学前儿童美术教育教学中的实际问题，就如何提高自己的美术教育实践能力和解决实践问题形成思考并付诸行动。

本教材的编写团队由来自多所高等院校和开放大学的教师组成，主编为南京师范大学边霞教授，编写人员包括浙江开放大学顾柳琼副教授、南通大学钱慧副教授、苏州幼儿师范高等专科学校任慧娟副教授、南京晓庄学院周燕讲师、成都文理学院王和琴讲师、徐州幼儿师范高等专科学校杨洁讲师和台州广播电视大学韩丹丹讲师。各单元编写具体分工如下：第一单元，边霞、韩丹丹；第二单元：周燕；第三单元：任慧娟；第四单元：周燕；第五单元：杨洁；第六单元：王和琴；第七单元：王和琴、边霞；第八单元：顾柳琼、钱慧。全书整体框架设计、统稿、修改、审定工作由边霞负责完成。

本教材还收录了诸多一线幼儿园园长、骨干教师提供的活动案例、活动现场照片和幼儿作品图片，这些园长和教师分别来自南京市第三幼儿园、江苏省省级机关实验幼儿园、南京市实验幼儿园、南京市第二幼儿园、南京市科睿幼儿园、南京市爱达幼儿园、苏州市民治路幼儿园、苏州工业园区钟园幼儿园、常州市鸣凰实验幼儿园、南通市港闸区唐闸公园幼儿园、南通市张謇第一小学附属幼儿园、南通师范第一附属小学幼儿园、宁波市滨海国际幼儿园、成都市青白江区巨人树幼儿园，案例的具体设计与实施者已在相关案例中标注。在此，我们对以上幼儿园及园长、教师的积极参与和贡献致以谢意。

本教材在教学大纲、课程多媒体教学资源一体化设计方案、书稿的撰写、审定、出版过程中，得到了浙江开放大学的高度重视与大力支持，也得到了王任梅、吕耀坚、刘丽新等专家中肯的审定意见和建议，在此深表感谢。同时我们也要感谢国家开放大学出版社陈蕊编辑、李京妹编辑为本书的出版所做的专业、细致的工作！

本教材在撰写中参考、引用了国内外学者的相关研究成果，在此表示衷心感谢。由于编写者的时间、精力和水平所限，教材中难免存在疏漏与不当之处，还请各位专家同行和读者批评指正。

《学前儿童美术教育活动指导》编写组
2021 年 8 月

Contents 目 录

第一单元　美术、学前儿童美术与美术教育 …………………………………… 1
　第一节　美术 ……………………………………………………………………… 3
　第二节　学前儿童美术 …………………………………………………………… 17
　第三节　学前儿童美术教育 ……………………………………………………… 25

第二单元　学前儿童美术教育的目标和内容 …………………………………… 38
　第一节　学前儿童美术教育的目标 ……………………………………………… 40
　第二节　学前儿童美术教育的内容 ……………………………………………… 49

第三单元　学前儿童美术教育的原则、方法与途径 …………………………… 77
　第一节　学前儿童美术教育活动实施的原则 …………………………………… 79
　第二节　学前儿童美术教育活动实施的方法 …………………………………… 85
　第三节　学前儿童美术教育活动实施的途径 …………………………………… 92

第四单元　学前儿童绘画教学活动 ……………………………………………… 102
　第一节　学前儿童绘画能力的发展 ……………………………………………… 104
　第二节　学前儿童绘画教学目标 ………………………………………………… 121
　第三节　学前儿童绘画教学活动的基本环节与组织实施 ……………………… 124
　第四节　学前儿童绘画教学活动的案例与分析 ………………………………… 132

第五单元　学前儿童手工教学活动 ……………………………………………… 160
　第一节　学前儿童手工能力的发展 ……………………………………………… 162
　第二节　学前儿童手工教学目标 ………………………………………………… 166
　第三节　学前儿童手工教学活动的基本环节与组织实施 ……………………… 170

第四节　学前儿童手工教学活动的案例与分析 …………………………… 177

第六单元　学前儿童美术欣赏教学活动 ……………………………………… 202
　　第一节　学前儿童美术欣赏能力的发展 …………………………………… 204
　　第二节　学前儿童美术欣赏教学目标 ……………………………………… 211
　　第三节　学前儿童美术欣赏教学活动的基本环节与组织实施 …………… 215
　　第四节　学前儿童美术欣赏教学活动的案例与分析 ……………………… 224

第七单元　幼儿园美工区活动 ………………………………………………… 253
　　第一节　幼儿园美工区的环境与材料 ……………………………………… 255
　　第二节　幼儿园美工区活动的基本环节与组织实施 ……………………… 271
　　第三节　幼儿园美工区活动的案例与分析 ………………………………… 276

第八单元　学前儿童美术教育评价 …………………………………………… 294
　　第一节　学前儿童美术教学活动评价 ……………………………………… 296
　　第二节　对学前儿童美术学习的评价 ……………………………………… 300
　　第三节　学前儿童美术学习评价案例与分析 ……………………………… 312

参考文献 …………………………………………………………………………… 328

数字资源目录

序号	资源名称	单元	页码
1	文本：关于艺术起源的学说：表现说	1	4
2	文本：关于艺术起源的学说：模仿说	1	4
3	文本：关于艺术起源的学说：巫术说	1	5
4	文本：关于艺术起源的学说：游戏说	1	5
5	视频：美术的主要类型（一）	1	6
6	文本：具象画、抽象画和意象画	1	7
7	视频：美术的主要类型（二）	1	9
8	文本：色彩与色轮	1	15
9	文本：婴幼儿的审美倾向	1	26
10	文本：绘画活动目标撰写的案例分析与调整	2	45
11	文本：手工活动目标撰写的案例分析与调整	2	47
12	视频：绘画的工具材料及其使用	2	49
13	文本：西方绘画相关作品图片	2	71
14	文本：中国画相关作品图片	2	72
15	文本：美术活动与音乐活动整合的案例	3	94
16	文本：美术活动与语言、音乐活动整合的案例	3	94
17	文本：美术活动与社会活动整合的案例	3	95
18	文本：感知与体验环节案例	4	124
19	文本：小班绘画活动"小恐龙的水果礼物"案例与分析	4	132
20	文本：中班绘画活动"竹"案例与分析	4	137
21	文本：大班绘画活动"紫藤花"案例与分析	4	144
22	文本：学前儿童手工能力发展阶段的比较	5	166

序号	资源名称	单元	页码
23	文本：幼儿园常见的手工材料及其作用	5	174
24	文本：小班泥工活动"多彩棒棒糖"案例与分析	5	177
25	文本：大班纸工活动"手拉手，上学去"案例与分析	5	192
26	文本：对颜色的直觉感知案例	6	204
27	文本：对形状的直觉感知案例	6	205
28	文本：对深度的直觉感知案例	6	205
29	文本：小班美术欣赏活动"有趣的石头"案例与分析	6	224
30	文本：幼儿在户外区域开展美术活动	7	256
31	视频：幼儿园班级美工区环境创设的基本要求	7	258
32	文本：美工区材料的收纳方式	7	260
33	视频：幼儿园班级美工区的基础设施与标识	7	262
34	文本：常见美工区工具和材料	7	266
35	文本：根据班级活动主题调整材料的案例	7	269
36	文本：美工区拓印工具的调整案例	7	269
37	文本：幼儿园美工区活动观察记录表	7	274
38	文本：大班户外美术游戏活动"树叶披风"的案例与分析	7	291
39	文本：多彩光谱方案中的视觉艺术评分标准（一）	8	307
40	文本：多彩光谱方案中的视觉艺术评分标准（二）	8	308
41	文本：多彩光谱方案中的视觉艺术评分标准（三）	8	308
42	文本：多彩光谱方案中的视觉艺术观察表	8	308
43	文本：多彩光谱方案中的视觉艺术汇总表	8	308

第一单元 美术、学前儿童美术与美术教育

导 言

小张是一名学前教育专业的在读师范生,马上就要学习"学前儿童美术教育活动指导"这门课程了,可是她之前除了在中小学时断断续续上过美术课之外,对美术并没有太多的接触和了解。什么是美术,美术有什么基本特征,美术的主要类型有哪些,美术作为视觉艺术又有哪些独特的形式语言,这些问题虽然是作为一名未来幼儿教师应该了解的,但是对于小张来说,好像都还不是很清晰,因此,她希望自己在进入学前儿童美术教育领域之前,能够先对这些美术的基本问题有所了解。

除此之外,小张对幼儿园究竟为什么要开展美术教育,什么样的学前儿童美术教育才是良好的美术教育也有不少困惑,她曾经听到家长和孩子这样的对话,孩子说:"妈妈,今天我们在幼儿园画画了,这是我画的。"孩子边说边自豪地把自己的作品拿给妈妈看。妈妈拿过来看了一眼,说:"这都画的什么啊?乱七八糟的,老师就不能教你们画得像一点儿吗!我看不如回家跟着网上的简笔画教程学一学,还可以画得更好一些!"

这样的场景或许你在日常生活中也遇到过,家长对幼儿教师精心

为孩子们设计的美术活动有不同想法，对于孩子们努力制作的美术作品，家长并不认可。那么美术对于学前儿童来说到底意味着什么，学前儿童美术活动的过程有什么特点，学前儿童的美术作品有什么特点，学前儿童美术教育的基本定位是什么，它又有哪些意义和价值呢？带着这些问题我们来学习本单元的内容，相信你在学习本单元之后再遇到此类情况时，就能够试着做一做家长的工作了。

☆ 学习目标

1. 记忆与理解：美术的内涵与基本特征，美术的主要类型，美术的形式语言及其特征。

2. 理解与应用：理解学前儿童美术的本质，把握学前儿童美术活动过程的特点，认识学前儿童美术作品的艺术性和独特性，并能分析和欣赏儿童作品。

3. 应用与创造：理解学前儿童美术教育的基本定位及其对儿童发展的意义，能将这些理念应用到后续章节的学习和未来的工作中，并能有所创造。

思维导图

美术、学前儿童美术与美术教育
- 美术
  - 美术的内涵与基本特征
  - 美术的主要类型
  - 美术的形式语言
- 学前儿童美术
  - 学前儿童美术的本质
  - 学前儿童美术活动过程的特点
  - 学前儿童美术作品
- 学前儿童美术教育
  - 学前儿童美术教育的基本定位
  - 学前儿童美术教育的意义

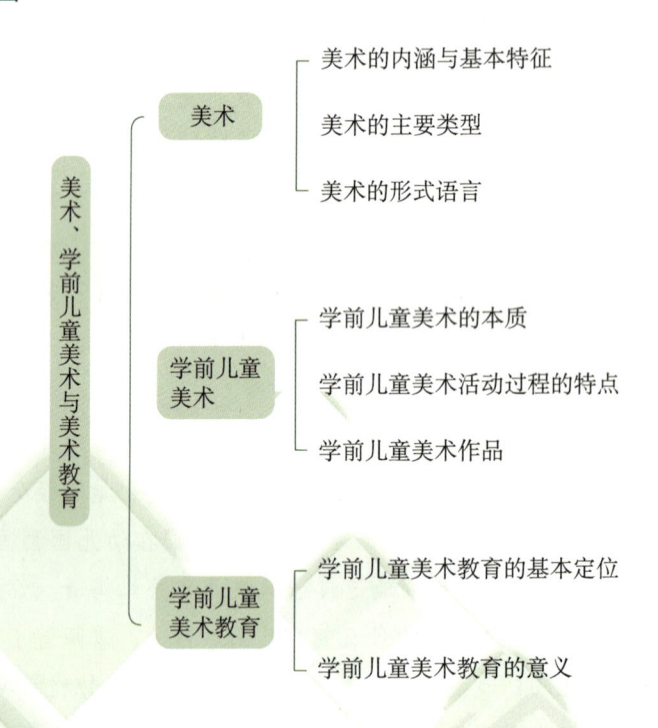

第一节 美　术

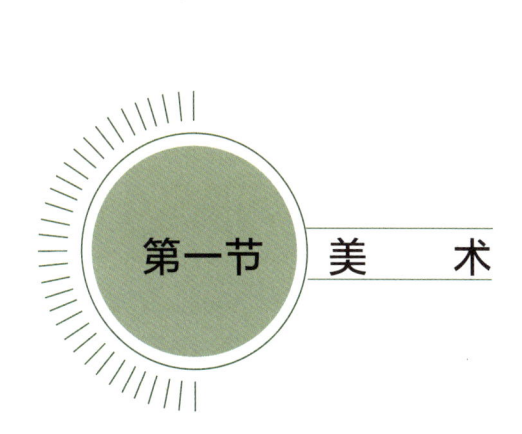

一、美术的内涵与基本特征

（一）美术的内涵

美术是一个比较宽泛的集合性概念，泛指采用造型手段塑造视觉形象的众多艺术类型的总称，一般包括绘画、雕塑、工艺美术、工业设计、建筑、摄影、园林设计、书法、篆刻等。美术也称造型艺术或视觉艺术，是指艺术家运用一定的物质材料或借助一定的工具，通过一定的造型手段，在二维或三维空间内，塑造可视的、静止的、占据一定平面或立体空间的视觉形象，以反映自然和社会生活，表达创作者思想观念或情感的艺术活动及其产物。美术创作可以使用的材料非常广泛，包括各种颜料、纸张、画布、泥土、石料、竹木、金属、皮革、塑料等天然和人工的材料。

中国古代汉语中没有"美术"一词，"美术"这一名词是一个"舶来品"，源自古罗马拉丁文"Ars"一词，原意是指"人工技艺"，泛指各种手工制作的艺术品以及音乐、文学、戏剧等。"美术"这一名词在西方始见于欧洲17世纪到18世纪中叶，当时仍是泛指具有美学意义的活动及其结果。在我国，"美术"一词的使用始于"五四新文化"运动前后，起初与英语中"art"的含义相近，包含的内容相对宽泛，如蔡元培当时使用"美术"这一术语时，其含义还包括音乐和诗歌等。之后，"美术"和"艺术"的概念逐渐分离，"艺术"是一切艺术门类的总称，包括美术、音乐、戏剧、舞蹈、影视、文学等不同的门类，"美术"则是艺术的一个重要分支，专门用来指视觉艺术。自此，对"美术"一词的概念界定越来越规范、清晰，如《辞海》中对"美术"的释义："美术，社会意识形态之一，通常指绘画、雕塑、工艺美术、建筑艺术等。"

关于艺术起源的
学说：表现说

关于艺术起源的
学说：模仿说

（二）美术的基本特征

美术作为艺术的主要门类之一、艺术表达的一种方式，与其他艺术门类相比，具有自身的特征，主要表现在以下两方面。

1. 造型性、视觉性和空间性

美术作为造型艺术，造型性是美术的最基本特征。此外，美术在感知方式上是基于视觉的，在存在方式上是占用一定的空间的，因此美术又具有视觉性和空间性的特征。

造型就是塑造形体，是美术的基本手段，造型性是艺术家运用一定的物质材料，塑造出欣赏者可以通过观察直接感受到的艺术形象。例如，绘画是用线条、色彩在二度空间里塑造形象；书法是用笔墨、布白、结构来创造神采，呈现艺术家的精神气韵；雕塑则是用泥土、木石等在三度空间创造出具有实在物质的艺术形象。通过造型，艺术家不仅可以刻画出事物的外部形态，而且可以通过艺术形象的外部特征来表现内在的精神、气质、观念和情感等。中国绘画历来重视"形"与"神"的关系，画家认为好的美术作品不能只是停留在对外在形式的追求上，还必须是可以"以形写神""形神兼备"的。

美术的造型是可视的实在形体，人们可以通过观看美术作品的造型获得视觉和精神上的审美愉悦。同时，美术作品可视的造型，又是存在于一定的空间之中的，如绘画存在于二维（平面）空间之中，雕塑、建筑等存在于三维（立体）空间之中。因此，与造型性特征相关联的是美术的视觉性和空间性，三者有机联系，互为条件，构成美术第一层面的基本特征。

2. 静止性、瞬间性和永固性

美术所创造的艺术形象是静态的，表现的是人物或事物一个瞬间的状态，形象一经完成就固定下来，因此美术具有静止性、瞬间性和永固性的特征。

美术通过物质媒介向人们展现一个事物的静止状态，所有的美术作品都是以静态形式呈现的。但是，这种静态又是寓动于静的，是通过瞬间的形象化动为静，以静显动的。世界上并不存在绝对静止不变的事物，美术作品要反映客观现实，就要找到恰当的表现方式，抓住客观事物发展变化的某一瞬间形象，将它用物质材料和艺术语言固定下来。

美术作品往往只能表现出人或事的、或动或静的某一瞬间的形态，而无法反映事物变化的整个过程。因此，单个的美术作品往往具有瞬间性，比如希腊雕刻家米隆的作品《掷铁饼者》（见图1-1）虽然是男子将铁饼摆回到最高点、即将抛出的动态反应，但这个雕塑只能反映即将抛出这一刻的动作，上一刻掷铁饼者做了什么，下一刻掷铁饼者的动作是什么、结果如何，这些都无法直接表现出来，只能依赖观赏者的想象。如果美术作品想反映事物变化的过程，就不得不借助一组作品，比如莫奈的《干草垛》（见图1-2、图1-3），画家莫奈描绘了同一干草垛，在不同季节的早上、中午、傍晚的阳光下呈现出不同的色彩变化。

关于艺术起源的学说：巫术说

关于艺术起源的学说：游戏说

图1-1 《掷铁饼者》米隆

图1-2 《干草垛（一）》莫奈　　　　图1-3 《干草垛（二）》莫奈

美术作品一旦形成，其形式就会固定下来，除非人为或自然损坏，因此，美术作品又具有永固性。正是因为美术作品具有这一特征，考古学家可以通过对出土文物的分析，更真实地了解相对应年代的生产技术水平、人们的生活状况和思想文化水平等。比如，通过对河南省安阳市殷墟发现的在龟甲或兽骨上镌刻的文字（即甲骨文，见图1-4），考古学家可以推断出中国乃至东亚最古老、最成熟的文字出现于商朝时期；通过一些帝王陵墓文物的出土，考古学家可以发现古代帝王生活的情况和那个时期的生产技术发展水平，如《秦始皇兵马俑》（见图1-5）、《司母戊大方鼎》（见图1-6）。

图1-4　甲骨文　　　　图1-5　《秦始皇兵马俑》　　　　图1-6　《司母戊大方鼎》

二、美术的主要类型

美术从原始社会发展到今天，可谓种类繁多，琳琅满目。从功能方面看，美术可以大体分成观赏性美术和实用性美术两大类。观赏性美术主要包括绘画、雕塑、书法等，实用性美术主要包括工艺美术、建筑、园林等。

以下主要介绍绘画、雕塑、工艺美术、建筑等美术类型。

美术的主要类型（一）

（一）绘画

绘画是造型艺术中最主要的一种艺术形式，其应用最为广泛，居于基础地位。绘画是以线条、色彩和块面等艺术语言，通过构图、造型、设色等艺术手段，在二维（平面）空间中塑造出视觉形象的艺术形式。随着计算机技术的发展，现代社会也可以通过计算机软件进行数码绘图，实现无纸化数字图像的保存。

绘画的种类繁多，按不同的分类标准可以划分为不同的类别，具体分类如图1-7所示。

绘画

- 按地域分：中国画　西洋画
- 按作品形象分：具象画　抽象画　意象画
- 按题材内容：人物画　动物画　静物画　风景画　风俗画……
- 按作品形式分：壁画　年画　漫画　连环画　宣传画　插画……
- 按工具材料和绘画技法分：水墨画　水彩画　油画　版画　水粉画　素描……

图1-7　绘画的分类

按地域分，绘画可分为中国画和西洋画；按工具材料和绘画技法分，绘画可分为水墨画、水彩画、油画、版画、水粉画、素描等；按作品形象分，绘画可分为具象画、抽象画和意象画；按题材内容分，绘画可分为人物画、动物画、静物画、风景画、风俗画等；按作品形式分，绘画可分为壁画、年画、漫画、连环画、宣传画、插图等。

不同类别的绘画形式，又具有各自独特的表现形式与审美特征。

具象画、抽象画和意象画

> **小贴士**
>
> **水墨画**
>
> 水墨画作为中国传统绘画之一，也称国画、中国画，是东方绘画的代表，在世界绘画领域中自成体系，独具特色（见图1-8）。在工具材料上，水墨画主要使用笔、墨、纸、砚，画家使用毛笔、墨在宣纸、绢帛上作画，用笔墨造型，讲究笔墨技法；在表现方法上，水墨画一般重神似、重写意，画家采用散点透视的方法作画；在画面的构成上，水墨画重视空白的运用，讲究诗、书、画、印的结合，形成独特的审美特点。

> **小贴士**
>
> **油画**
>
> 油画是西方传统绘画的代表，是世界绘画艺术中最有影响力的画种之一（见图1-9）。在工具材料上，油画画家使用油质颜料，用油剂调和颜料在布、木板上作画。油画画面色彩丰富，能体现色调的层次、光线、质感和空间感。在表现方法上，传统油画一般重形似、重再现，画家采用焦点透视的方法作画，强调对景（人）逼真写生、客观摹写。在画面构成上，油画讲究画面景物充实，构图饱满，物象按自然秩序布满画面。自19世纪后期印象派崛起后，油画创作逐渐发生变化，现代派绘画越来越重视和追求主观情感和画家观念的表现，形象的客观真实性变得无足轻重，形成了西方现代主义的多元化发展。

> **小贴士**
>
> **版画**
>
> 版画是以刀或化学药品等在木、石、麻胶、铜、锌等版面上雕刻或蚀刻后

印刷出来的绘画样式（见图1-10）。中国古代版画主要是指木刻，也有少数铜版刻和套色漏印，独特的刀味、木味与印刷技术使版画呈现出特殊的视觉效果和审美价值。按使用材料版画可分为木版画、石版画、纸版画、铜版画、锌版画、瓷版画、丝网版画、石膏版画等；按颜色版画可分为白版画、单色版画、套色版画等；按制作方法版画可分为凹版、凸版、平版、孔版、综合版、电脑版等。

图1-8　水墨画《骏马图》徐悲鸿

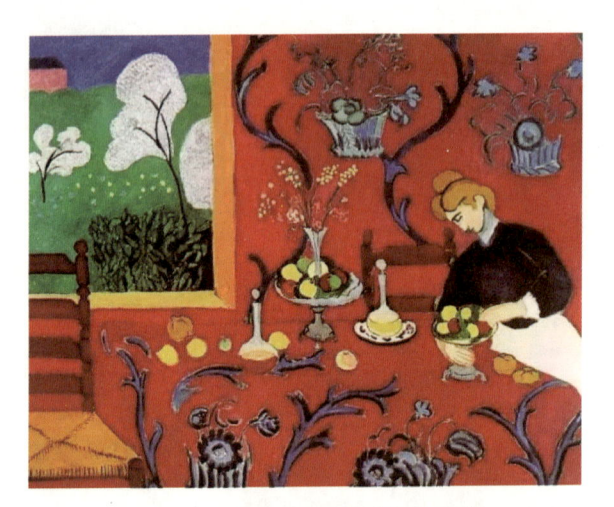

图1-9　油画《红色餐桌》马蒂斯

图1-10　版画《圆明园西洋楼版画》郎世宁

（二）雕塑

雕塑是最具有实体感的造型艺术类型，是用可雕刻和可塑造的各种物质材料，制作出具有实体形象的一种艺术形式。雕塑是雕刻和塑造的合称。雕刻是对完整而坚固的材料进行加工，通过删削或挖凿去掉多余的部分，如石雕、木雕、玉雕、冰雕等。塑造是对软质材料进行加工，通过捏、塑等手段塑造出一个立体形体的过程，如泥塑、陶塑、面塑等。以铜或其他金属铸造或焊接而成的作品也属于雕塑。雕塑的种类较多，按照不同的分类标准可以划分为不同种类，具体分类如图 1-11 所示。

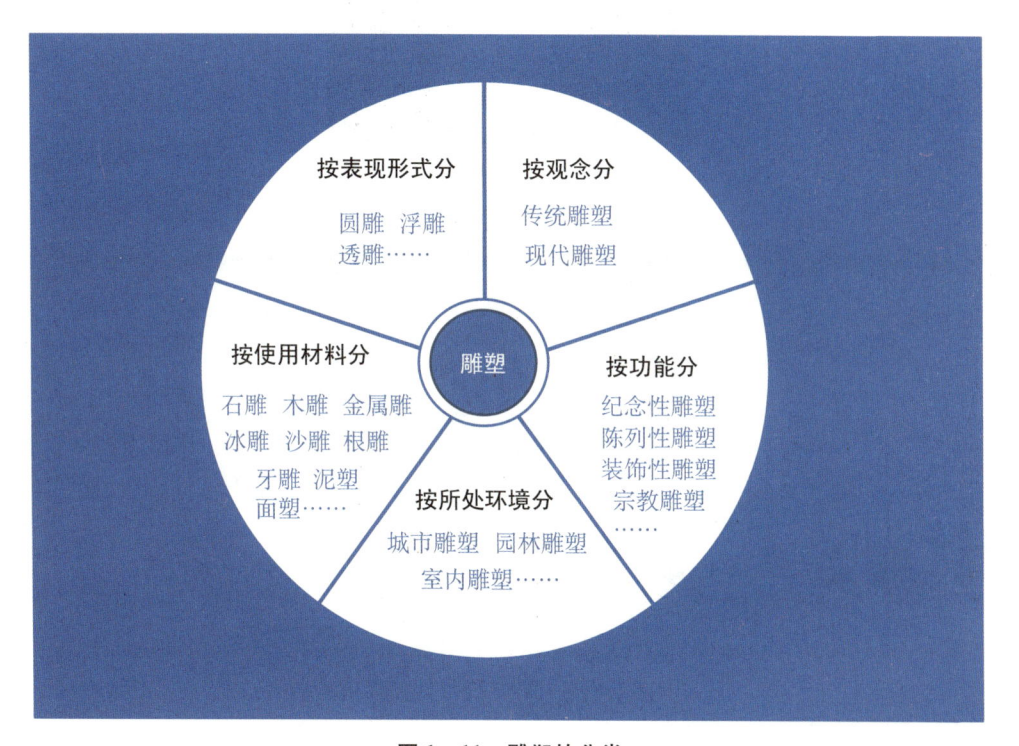

图 1-11 雕塑的分类

按表现形式分：圆雕 浮雕 透雕……

按观念分：传统雕塑 现代雕塑

按使用材料分：石雕 木雕 金属雕 冰雕 沙雕 根雕 牙雕 泥塑 面塑……

按功能分：纪念性雕塑 陈列性雕塑 装饰性雕塑 宗教雕塑……

按所处环境分：城市雕塑 园林雕塑 室内雕塑……

按表现形式分，雕塑可分为圆雕（见图 1-12）、浮雕（见图 1-13）、透雕（见图 1-14）等。圆雕是占有实在空间的完全立体的三维实体，不附在任何背景上，可从四面八方观赏；浮雕是在平面的底板上雕出凸起的艺术形象，观赏角度主要限制在正面；透雕是在圆雕或浮雕的基础上，镂空其中的一部分，有的为单面雕，有的为双面雕，也称镂空雕。按使用材料分，雕塑可分为石雕、木雕、金属雕、冰雕、沙雕、根雕、牙雕、泥塑、面塑等；按观念分，雕塑可分为传统雕塑和现代雕塑（见图 1-15）；按功能分，雕塑可分为纪念性雕塑、陈列性雕塑、装饰性雕塑、宗教雕塑等；按所处环境分，雕塑可分为城市雕塑、园林雕塑、室内雕塑等。

图1-12 圆雕《米洛斯的维纳斯》亚历山德罗斯

图1-13 浮雕《虎门销烟》

图1-14 透雕《福寿纹八方盒》

图1-15 现代雕塑《母与子》亨利·摩尔

(三)工艺美术

工艺美术是与人们生活密切相关的一种艺术形式,是在生活领域中以实用为前提,对日常生活用品进行艺术化的加工和处理,使之成为具有一定审美价值的产品。工艺美术是对生活用品和生活环境的美化,既满足人们的物质生活需要,又满足人们的精神生活需要,具有实用和审美双重特性。随着生活水平的不断提高,人们也越来越追求工艺用品的实用性和艺术性的统一。

根据工艺美术更偏重实用性还是偏重艺术性的不同倾向,工艺美术一般可分为实用工艺美术和陈设欣赏的工艺美术两大类。实用工艺美术是工艺美术的主体和基础,包括经过装饰、加工后与衣、食、住、行相关的生活实用品,实用是这类工艺品的主要价值,如生活中的家具、灯具、扎染制品(见图1-16)、茶具、餐具(见图1-17)、绣花制品、草竹编织品、塑料玩具等。陈设欣赏的工艺品是指以摆设、观赏为主的工艺品,这类工艺品以审美为首要价值,比较注重精美的形式和高超的技艺,实用价值已不明显或完全消失,如玉器、金银首饰、景泰蓝、漆器、壁挂(见图1-18)等。

根据工艺美术采取传统手工制作工艺还是现代工业技术,工艺美术又可分为传统手工艺品和现代工业美术(也称工业设计)两大类。传统手工艺品,如玉雕、象牙雕刻、漆器、金属工艺品等,其功能更偏重于陈设欣赏。现代工业美术包括一切为满足人们日益增长的物质生活和精神生活需要的实用而美观的生活用品(如陶瓷、玻璃器皿、家具、地毯、家用电器等),以及现代化的交通工具、工业机械的造型和色彩设计,它们更偏重于实用性。

图1-16 扎染　　　　图1-17 《斗彩鸡缸杯》　　　　图1-18 弦丝画

(四)建筑

建筑是建筑物和构筑物的统称,是人类用砖、石、瓦、木、铁等物质材料,堆砌修建或构筑的用来居住和活动的内外物质空间。建筑艺术与工艺美术一样，也是一种实用性与审美性相结合的艺术。人类运用建筑艺术独特的语言，建造供居住和活动的场所，实用性是建筑的首要功能。因此，与其他美术样式相比，建筑是最兼具实用性的艺术样式，是科学、技术与艺术融合的产物。人类最初的建筑仅仅是基于遮风避雨的实用目的而营造的，随着人类文化的发展、技术手段的进步，建筑也越来越具有审美价值。按照建筑的功能，建筑艺术可分为纪念性建筑、宫殿建筑（见图1-19）、陵墓建筑、宗教建筑（见图1-20）、住宅建筑、园林建筑、生产建筑等类型。

图1-19　故宫

图1-20　帕特农神庙

三、美术的形式语言

美术的形式语言是美术作品外在的形式和结构，是美术的基本构成要素，是美术作品实现最终视觉效果的途径和方式。美术作品的特定内容必须借助一定的形式语言才能表现出来。人们在欣赏美术作品时，首先接触的就是构图、形体、色彩、材质等可以直接感知到的形式语言。可以说，没有形式语言，就没有美术作品的存在。

在长期的发展过程中，不同的美术类型形成了自身独特的艺术语言，构成了独具特色的形象。绘画以线条、形状、色彩、色调等艺术语言，构成绘画形象；雕塑以结构、空间、材质、肌理等艺术语言，构成雕塑形象；建筑以空间组合、形体、线条、色彩、光影、质感和装饰等艺术语言，构成建筑形象；工艺美术以材质、造型、色彩、装饰等艺术语言，构成工艺形象等。对美术形式语言的了解，将有助于人们有意识地运用各种形式语言进行创作，也有助于欣赏者对艺术作品进行更好的欣赏和理解。

美术的形式语言是一种特殊的语言，以下主要介绍点、线、形与型、色彩、构图等形式语言。

（一）点

点是美术语言中最基本的单位，是美术元素的"母体"。由点可以衍生为线，进而扩展为面，甚至形体。正如潘天寿先生所说："画事用笔，不外点、线、面三者。……然，线由点连接而成，面由点扩展而得，所谓集点成线，扩点成面是也。故点为一线一面之母。"[①] 因此，在美术元素中，点虽小，但其作用是毋庸置疑的。

造型艺术中的点是有面积、有形状、有颜色的，是具体的、形象的。点具有大小不同的面积或体积，如在平面上的点，由于大小、位置的不同，可以使人产生不同的视觉感受，营造出不同的情绪情感。点的形状各异，有圆形、椭圆形、水滴形、火花形等，不同的形状产生的视觉效果也是不同的。蒋跃在《绘画形式语言与创作研究》一书中总结道："圆点，犹如滚球，其外形以曲线连接构成，形象完整，深厚饱满，给人以一种充实感和运动感……水滴形点，其外形一边为圆，一边为尖，是具有方向性的点，形象饱满、凝聚，给人以重量和运动方向的感觉。"[②] 在平面构成中，点是一个相对的概念，它在对比中存在，通过比较来体现。对于同样一个点，如果布满整个或大面积的平面，它就成了面；相对较小的面如果在一个平面中多次出现，就可以理解为点。在工艺美术的图案设计中，连续的点还可以构成各种优美的图形。

（二）线

线在美术创作中具有非常重要的作用。法国19世纪新古典主义画家安格尔这样概括："线条——这就是素描，这就是一切。"[③] 由此可见线条在美术创作中的重要地位。

线条的种类非常多，主要有直线、曲线、弧线、锯齿线、自由线，垂直线、水平线、线段、辐射线等。不同形状的线条产生的视觉效果是不一样的。比如，水平直线往往会给人以平静、沉稳、舒展、安宁、开阔的感觉；垂直线则传递出高耸、挺拔、刚毅、庄严的感觉；自由流畅的曲线给人以自由、活泼、流动、愉悦的感受；锯齿线则可以传达紧张、崎岖、扭曲、恐怖等情感。比如，毕加索的作品《梦》（见图1-21）和《哭泣的女子》（见图1-22），前者使用弧线给人营造一种柔和、温馨、亲切的感觉，而后者在人物脸部使用较多的锯齿线，给人以难过、扭曲、崩

---

① 潘天寿. 潘天寿美术文集 [M]. 北京：人民美术出版社，1983：17.
② 蒋跃. 绘画形式语言与创作研究 [M]. 合肥：安徽美术出版社，2018：15.
③ 范梦. 中外画家谈素描 [M]. 郑州：河南美术出版社，1987：19.

溃的感觉。

图1-21 《梦》毕加索　　　　　图1-22 《哭泣的女子》毕加索

　　以线条作为最基本的造型手段的中国画，在运用线条这一艺术语言方面积累了非常丰富的经验。画家以墨线勾描物象，仅凭简练的线条就可以创造出动人的艺术形象，如宋代著名的《朝元仙仗图》（见图1-23）。中国古代人物画中的"十八描"，就是为了表现中国古代人物衣物褶纹而创造的用线方法。

图1-23 《朝元仙仗图》武宗元

（三）形与型

　　由点到线，再由线到面的延展，最终可以得到美术造型的形与型。

　　形一般泛指一切物体的具体形状、外轮廓，也指塑造出的物体的特有形象，相对而言，形主要属于平面范畴。美术造型中使用比较多的形状包括规则的几何形体、不规则形和偶然形。规则的几何形体包括圆形、三角形、正方形、菱形等；不规则形是人有意识创造出的形状；偶然形是造型创作者在创作的过程中无意间创作出来的，具有不易复制性，如《吹墨梅花图》中树干和树枝的形状。不同的几何形给人以不同的视觉感受，如圆形给人以圆润、饱满、和谐的感觉；正方形给人以方正、坚实、端庄的感觉；横长方形给人以平静、厚实、沉重的感觉；竖长方形给人以高耸、伟岸的感觉；等腰三角形给人以向上、稳固的感觉。

美术又称造型艺术，造型即创造形体，型是"立体"的表现，是美术的主要特征之一，型有时也被理解为绘画的样式、风格或表现手法，如写实（具象）的型、表现（意象）的型、抽象的型等。艺术家运用均衡、对比、对称、比例、虚实等形式语言原理对"形"进行加工处理，得到的就是"型"。比如，西班牙画家、雕塑家米罗的作品（见图1-24）中通常会使用一些几何形体，有时又往往没有太多明确、具体的形，而只有一些线条、一些形的胚胎、一些类似于儿童涂鸦期的偶然形，这些"形"经过艺术家深思熟虑的加工，便形成属于艺术家个人的、独特的、带有天真烂漫气息的"型"。

图1-24 《天空蓝的黄金》米罗

（四）色彩

色彩是能引起我们共同的审美愉悦的、最为敏感的形式要素，是最具有感染力和表现力的美术语言，是绘画中的重要形式因素之一。它的变化最为丰富和微妙，也最富有个性和情感意义。

每种色彩都有自己的"个性"，给人的心理感受也会不同。例如，偏向红、橙、黄的色相，能引起人对热血、太阳、火焰等的联想，容易

色彩与色轮

使人产生温暖、热情、豪放的动态感，被称为"暖色"；偏向青、蓝、绿的色相，使人联想到冰雪、天空、海洋等，容易让人产生寒冷、开阔、理智、冷静的静态感，被称为"冷色"。其实，色彩本身并无冷、暖的温度差别，是视觉色彩引起人们的心理联想，进而产生冷、暖的感觉。属于中性色的黑、白和由黑白调和的各种深浅不同的灰色系列，既不是冷色调，也不是暖色调。每种色彩给人的感觉各不相同，单就每种色彩而言，并没有好坏之别。不过，当不同的色彩汇聚于一处，形成一幅完整的作品时，画面的色彩是否鲜明、丰富，整体色调是否和谐、统一，仍是有高下之分的。艺术家正是利用色彩的这些特性，并结合其他艺术语言，创造出富有感染力的艺术形象的。

（五）构图

构图是指作品中艺术形象的结构配置方法，是造型艺术表达作品思想内容，并获得艺术感染力的重要手段之一。《辞海》中对"构图"的定义是："美术创作者为了表现作品的主题思想和美感效果，在一定的空间，安排和处理表现对象的关系和位置，把个别或局部的形象组成艺术的整体。"构图在中国传统绘画中又称为"布局"或"经营位置"。

构图不仅是一种画面布局配置的方法，而且整幅画面的构图还构成一种特殊的形式语言。一幅美术作品的构图是否新颖简洁、适宜得当，对于作品的呈现效果有很大的影响。在美术作品中，常见的构图形式主要有水平式、垂直式，S形、三角形、长方形、圆形、辐射式、中心式等。其中，水平式构图给人以安定、平稳的感觉，垂直式构图显得严肃而端庄，S形构图透露出优雅和动感，三角形构图稳定而有变化，长方形构图和谐感较强，圆形构图往往饱满而有张力，辐射式构图易于体现纵深感，中心式构图通常会主体明确、突出核心。

在以上构图形式中，三角形构图是西方绘画中最常采用的构图方式（见图1-25）。三角形构图通常以三个视觉中心为物象的主要位置，有时是以三点成面来安排景物，形成一个相对稳定的三角形。这种三角形既可以是正三角形，也可以是斜三角形或倒三角形，其中斜三角形较为常用，也较为灵活。三角形构图具有安定、均衡、不失灵活的特点。

图1-25 三角形构图作品
《西斯廷圣母》拉斐尔

第二节　学前儿童美术

一、学前儿童美术的本质

（一）学前儿童美术是儿童探索和认识世界的一种方式

人类探索和认识世界的方式主要有两种：一种是理性方式，另一种是感性方式。理性方式主要指逻辑思维，主要包括归纳和演绎、分析和综合、比较和分类、从抽象到具体等方法。理性方式的特点是逻辑的、有序的、有步骤的。感性方式主要指非逻辑思维的方法，主要包括想象、幻想、知觉、灵感、猜测等方法，其特点主要是非逻辑思维的、无固定秩序和固定操作步骤的。理性和感性两种方式对于人类探索和认识世界都是非常重要、缺一不可的，是相辅相成的。

学前儿童的抽象逻辑思维通常在 5 岁之后才开始出现，而且发展速度相对比较慢。在此之前，学前儿童主要通过感性的方式来探索和认识外部世界。学前儿童美术活动作为艺术活动的一种，是主观的、猜测的，是充满想象和幻想的，是没有固定的秩序、充满变换的，是感性的，是符合学前儿童的思维特点的。

学前儿童在美术创造活动中是自由的，他们可以不受任何约束地进行想象和创造，在这个自由探索的过程中，儿童对外部世界也有了进一步的认识。图 1-26 是一个 3 岁幼儿在去海洋馆参观了各种海洋动物之后在墙上创作的一幅有关章鱼的作品，这里面既有虚构的章鱼宝宝，又有章鱼妈妈夸张的触角，这幅作品虽然不是客观反映章鱼的真实面貌，章鱼夸张的触角以及章鱼的母子情却深深地留在了幼儿的脑海中，并被表现出来。

学前儿童的美术活动是感性的，儿童通过美术活动可以获得一些对事物感性的认知。比如在一次欣赏金鱼的美术活动中，儿童发现金鱼是如此可爱，由此对教师发出了灵魂拷问："老师，鱼这么可爱，人为什么要吃鱼？"并且该儿童流着眼泪说

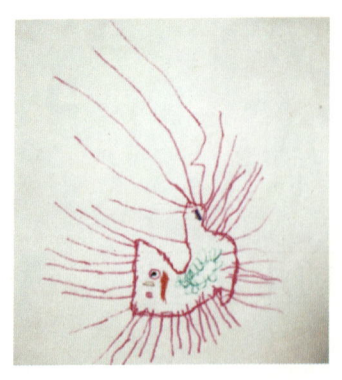

图1-26 幼儿作品《章鱼妈妈和宝宝》

自己以后再也不吃鱼了。儿童通过美术活动产生的对自然生灵源自内心的关怀是非常难能可贵的。

在生活中，儿童利用美术方式探索和认识外部世界的例子比比皆是。比如，儿童喜欢在各种材质上作画：墙壁、纸、身体、衣服、地板、玻璃，甚至桌布、床单。通过美术创作活动，儿童不断探索，并获得对不同材质的笔、颜料、纸和其他事物的属性以及不同事物之间关系的认识。儿童还喜欢使用不同的材料，如树枝、树叶、面团、瓜子、蔬菜、水果、布条、塑料、各种各样的纸等进行手工创作，儿童在使用这些材料进行手工创作的过程中对这些事物的属性以及事物之间的关系进行探索，从而增加对它们的认知。由此可见，学前儿童美术是儿童探索和认识外部世界的一种重要方式。

（二）学前儿童美术是儿童记录生活、表达情感的方式

学前儿童记录生活、表达情感的方式有多种，美术作为学前儿童最喜欢的方式之一，在记录儿童生活、表达情感、反映儿童心理需求方面扮演着重要角色。

首先，学前儿童美术是记录儿童生活的一种非常好的方式。儿童在学前期基本还不具备文字书写的能力，他们倾向于用符号来进行记录和表达，而绘画就起到了一个非常重要的记录儿童生活的作用。儿童画大多描绘的是儿童熟悉的、与儿童生活息息相关的一些人和物。比如，小朋友去了公园，回家以后就会把自己经历的场景记录下来。图1-27是一个大班儿童画的一幅铅笔画，作品描绘了自己在幼儿园的场景。画中，老师站在黑板前正在进行集体教学活动，小朋友们则认真地坐在椅子上听老师讲课。旁边的桌子上放着一些点心，生活老师正在一旁为他们准备点心。

其次，学前儿童美术是儿童表达内在情感的一种手段。儿童的美术作品与成人相比往往有很大不同，成人的美术作品既可以是饱含作者内心情感的，也可以是非常理性的对日常事物或人的客观描绘。而儿童的美术作品往往是饱含情感的。儿童

图 1-27 幼儿作品《我的老师》

美术作品中的主角通常是自己的家人、朋友、教师或警察、医生、快递员，抑或是小狗、小鸟、小猫等动物，而创作场景往往是家里、幼儿园、游乐场、小区等。这些事物都是学前儿童日常生活中的事物，是儿童所熟悉的、喜欢的或者所向往的、崇拜的。"某幼儿园的一个孩子和教师共同观察和喂养一群小鸭子后分别画了一幅画。教师画的是一只鸭子和盛水的小盆，基本是对当时场景的客观描绘，比例也是依据客观的；孩子则画了两只嬉戏的鸭子和中间一个巨大的心形图案。孩子说这是一颗爱心。"[1]（见图 1-28、图 1-29）诚然，这位教师非常注重对当时场景的客观描绘，作品是形象的，但这幅作品也仅仅是对现实场景的客观描绘，没有传递出作者任何的内心情感。而这位幼儿的作品不同，他质朴的线条不仅把鸭子的典型特征和生动鲜活的样子呈现出来，而且描绘的那颗大大的、橙红色的爱心更是把幼儿对鸭子强烈的喜爱之情表达得淋漓尽致。

图 1-28 幼儿作品　　　　　图 1-29 成人作品

最后，学前儿童美术是反映和满足儿童心理需求的一种手段。学前儿童美术不

---

[1] 边霞. 幼儿园美术教育与活动设计 [M]. 2 版. 北京：高等教育出版社，2016：10.

仅可以传达儿童的内在情感，而且可以反映甚至满足儿童的内在心理需求。在现实生活中，儿童的一些需求是无法被满足的，他们就可能通过美术活动去表现自己的一些需求，而儿童在创作过程中的幻想在一定程度上可以起到"代偿作用"，使自己的需求在心理上得以满足。比如，在新型冠状病毒肺炎（简称新冠肺炎）疫情期间，许多医护人员奋战在抗疫一线，他们的子女只能托付给自己的家人照看，医护人员平时只能通过手机视频和孩子聊天，很多孩子都通过画不在身边的爸爸、妈妈来传达他们对父爱、母爱的渴望之情，通过创作，孩子对父母的思念之情得以缓解。

（三）学前儿童美术对儿童来说既是工作也是游戏

学前儿童美术活动兼具工作和游戏的功能。美术活动对于儿童来说既是一种严肃、严谨、认真的工作，也是一个自由、自主、没有功利的、充满愉悦的游戏活动。

首先，美术活动对于儿童来说是一种工作。儿童在进行美术活动时是严肃、认真的，他们是如此专注，仿佛是一个正在工作的成人，很多幼儿自己也是这么认为的。当成人干扰幼儿的创作时，幼儿会郑重其事地告诉这个成人他在工作，不要打扰他。如果有人破坏了幼儿的美术作品，他们会非常伤心甚至愤怒，因为他们觉得自己辛苦劳动的成果被人破坏了。

其次，美术活动对儿童来说往往是一种游戏，儿童能从中体验到一般投入游戏和忘我地投入游戏带来的感受，他们也能从美术创作过程中获得自主创作的愉悦。在这个活动中，"儿童美术家具有强烈的自发性，他们以巨大的愉悦感和强烈的参与态度进行创作。"[1] 在美术活动中儿童是自由的、不受人干扰和约束的，是愉悦而满足的，是游戏的。儿童自己也是如此看待美术活动的。一个马上要上小学的小朋友，在家长陪同她写作业的过程中，她觉得有点儿累了，于是向妈妈提出休息一下玩一会儿的请求。在得到妈妈的同意之后，她马上把画本和画笔拿出来画起来。妈妈说："你不是说要休息一下玩一会儿吗？"小朋友回答妈妈："妈妈，画画就是休息，就是玩啊。"

二、学前儿童美术活动过程的特点

（一）学前儿童美术活动过程是多通道知觉共同参与的过程

"当我们感知周围世界时，大多数情况下不仅仅是单靠眼睛看，或单靠耳朵听，而是边看、边听、边接触、边闻味道，也许还要用嘴尝尝，这种多感觉通道相结合

---

[1] 尹少淳. 尹少淳谈美术教育[M]. 北京：人民美术出版社，2016：101.

的知觉就是多通道知觉"。① 儿童的思维模式像原始人一样是感性的、混沌的、整体的、未分化的、多通道共同参与的。基于儿童的整体性的思维特征，他们在活动时往往倾向于使用多种感官进行活动，比如当儿童看到妈妈涂了粉色口红的时候，会用"很甜"来描述，因为粉色让他瞬间联想到他平时吃的一些甜味的水果和糕点。当我们带儿童去看展览的时候，儿童总会忍不住去摸一摸，甚至凑过去听一听、闻一闻，如果可能他们还想去品尝一下，儿童巧妙地将多种感官共同参与到活动中，从而使得其知觉更加丰富、有趣。比如"在欣赏马蒂斯《忧愁的国王》（见图1-30）的活动中，教师刚一出示这幅作品，儿童就情不自禁地发出一片'哇——'的惊呼，他们有的瞪大了双眼，有的兴奋地晃动着身体，有的大声叫着'真漂亮''好好看'"②。儿童的年龄虽小，但他们瞬间调动了自己所有的感官去知觉这个事物，同时用肢体、五官去充分地感知、体验。

图1-30 《忧愁的国王》马蒂斯

同样，儿童在进行美术创作活动的时候也是运用多感官共同作用的，如儿童在进行美术创作时会一边哼唱、一边讲故事。许多儿童在进行美术创作的过程中往往伴有哼唱或扭动身体或用脚打拍子的行为，如果这时成人为他们播放一段音乐，他们创作的激情会得以激发，他们作品中的线条和笔触也会随着音乐的节奏而变化。美国哈佛大学心理学教授霍华德·加德纳在他的著作《艺术·心理·创造力》中说："这时的儿童绘画时唱着歌，歌唱时跳着舞，在浴缸或后院玩耍时又讲着故事。他们不允许在每一种艺术形式上孤立地向前发展，他们是结合所有的形式，使其彼此纠结。其实此时的儿童便开始了联觉通感期：这一时期，儿童比任何时候都能轻松地联通各个感觉系统；色彩能够轻易地引起声音感，声音也同样能轻易地引起色

---

① 王振宇. 学前儿童心理学 [M]. 北京：中央广播电视大学出版社，2011：45.
② 边霞. 儿童艺术与教育：修订本 [M]. 南京：江苏凤凰教育出版社，2015：187.

彩感；双手的动作能表明诗歌中的语句，韵文中的语句能激起音乐感或舞蹈感觉。"[1]

（二）学前儿童美术活动过程是儿童不断建构和生成的过程

学前儿童美术活动过程是儿童不断建构和生成的过程。学前儿童的美术活动不像成人那样提前预想好要画什么、用什么画、怎么画，他们的美术活动往往比较随性，计划性没那么强。年龄越低的儿童越随心、计划性越弱，在开始活动之前他们往往并没有想要创造什么形象，但是随着活动的推进，他们会受到周围事物或者自己动作、语言的启发而迸发出思维的火花，从而建构和生成越来越丰富的内容。这主要是因为学前儿童调节自己心理活动的能力不足，虽然其有意想象获得了一定的发展，但还是以无意想象为主，体现在美术创造活动中为其创作的内容会随着活动的进行而不断建构、生成和丰富。在儿童开始创作美术作品之前，他们往往不太清楚自己将要创作的主题和内容：画什么？画成什么样子？当他们拿起笔之后往往是想到了什么就画什么、看到了什么就画什么、能画什么就画什么，所以，其主题会随着儿童的创作过程不断发生变化，其内容会随着创作过程不断丰富。以下是一个4岁多儿童绘画过程的记录：她先是画了一辆小汽车，画好之后说自己还要画一面小红旗。画好小红旗之后，她又联想到了手绢，然后画着画着发现不像手绢而像气球，就开始画起了气球。画了气球之后，她又联想到自己爸爸的头，然后就画起了爸爸的头，画完爸爸的头之后觉得不够完整就画了两条线表示爸爸的胳膊。在这个创作过程中，我们可以看到儿童的创作内容是不断丰富的，由原来的只是想画一辆小汽车到最后画了一幅有汽车、红旗、气球、爸爸的头和胳膊内容比较完整而丰富的作品[2]。可见，儿童绘画作品的内容大多不是儿童提前预想好的，而是在儿童的创作过程中随着活动的进程不断建构和生成的。

（三）学前儿童美术活动过程是儿童之间相互交流、影响，相互促进的过程

幼儿园小班儿童已经开始进入平行游戏阶段，这个阶段的儿童在和同伴一起玩耍的时候，虽然各玩各的，彼此之间没有交流，但是他们会偶尔去观望一下其他儿童的行为。小班下半年、中班的儿童进入联合游戏阶段，儿童在玩的时候会留心别人的游戏，会通过借玩具、材料或者评价他人的作品进行交流、学习。进入幼儿园的学前儿童，其美术活动的过程也是一个不断相互影响、相互促进的过程，他们会

---

[1] 加德纳. 艺术・心理・创造力 [M]. 齐东海, 等译. 北京：中国人民大学出版社，2008：117.
[2] 陈帼眉, 冯晓霞, 庞丽娟. 学前儿童发展心理学 [M]. 北京：北京师范大学出版社，2013：295.

互相模仿对方的创作风格和内容,也会因为同伴的建议或评价而改变作品的形式或内容,使得作品看起来更符合逻辑。例如,一个中班幼儿本来创作的主题是"下雪天",他的作品里漫天飘雪,树上、房子上、地上、人们的身上都是雪,他在完成作品之际,扭头看了一眼同伴的作品,同伴的作品画面上方画着灿烂的太阳,于是这个幼儿也在自己的作品中画了灿烂的太阳。这时,他的同伴看到了说:"你不是画的下雪天吗?怎么还有太阳啊?"这个幼儿被同伴评价之后,马上意识到自己作品的不合理之处,他想了一下说:"我这幅画画的是大雪过后,天刚晴,雪融化了一半,还没有融化完。"他边说边把空中的雪全部涂掉,并把树上、房子上、人们身上的雪也涂掉一部分。

当然,学前儿童除了受同伴的影响,还会受到身边其他事物的影响。在儿童刚会拿笔的阶段,他们往往拿起笔就画,比较关注对自己内在需求的表达,无论画成什么样子,他们都对自己的创作过程和作品很满意,不太关注他人的看法。随着儿童年龄的增长,儿童的社会属性和观察力增强,他们开始关注和借鉴外部世界,他们开始有意、无意地模仿身边的同伴、父母、教师等的创作风格、形式和内容,他们在成人的引导下或主动或被动地观察外部世界本来的样子并努力去模仿,他们开始关注影视作品或者文学作品中的人物、事物形象并努力模仿。当然,学前儿童的模仿不是单纯地照搬照抄,而是会加入自己的想法和情感,使之符合自己的认知和逻辑,从而创作出一幅具有自己个性的作品。

三、学前儿童美术作品

(一)学前儿童美术作品是具有艺术价值的作品

学前儿童美术作品在比较漫长的时间里是不被认可的,就像儿童在比较漫长的时间里得不到认可,被视为成人的附属品一样。但是随着儿童观的转变,童年时期独特的存在价值的被认可,儿童的地位随之得到进一步提高,儿童具有的一些特点也逐渐被认可,甚至是得到倡导。这种现象表现在艺术领域,就是越来越多的艺术家不仅认为儿童的美术就是艺术,而且对儿童美术给予高度评价,甚至对儿童的艺术状态和艺术作品崇拜不已。现代艺术大师毕加索就说过:"我曾经能像拉斐尔那样作画,但要学会像儿童那样去作画,还要花我一辈子时间才行。"[1] 除毕加索外,著名艺术家马蒂斯、康定斯基、卢梭、克利、米罗等都非常推崇儿童的美术作品。比如,克利经常在绘画技巧上使用儿童那种环绕的、粗陋的轮廓线。米罗经常借鉴

---

[1] 加登纳. 艺术涂抹 [M]. 兰金仁, 译. 北京: 中国商业出版社, 1994: 7.

儿童画中"蝌蚪人"的作画风格进行创作(见图1–31)。

图1–31 《童年》米罗

除了艺术家,艺术教育和艺术心理研究领域的学者也开始不断深入地研究和揭示儿童美术的艺术价值。1885年,库克发表的《我们的艺术教学与儿童本质》一文中提出儿童画是儿童天性的流露和自然纯真的情感表现,此文引发了艺术心理学家对儿童画的关注。1887年,第一本关于儿童艺术的书——瑞茨的《儿童的艺术》出版。到了20世纪初,国际学术界公认儿童的绘画为艺术。

(二)学前儿童美术作品具有值得成人学习的独特性

学前儿童美术作品从技法和内容上看,都与成人作品有着很大不同。但这并不能说儿童的美术作品就不如成人的美术作品。儿童的美术作品无论从形式上还是内容上都有很多成人需要学习的地方。

首先,儿童作品从形式上具有值得成人学习的独特性。成人的作品往往是有规律可循的,通常是囿于规则、小心翼翼的,且具有一定的功利性。这种总是小心翼翼,唯恐打破规则从而囿于规则的功利性倾向往往容易让成人的思想禁锢而很难有进一步的创新。儿童画从形式上看,是发自内心的,是原始的、本能的、纯净的、质朴的,是为了创作而创作的,是随心所欲的。他们在创作时往往不受外界干扰而专注于作品,他们的心灵是自由的。正因为儿童创作时的这种随意性、不受控制性和自发的创造性,儿童自发创作出的作品往往是独特的、个性化的。

其次,儿童作品从内容上具有值得成人学习的独特性。儿童作品往往是儿童有感而发的,其作品内容蕴含着丰富的内涵。比如,一个因淘气惹爸爸生气,被爸爸训斥的孩子画了一幅爸爸生气的作品(见图1–32)。作品中的爸爸"怒发冲冠""横眉冷对"、高举巴掌,像极了正在气头上准备"教育"孩子的爸爸。但非常有趣的是她在爸爸的身后画了一团"屁",她说爸爸气得放了一个"屁"。孩子画完拿着作品讲给妈妈听,然后哈哈大笑。在这个例子中儿童用富有幽默的方式来化解了爸爸因生气训斥自己这件事。儿童的作品中蕴含的故事,使得其情感非常真挚,儿童的作品也因此更富有激情,更加鲜活、富有生命力。

图 1-32　幼儿作品《生气的爸爸》

第三节　学前儿童美术教育

一、学前儿童美术教育的基本定位

《3—6岁儿童学习与发展指南》在艺术领域中提出:"艺术是人类感受美、表现美和创造美的重要形式,也是表达自己对周围世界的认识和情绪态度的独特方式。每个幼儿心里都有一颗美的种子。幼儿艺术领域学习的关键在于充分创造条件和机会,在大自然和社会文化生活中萌发幼儿对美的感受和体验,丰富其想象力和创造力，引导幼儿学会用心灵去感受和发现美，用自己的方式去表现和创造美。"学前儿童美术作为艺术领域的科目之一，应该培养学前儿童欣赏美和创造美的能力，激发和宣泄儿童内在情感，引导儿童个性化地表现和创新。

（一）学前儿童美术教育是一种美术素养教育

美术素养是指儿童在美术的兴趣与态度、感知与欣赏、创作与表现等方面所具备的素质和修养。美术素养教育，即一种注重儿童在美术活动中的兴趣与态度、感知与欣赏、创作与表现等方面的基本素养的教育。其重在激发儿童对自然界和生活中美的事物以及不同类型艺术作品的喜爱之情，引导儿童感知与欣赏自然界、生活中的事物以及不同类型的美术作品，并鼓励儿童用自己喜欢的、多样化的美术活动进行大胆创作与表现。在美术教育活动中，教师也会帮助儿童了解一些美术知识、学习使用一些技法，尤其是随着儿童年龄的增长，一定的美术知识和技法有助于儿童更好地进行表达，但是美术知识和技法只是一种手段，而非美术教育的目的，更非唯一目的。

学前儿童美术教育作为一种素养教育，应该面对全体儿童，让所有儿童都感受到美术的魅力，让所有儿童的美术素养都能得到不同程度的发展，让所有儿童在感知与欣赏、创作与表现的过程中发展其对美术的兴趣：愿意、喜欢进行美术欣赏和创作活动。就像洛克声说的那样："幼小时所得的印象，哪怕是极微小，小到几乎觉察不出，都有极重大、极长久的影响。"[①] 我们要利用学前儿童心理发展的可塑性，积极开展各种美术活动，在潜移默化中发展他们对万事万物的审美能力，引导他们敢于大胆地通过美术活动来表现美和创造美、表达自我。

婴幼儿的审美倾向

（二）学前儿童美术教育是一种审美教育

学前儿童美术活动旨在通过各种审美活动的熏陶健全儿童的审美心理结构，提高其审美能力，最终实现其人格的健全。审美心理结构是指审美主体内部反映客观事物的审美特性及其相互联系的心理活动结构，是人类进行审美活动的心理机制。一般认为审美心理结构由审美心理倾向、审美认知、审美情感构成，其中审美心理倾向包括审美需要和审美动机。学前儿童美术教育通过引导儿童欣赏大自然和生活中的各种美的事物以及艺术作品，满足其审美需要、激发其审美动机、丰富其审美认知、熏陶其审美情感，最终实现儿童审美心理结构的建构。

---

① 洛克.教育漫话［M］.成墨初，蒙谨，译.武汉：武汉大学出版社，2014：10-11.

(三)学前儿童美术教育是一种情感教育

学前儿童美术教育是一种情感教育,其主要表现为以下两方面:一方面,学前儿童美术教育可以促进学前儿童情感的发展;另一方面,学前儿童美术教育可以满足学前儿童情感的表达需要。

首先,学前儿童美术教育可以促进学前儿童情感的发展。学前儿童情感的发展主要表现在情感的进一步社会化、丰富化和深刻化。我们知道新生儿的情感主要是由内源因素引起的生理性情感,如生理性微笑或者疼痛、厌恶等比较单一的情感。随着儿童年龄的增长,由外源性因素引发的情感不断增加,如社会性微笑、羞愧、勇敢等。我们可以通过一系列美术教育主题活动促使学前儿童情感进一步社会化、丰富化,使儿童对家庭成员的情感逐渐扩展到对师长的尊敬、对同学的友谊、对班级的荣誉、对家乡的自豪、对祖国的热爱、对大自然的关爱等。在这个过程中,学前儿童的情感也会逐渐深刻化。

其次,学前儿童美术教育可以满足学前儿童情感的表达需要。儿童在美术教育活动中可以自由地表达、宣泄自己的情感,在这个表达和宣泄的过程中,儿童的情感得以满足。比如,学前儿童特别喜欢吃糖,教师就组织"各种各样的糖果"主题活动,在这些主题活动中,有一些活动或是让儿童自己画糖果,或是让儿童使用各种各样的材质制作糖果,甚至让儿童和教师一起利用真正的食材去熬制糖果。在这些美术活动中,儿童将对真实糖果的喜爱转移到画和制作糖果的过程中。再比如,儿童都喜欢迪士尼乐园,可是并不是每个儿童都有条件去迪士尼乐园,那么儿童就可以通过欣赏视频里的迪士尼乐园,然后画出自己心目中的迪士尼乐园,满足自己想去迪士尼乐园玩的愿望。

(四)学前儿童美术教育是一种创造教育

学前期被普遍认为是创造力的黄金期,加德纳指出:"差不多每个孩子到了4~7岁时,在有合适环境的鼓励下,都是富有创造性的。对于所有的孩子来说,这个阶段正是最自由的阶段。"[①] 学前儿童美术教育正是以培养儿童创造能力为核心的教育。

首先,美术活动可以满足儿童创造的需求。一方面,美术活动的内容和形式多样化,可以满足不同儿童个性化创造的需求。美术活动的形式有绘画活动、手工活动和欣赏活动,绘画活动和手工活动又可具体划分为多种。美术活动的内容是非常

---

① 加登纳. 艺术与人的发展 [M]. 兰金仁,译. 北京:光明日报出版社,1988:332-333.

丰富的，涉及儿童生活和学习的方方面面。儿童可以根据自己的喜好选择自己喜欢的创作内容和形式，用自己喜欢的形式创造自己感兴趣的内容。另一方面，在美术活动中，儿童是自由的，他们可以发挥自己的想象力进行创造。他们可以把天空涂成彩色的，也可以把太阳涂成绿色的；他们可以给跑车装上翅膀，也可以让飞机在水里游；他们可以让自己拥有魔法，实现自己的愿望，也可以让凶猛的野兽成为自己的玩伴。总之，在美术活动中，儿童在教师创设的舒适的环境、宽松的、自由表达的氛围中可以驰骋在想象的疆域里，创作出独特的作品。

其次，学前儿童美术教育实践活动可以激发幼儿进行想象和创造。在美术教育活动中，教师除了要尊重儿童自发、自由的创作，让儿童原生的创造力得以展现之外，还可以通过开展各种活动来启发儿童的想象力，挖掘儿童内在的创造力，使其创造能力得到发展。比如，让儿童画房子之前，教师可以引导儿童去欣赏世界各地、全国各地的典型建筑，甚至小动物住的"房子"，让儿童积累丰富的有关房子的素材，启发儿童将各种零碎的元素重新组合，从而实现创造。再比如，让儿童画理发店之前，教师先带领儿童到真实的理发店去参观理发店里的人都有哪些分工，他们分别做什么工作，他们做的时候都需要使用哪些工具，他们都是如何做的？参观完之后，教师将儿童带回幼儿园进行讨论、总结，最后，儿童带着自身积累的素材和同伴们的启发进行创作。在这样的学前儿童美术教育实践活动中，儿童的创造性思维被进一步激发，从而获得更好的发展。

二、学前儿童美术教育的意义

美术教育对学前儿童的发展具有重要的意义。虽然能够创造优秀作品的儿童并不一定能成为美术家，甚至不一定会从事美术行业，但儿童在童年期的美术活动中所获得的想象力、创造力、智力、审美能力等对其一生的发展都会有重要意义。"促进发展是儿童美术的真正价值，是儿童美术最重要的功能，这是我们看待和认识儿童美术的基本观点，也是儿童美术教育的理念、方法的根本依归，与此相违背的理念和方法，可能会收到短期的甚至轰动的效应，但可能会伤害到儿童的终生发展，而与此相合的儿童美术教育的理念和方法才是儿童美术教育的正道。"[①]

（一）促进学前儿童审美能力的发展

"儿童在经过恰当的训练（直接指导或给予大量的图画接触）之后，他们的识

---

① 尹少淳. 尹少淳谈美术教育［M］. 北京：人民美术出版社，2016：106.

别能力是能够有很大的提高的。这种训练会增加儿童在其绘画中所包含的信息量，会提高他们看待艺术品的方法，加强他们对感官与特质方面的注意程度，也会提高他们从事某种标准知觉工作的能力。"[①] 加德纳经过研究发现5~7岁的儿童经过专门的教育，在面对大量绘画作品时，其审美能力与成人相比往往具有优越倾向。学前儿童美术教育通过美术欣赏活动和美术创作活动为儿童的艺术审美能力的发展提供了一个非常好的途径。

1. 美术教育通过美术欣赏活动促进儿童审美情感的发展

首先，在美术教育活动中，在教师的引导下，儿童不断观察和感受美术作品的造型、色彩、构图，观察周围环境中事物的结构、特征和运动模式，并运用自己的艺术语言表达出来，在这个过程中儿童的形体感、色彩感、线条韵律感、空间感、构图感、材质感等审美鉴赏力得以发展。其次，学前儿童美术教育会在艺术欣赏活动中为儿童提供接触经典作品、与大师"对话"的机会，从而开阔儿童的视野，让儿童对美的知觉更加敏感，提高儿童对美的事物的感受能力和共情能力，让儿童逐渐理解真、善、美。比如，儿童通过欣赏和学习米勒的《拾穗者》（见图1-33），更好地了解到劳动人民虽然平凡但是忍耐、谦卑、质朴，从而对普通劳动大众产生崇敬感；通过欣赏和学习梵高的《星月夜》（见图1-34），感受到生命的顽强和不屈的斗志，从而认识到平凡生命中的积极向上、努力生存、不肯屈服是多么珍贵的品质。

图1-33 《拾穗者》米勒　　　　　　　　图1-34 《星月夜》梵高

2. 美术教育通过美术创作活动促进儿童审美创造能力的发展

在美术教育活动中，儿童通过美术欣赏活动获得了审美经验；在美术创作活动中，儿童有机会将保留在大脑中的意象进行进一步加工，从而创作出自己的作品。在这个过程中，儿童会不断地将自己欣赏的大师作品或者自然景色的元素融入自己

---

① 加登纳. 艺术与人的发展[M]. 兰金仁，译. 北京：光明日报出版社，1988：292.

的创作中，其审美创造力会在潜移默化中不断发展。比如，某幼儿园小三班在一次手工活动"送给妈妈的包"开展前恰逢雨过天晴，天上出现了一道彩虹，教师便组织幼儿先欣赏天上美丽的彩虹，然后画画，结果发现很多幼儿在给"妈妈的包"涂颜色的时候选择了丰富的彩虹色。

（二）促进学前儿童一般智力的发展

学前儿童美术教育可以促进学前儿童的观察力、注意力、想象力、创造力、记忆力等的发展。

一个好的美术教育活动会创设机会引导和鼓励幼儿在生活和学习中全身心地投入体验和观察活动中。一方面，相对于成人来说，幼儿较缺乏生活经验，只有多体验、多观察，幼儿才能积累更多的素材和感性经验，才能在创作的时候更好地进行表达。幼儿在教师的引导下，会慢慢养成观察的习惯，提高观察的能力。比如，在小班美术活动"蜗牛"中，为了让孩子们能更好地创作出自己心目中的个性化的蜗牛，教师事先抓了几只蜗牛，让孩子们分组近距离地观察，引导孩子们观察蜗牛壳的颜色和形状，蜗牛偷偷伸出触角观察周围环境的样子，蜗牛爬行、进食时的形态。再比如，教师在大班美术活动"跳舞真快乐"中，为了让幼儿更好地表现出动态人物，便引导幼儿认真观察人们在跳舞时的表情、四肢动作以及发型、服装。下面是一个小朋友在欣赏完舞蹈之后创作的作品（见图1-35），教师没有对幼儿的创作过程做任何的"指导"，其作品可以说是形神兼备了。另一方面，幼儿在创作过程中，为了将自己想象的内容更好地展现在纸上，就必须观察事物的形状、色彩等，还必须观察点、线、面的关系。所以，不管是美术创作内容的需要还是形式的需要，幼儿都需要细心地观察才能实现，因此幼儿在这一过程中，也会慢慢地养成观察事物的习惯，锻炼感觉器官的敏锐性，观察能力也会得到锻炼和培养。

图1-35 幼儿作品《跳舞的小姑娘》

学前儿童的注意力比较弱，有意注意时间短。研究显示，即使在良好的教育条件下，小班幼儿的有意注意也只能保持 3~5 分钟，中班幼儿可达到 10 分钟，大班幼儿可保持 15 分钟左右。[1] 凡是色彩鲜明、对比强烈、形象生动、新颖多变，以及与他们的生活经验紧密相关、符合他们的兴趣的事物均可以引起他们的无意注意。"对有兴趣的事物，1 岁半的儿童注意力可达到 5~8 分钟，2 岁能集中注意 10~12 分钟，2 岁半则可达到 10~20 分钟。"[2] 美术教育活动正是以幼儿感兴趣的、与幼儿的生活息息相关的话题作为活动内容来吸引幼儿的注意，如"我的一家""糖葫芦""捏面人儿""皮影戏""水果拼盘"等。同时，3~6 岁的儿童思维发展处于具体形象思维阶段，他们更多是以对形象的事物和动作的作用中积累感性经验的方式进行学习的，离开动作尤其是离开具体形象的事物，儿童就很难进行思考和学习。而学前儿童美术教育活动会投放大量色彩鲜艳的、形象鲜明的材料，让儿童在看一看、听一听、画一画、捏一捏、揉一揉、剪一剪等操作活动中进一步维持注意力。儿童在这些好玩的、有趣的活动中，其思维能力和注意力都能得到很好的发展。

一个好的美术教育活动可以丰富幼儿的生活经验和对美的感受和体验，教师通过创设宽松的气氛，与幼儿进行平等的对话，投放丰富多样、适合的美术材料，激发幼儿的灵感，促使幼儿更好地进行联想，培养幼儿的想象力和创造力。比如，在一次泥工活动中，一个小朋友用油泥制作了一条有 6 只脚的小蛇，在教师经过她面前时她很兴奋地向教师介绍自己的作品："老师，我做了一条小蛇，它有 6 只脚呢。"教师说："哇，好神奇哦，你的小蛇还有脚呢！那你看看你除了小蛇还能做点儿别的什么吗？"小朋友听了教师的话很开心，想了一会儿后说："我还想做个桥。"于是她就把自己的小蛇改造成了一座桥，桥上有一只兔子被女巫追赶着，赶紧跑向桥头的城堡上。本来小朋友只是制作了一条小蛇，在教师的鼓励下，幼儿由有脚的蛇联想到了桥，由桥联想到了兔子、女巫和城堡，制作出了一个内容更加丰富、具有情境性的作品（见图 1-36）。美术创作是无错的，幼儿在创作的过程中是自由的，甚至可以挣脱现实的束缚，自由地徜徉在想象的海洋中，创作出与现实并不相符的作品，教师只要肯定幼儿的作品，采用表达感受的方式引导幼儿进一步完善自己的作品即可。例如，在一幅幼儿的绘画作品《西瓜》中，这个幼儿不仅在西瓜里装上了搅拌机，而且为西瓜安上了水龙头，为的是让不知道怎么吃西瓜的外星来客喝西瓜汁。这种想象和创作如果发生在现实生活中，可能会显得荒诞，并不会真正发生，但在幼儿想象的世界里，一切又都是有可能发生的。

---

[1] 张永红. 学前儿童发展心理学 [M]. 北京：高等教育出版社，2011：70-71.
[2] 陈帼眉，冯晓霞，庞丽娟. 学前儿童发展心理学 [M]. 北京：北京师范大学出版社，2013：110.

图1-36 幼儿作品

儿童的美术创作活动是一个将自己大脑积累的素材重新组合后再呈现的过程，这就需要儿童记忆力的参与。"幼儿绘画往往不是现场临摹写生，而是根据自己对事物的认识和记忆去画，这样儿童的记忆力也会得到锻炼。"[1] 关于这一点，鲁道夫·阿恩海姆在《艺术与视知觉》中写道："儿童和原始人类之所以能画出事物的总体特征和非投影性的形状，是因为他们画的是他们看见的东西。"[2] 但是他又写道："当儿童处在某一年龄段时，如果要求他画自己的爸爸，他往往很少去观看站在他面前的那个充当模特儿的爸爸……在儿童看来，新的信息对再现一个人的形象来说是不必要的"。[3] 也就是说儿童处在某个阶段的时候，他画的往往是他看过的留在大脑中的表象，那么记忆的作用在此时就得以体现。儿童在美术活动中不停地观察、记忆，再将记忆的表象进行加工、呈现，而儿童为了能将观察到的事物更好地、突出细节地呈现出来，记忆力就会得到进一步的发展。

（三）促进学前儿童眼、脑、手的协调发展

儿童所进行的美术活动，无论是绘画还是手工制作都需要先用眼睛来观察事物，然后对大脑中的表象进行加工和改造，重新组合成一个新的形象，最后在人脑的高级神经中枢发送指令下指挥手部来操作，这是一个眼、脑、手协调配合实施的过程。阿恩海姆认为："眼睛是艺术活动的父亲，手是艺术活动的母亲。"[4] 由此可见，在艺术活动中眼、脑和手的重要性。婴儿在四五个月的时候，开始能用手抓到自己看到的、想要的东西，这是婴儿眼、脑、手协调协调动作的首次出现，但要达到随心

---

[1] 屠美如. 学前儿童美术教育 [M]. 长春：东北师范大学出版社，2003：23.
[2] 阿恩海姆. 艺术与视知觉 [M]. 滕守尧，译. 成都：四川人民出版社，2019：172.
[3] 同②168.
[4] 同②177.

所欲的程度，还需要在今后的成长中反复运用、锻炼才能实现。虽然在进入幼儿园之前儿童的手部肌肉已经通过各种活动得到一定的锻炼，手部力量、灵活性，手部大动作如抓、握、拎、扔、撕、拍等有所发展，但是手部的精细动作以及眼、脑、手的进一步协调需要进一步锻炼才能得到更好的发展，而美术活动则为儿童提供了一个非常好的眼、脑、手并用的机会。儿童在美术创作过程中不仅要画一画、剪一剪、捏一捏、搓一搓、团一团、揉一揉、拍一拍等，而且要使用一些辅助材料如胶水、胶棒、双面胶等来粘贴，在使用这些辅助材料的时候儿童又需要用手来拧一拧、涂一涂、贴一贴，在绘画或者使用材料进行制作的过程中，儿童要不断动用大脑思考画什么、做什么，如何将看到的内容画出来、做出来，以及如何分配这些内容等。在这个过程中，儿童的手部肌肉得到充分锻炼，手部力量、手指的灵活性和协调性得到较好的发展，眼、脑、手逐渐协调一致。

（四）促进学前儿童情绪、情感和健全人格的发展

苏珊·朗格认为，艺术是一种情感符号，美术既是儿童表达自我、抒发情绪和情感的一条重要途径，也是外化儿童情感的有效方式之一。无独有偶，赫伯特·里德也对艺术的情感作用表达了高度认可，他在《艺术的真谛》一书中写道："造型艺术也就是视觉艺术，通过眼睛发生作用，它旨在表现和传达一种情感状态……有所作为的艺术家从来不受思想的禁锢，因为他的任务不在于表现这些思想，而在于传达他对这些思想的情感反应。"[①] 美术活动是无错的，儿童在美术活动中是自由的。他们可以在美术活动中自由抒发自己的情感，彰显自己的个性。

首先，儿童可以在美术活动中抒发内心的情感，如对亲人的爱和思念、对祖国和家乡的热爱、对他人的不满等，在这种画一画、做一做的过程中，儿童的情感得以满足、宣泄。在新冠肺炎疫情期间，一位医生的孩子因为想念在一线奋战几十天未回家陪伴自己的妈妈画了一幅画来表达对妈妈的爱和想念。另一位小朋友在妈妈生完弟弟之后长达一年的时间之内，她画的家庭画都是一家三口（见图1-37），弟弟永远都在妈妈的肚子里。有一次，她画了妈妈之后顺手就把弟弟画在了妈妈的肚子里，画完她突然发现不对，然后赶紧又把画好的弟弟给擦掉了（见图1-38），想必是弟弟出生后妈妈忙着照顾弟弟而顾不上陪伴她，所以她潜意识里希望时光能退回到弟弟出生之前的日子。但是知道这一切是不可能的，于是她就把这种愿望和不满通过美术作品的形式表达出来。

其次，在美术活动中，儿童可以按照自己的愿望表达，按照自己的感受和理解

---

① 里德. 艺术的真谛[M]. 王柯平, 译. 北京: 中国人民大学出版社, 2004: 23.

图1-37 幼儿作品《我们一家》

图1-38 幼儿作品《妈妈》

进行创作。这种不被干涉和不被否定的表达使儿童的个性得到良好的发展。在美术活动中，儿童可以将自己的感受，如感伤的、愤怒的、开心的、幽默的，自由地表达出来，在这种表达的过程中，儿童的个性得到进一步发展。比如，一个小朋友非常调皮，在生活中她会经常做一些搞怪的事情，同样在绘画中她也会经常表达她幽默、风趣的个性。有一次，教师让小朋友回家创作一个连环画故事，她创作的作品是《贪吃的小狗》：在一个明媚的早晨，小狗安迪来到了草坪上晒太阳。这时候，小兔子菲菲走了过来,让小狗安迪和它一起去刚结果实的苹果树那里玩。它们一起来到了苹果树下,天哪!苹果又大又红,一看就很好吃,可是它们该怎么做才能摘到苹果呢?小狗安迪用尽全力撞向苹果树,希望可以撞下一个苹果。可没想到苹果树一下就反弹过来,还砸到了安迪(见图1-39~图1-42)。

图1-39　幼儿作品《贪吃的小狗》(一)

图1-40　幼儿作品《贪吃的小狗》(二)

图1-41　幼儿作品《贪吃的小狗》(三)

图1-42　幼儿作品《贪吃的小狗》(四)

由此可见,在美术创作活动中,儿童的情感可以得以抒发、表达和满足,儿童会更加自信。现代心理治疗中的美术治疗正是利用美术活动的情感特点来探寻儿童内心的秘密,解开儿童的心结的。

单元回顾

⊙ 单元小结

本单元主要讨论了以下3个问题:
(1) 美术。
(2) 学前儿童美术。
(3) 学前儿童美术教育。
美术也称造型艺术或视觉艺术,泛指采用造型手段塑造视觉形象的众多艺术类型的总称。

美术作为艺术的主要门类、艺术表达的一种重要方式，与其他艺术门类相比，具有造型性、视觉性和空间性，以及静止性、瞬间性和永固性的特点。

美术一般包括绘画、雕塑、工艺美术、工业设计、建筑、摄影、园林、书法、篆刻等类型。绘画是造型艺术中最主要的一种艺术形式，其应用最为广泛，居于基础地位，主要包括水墨画、油画、版画、水粉画等画种。雕塑是最具有实体感的造型艺术类型，是使用可雕刻和可塑造的各种物质材料，制作出具有实体形象的一种艺术形式，包括圆雕、浮雕、透雕等种类。工艺美术是与人们生活密切相关的一种艺术形式，是在生活领域中以实用为前提，对日常生活用品进行艺术化的加工和处理，使之成为具有一定的审美价值的产品。工艺美术是对生活用品和生活环境的美化，既满足人们的物质生活需要，又满足人们的精神生活需要，具有实用和审美双重特性，一般可分为实用工艺美术和陈设欣赏的工艺美术两大类。建筑是人类用砖、石、瓦、木、铁等物质材料，堆砌修建或构筑的用来居住和活动的内外物质空间，与其他美术样式相比，建筑是最兼具实用性与艺术性的美术样式，是科学、技术与艺术融合的产物。

美术的形式语言是美术作品外在的形式和结构，是美术的基本构成要素，是美术作品实现最终视觉效果的途径和方式。美术的形式语言是一种特殊的语言，主要包括点、线、形与型、色彩、构图等。

学前儿童美术的本质在于：学前儿童美术是儿童探索和认识世界的一种方式，是儿童记录生活、表达情感的手段，对儿童来说既是工作也是游戏。学前儿童美术活动过程的特点包括：学前儿童美术活动过程是多通道知觉共同参与的过程；是儿童不断建构和生成的过程；是儿童之间相互交流、影响，相互促进的过程。学前儿童美术作品是具有艺术价值的作品；学前儿童美术作品具有值得成人学习的独特性。

学前儿童美术教育的基本定位为：学前儿童美术教育是一种美术素养教育，是一种审美教育，是一种情感教育，是一种创造教育。学前儿童美术教育的意义在于：促进学前儿童审美能力的发展，促进学前儿童一般智力的发展，促进学前儿童眼、脑、手的协调发展，促进学前儿童情绪、情感和健全人格的发展。

⊙ 拓展阅读

［1］《艺术概论》编写组．艺术概论［M］．北京：文化艺术出版社，2000．

［2］赫维茨，戴．儿童与艺术［M］．郭敏，译．长沙：湖南美术出版社，2008．

［3］詹森．艺术教育与脑的开发［M］．北京师范大学"认知神经科学与学习"

国家重点实验室，脑科学与教育应用研究中心，译．北京：中国轻工业出版社，2005．

［4］边霞．儿童艺术与教育：修订本［M］．南京：江苏凤凰教育出版社，2015．

⊙ 巩固与练习

一、名词解释

1. 美术
2. 建筑艺术
3. 美术的形式语言

二、简答题

1. 简述美术的基本特征。
2. 简述学前儿童美术的本质。
3. 简述学前儿童美术活动过程的特点。

三、论述题

1. 试述美术的主要类型，并选择其中的 2~3 种类型，谈谈其主要特点和分类。
2. 学前儿童美术教育的意义可以体现在哪些方面，请结合事例加以说明。

四、案例分析题

在主题活动中，中班幼儿对画楼房产生了兴趣，为了提升幼儿的绘画能力，教师提供了画楼房的步骤图，鼓励每个幼儿根据步骤图画出楼房。

问题与思考：

1. 教师是否应该提供画楼房的步骤图？为什么？
2. 如果你是班上的教师，你会怎么做？

五、实践题

进一步查阅相关美术书籍或者相关网站，收集适合幼儿欣赏的中国画、油画、版画等不同类型的经典作品及相关的民间美术作品，为以后设计美术教育活动积累素材和美术经验。

第二单元 学前儿童美术教育的目标和内容

导 言

刚刚走上工作岗位的小王老师今年带中班,下周园长要她开设一节美术教学公开课。她突然想起以前在学校上课的时候看过一节大班制作书签的手工活动,于是她没有认真思考就按照自己的回忆写出了一份简单的教案。正当她兴致勃勃地准备这节课的时候,她的"青蓝工程"指导教师张老师向她提出了几个问题:为什么要制定教学活动目标?如何制定教学活动目标?你在制定教学目标的时候要注意哪几点?一个针对大班儿童的比较成功的课程就能直接用到中班吗?你在选择教学内容的时候要考虑哪些内容?这一连串的问题,让小王老师陷入了沉思。

其实,张老师的问题也是我们每位准幼儿园教师需要自省的问题。相信通过这一单元内容的学习,大家对于这些问题会有自己的见解。

学习目标

1. 记忆与理解:学前儿童美术教育目标的结构,《幼儿园教育指导纲要(试行)》和《3—6岁儿童学习与发展指南》中艺术领域的目标、内容和要求与教育建议。

2. 理解与应用：学前儿童美术教育活动目标撰写的要求，能对教育活动目标进行分析和调整。

3. 应用与创造：学会撰写学前儿童美术活动目标；能熟练操作幼儿园常用的绘画、手工工具和材料，掌握常用的幼儿园绘画、手工的技法。

思维导图

学前儿童美术教育的目标和内容
- 学前儿童美术教育的目标
  - 学前儿童美术教育目标制定的依据
  - 学前儿童美术教育目标
  - 学前儿童美术教育活动目标的撰写
- 学前儿童美术教育的内容
  - 学前儿童绘画教育的内容
  - 学前儿童手工教育的内容
  - 学前儿童美术欣赏教育的内容

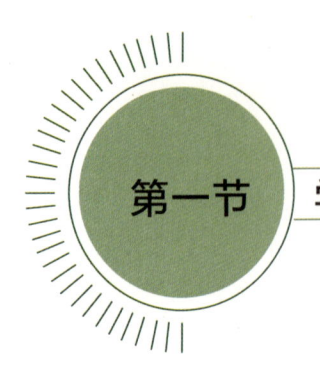

第一节　学前儿童美术教育的目标

学前儿童美术教育所追求的终极目的是通过美术教育使儿童能够获得全面、和谐的发展。作为实现教育目的的重要支持，教育目标是学前儿童美术教育的指南针，它能更好地指导教师对学前儿童美术教育活动内容的选择、课程的设计和实施，以及对课程的评价。

一、学前儿童美术教育目标制定的依据

儿童发展、社会生活、人类知识是制定学前儿童教育目标的依据。因此，要科学地制定学前儿童美术教育的目标，我们需要综合考虑和研究儿童发展与儿童经验、社会的需求和学科自身性质。

（一）儿童发展与儿童经验

研究学前儿童身心发展的需要、儿童实际发展水平、儿童经验水平以及学习的准备性，根据学前儿童的年龄特征、发展规律、学习活动特征以及儿童的经验来确定的教育目标才最适宜儿童的发展，才能有效地发挥引导和促进儿童学习与发展的作用。这就意味着，确定学前儿童美术教育目标首先要对不同年龄阶段儿童美术能力的发展、生理和心理发展的现有水平与潜在发展水平，以及儿童的经验能有全面、深入、正确的认识和了解。

> **小贴士**
>
> 许多研究者发现学前儿童美术能力的发展有共同规律，呈现出阶段式逐步上升的发展趋势。儿童生理、心理的发展在一定程度上影响了其美术能力的发展。从生理发展上看，学前儿童手部精细动作的发展、手腕运动的灵活性、手

和眼的协调能力在整个学前阶段有了较快的发展；从心理发展上看，儿童具有皮亚杰提出的认知发展的阶段以及学前阶段一些独特的心理发展特点。同时，我们也要看到，儿童都是独一无二的个体，儿童的发展存在个体差异，因此，我们在考虑全体儿童发展水平的同时也不能忽视儿童之间的个体差异。除此之外，儿童的经验也是学前儿童美术教育目标制定的基础和出发点。杜威认为"教育就是经验的改造和重组"，教师要分析儿童的经验水平、了解儿童经验获得的机制，这样才能促进儿童经验的持续发展。

当然，学前儿童美术教育目标的确定不能仅仅立足于儿童现有的发展水平和经验，更要使儿童在美术教育活动中实现自我的价值。为了促进儿童的发展，学前儿童美术教育目标还要落在儿童发展的"最近发展区"内，让儿童"跳一跳，就能摘到果子"。

（二）社会需求

培养什么人、为谁培养人是教育的根本问题。教育目标的确定要考虑社会对儿童成长的期望和要求。教育目标不能只是满足现今社会的需求，更重要的是要能反映未来社会的发展趋势。因此，学前儿童美术教育目标的确定需要具有一定的前瞻性，充分考虑未来社会对人才的需求。我们对未来社会的期望取决于我们为未来社会培养的人才。未来社会的人才需要具有一定的创新能力和美术素养，他们对美术活动感兴趣，具有一定的美术欣赏能力，善于发现美、感受美，喜欢欣赏生活中、自然中、美术作品中的美；他们还喜欢从事美术创作活动并能采用自己喜欢的方式大胆地进行艺术表现。

（三）学科自身性质

美术作为一门艺术类学科，有与其他学科不一样的课程内容、逻辑结构、学习方式，因此学科自身的性质也是教师在制定学前儿童美术教育目标时需要考虑的一个重要因素。美术凸显视觉性，它的主要特征就是对视觉形象的感知、理解和创造。阿恩海姆在《艺术与视知觉》中提道："如果说眼睛是艺术活动的父亲，手就是艺术活动的母亲。"[①] 因此，从学科自身的特点出发，我们既要关注通过美术的学习让幼儿获得一定的美术知识和技能，也要关注在这个过程中幼儿的审美能力和艺术素养的全面提升。

---

① 阿恩海姆. 艺术与视知觉［M］. 滕守尧，译. 成都：四川人民出版社，2019：230.

二、学前儿童美术教育目标

2001年,教育部颁布了《幼儿园教育指导纲要(试行)》。《幼儿园教育指导纲要(试行)》明确提出了艺术领域的目标:

(1) 能初步感受并喜爱环境、生活和艺术中的美;
(2) 喜欢参加艺术活动,并能大胆地表现自己的情感和体验;
(3) 能用自己喜欢的方式进行艺术表现活动。

> **小贴士**
>
> 为了实现这些艺术领域的目标,《幼儿园教育指导纲要(试行)》还列出了艺术领域的内容与要求:
>
> (1) 引导幼儿接触周围环境和生活中美好的人、事、物,丰富他们的感性经验和审美情趣,激发他们表现美、创造美的情趣。
>
> (2) 在艺术活动中面向全体幼儿,要针对他们的不同特点和需要,让每个幼儿都得到美的熏陶和培养。对有艺术天赋的幼儿要注意发展他们的艺术潜能。
>
> (3) 提供自由表现的机会,鼓励幼儿用不同艺术形式大胆地表达自己的情感、理解和想象,尊重每个幼儿的想法和创造,肯定和接纳他们独特的审美感受和表现方式,分享他们创造的快乐。
>
> (4) 在支持、鼓励幼儿积极参加各种艺术活动并大胆表现的同时,帮助他们提高表现的技能和能力。
>
> (5) 指导幼儿利用身边的物品或废旧材料制作玩具、手工艺品等来美化自己的生活或开展其他活动。
>
> (6) 为幼儿创设展示自己作品的条件,引导幼儿相互交流、相互欣赏、共同提高。

2012年10月,教育部正式颁布了《3—6岁儿童学习与发展指南》。《3—6岁儿童学习与发展指南》将3~6儿童在艺术领域的学习与发展划分为感受与欣赏、表现与创造两个子领域,具体以幼儿对艺术的积极态度即艺术兴趣和幼儿艺术能力(感受能力、表现与创造能力)两方面的发展为目标。[①] 积极的艺术学习态度是开展艺术活动的内在动力,是艺术感受能力和表现能力的前提,而艺术感受能力和艺术

---

① 李季湄,冯晓霞.《3—6岁儿童学习与发展指南》解读[M].北京:人民教育出版社,2013:155.

表现和创造能力的提高又会进一步强化幼儿对艺术活动的兴趣。①

● 感受与欣赏（见表2-1、表2-2）

表2-1　目标1　喜欢自然界与生活中美的事物

3~4岁	4~5岁	5~6岁
1. 喜欢观看花草树木、日月星空等大自然中美的事物 2. 容易被自然界中的鸟鸣、风声、雨声等好听的声音所吸引	1. 在欣赏自然界和生活环境中美的事物时，关注其色彩、形态等特征 2. 喜欢倾听各种好听的声音，感知声音的高低、长短、强弱等变化	1. 乐于收集美的物品或向别人介绍所发现的美的事物 2. 乐于模仿自然界和生活环境中有特点的声音，并产生相应的联想

表2-2　目标2　喜欢欣赏多种多样的艺术形式和作品

3~4岁	4~5岁	5~6岁
1. 喜欢听音乐或观看舞蹈、戏剧等表演 2. 乐于观看绘画、泥塑或其他艺术形式的作品	1. 能够专心地观看自己喜欢的文艺演出或艺术品，有模仿和参与的愿望 2. 欣赏艺术作品时会产生相应的联想和情绪反应	1. 艺术欣赏时常常用表情、动作、语言等方式表达自己的理解 2. 愿意和别人分享、交流自己喜爱的艺术作品和美感体验

● 表现与创造（见表2-3、表2-4）

表2-3　目标1　喜欢进行艺术活动并大胆表现

3~4岁	4~5岁	5~6岁
1. 经常自哼自唱或模仿有趣的动作、表情和声调 2. 经常涂涂画画、粘粘贴贴并乐在其中	1. 经常唱唱跳跳，愿意参加歌唱、律动、舞蹈、表演等活动 2. 经常用绘画、捏泥、手工制作等多种方式表现自己的所见所想	1. 积极参与艺术活动，有自己比较喜欢的活动形式 2. 能用多种工具、材料或不同的表现手法表达自己的感受和想象 3. 艺术活动中能与他人相互配合，也能独立表现

表2-4　目标2　具有初步的艺术表现与创造能力

3~4岁	4~5岁	5~6岁
1. 能模仿学唱短小歌曲 2. 能跟随熟悉的音乐做身体动作 3. 能用声音、动作、姿态模拟自然界的事物和生活情景	1. 能用自然的、音量适中的声音基本准确地唱歌 2. 能通过即兴哼唱、即兴表演或给熟悉的歌曲编词来表达自己的心情	1. 能用基本准确的节奏和音调唱歌 2. 能用律动或简单的舞蹈动作表现自己的情绪或自然界的情景

---

① 李季湄，冯晓霞.《3—6岁儿童学习与发展指南》解读[M]. 北京：人民教育出版社，2013：155.

续表

3~4岁	4~5岁	5~6岁
4. 能用简单的线条和色彩大体画出自己想画的人或事物	3. 能用拍手、踏脚等身体动作或可敲击的物品敲打节拍和基本节奏 4. 能运用绘画、手工制作等表现自己观察到或想象的事物	3. 能自编自演故事，并为表演选择和搭配简单的服饰、道具或布景 4. 能用自己制作的美术作品布置环境、美化生活

从《幼儿园教育指导纲要（试行）》和《3—6岁儿童学习与发展指南》艺术领域的目标和教育建议可以看出，注重幼儿对美术活动的兴趣，注重幼儿对美的感受与创造的艺术教育观始终贯穿在这两个文件中。这也为我们制定学前儿童美术教育各级各类目标指明了方向。

基于此，我们将学前儿童美术教育的总目标表述为以下三点。

（1）通过对形式审美特征的把握，幼儿能初步感受并喜爱周围环境、生活和美术作品中的美。发现美、感受美的能力是审美素养的重要基石。幼儿能够发现生活中和艺术作品中的美，并在精神上产生愉悦、快乐的情感，他们的精神世界会因此变得更加生动和丰富多彩。因此，教师要引导幼儿善于发现美，获得对美好事物的敏锐的感知能力，在此基础上能初步学会认识美的事物所特有的审美特性。

（2）幼儿对美术活动感兴趣，大胆表现、表达自己的观点、情感和体验。幼儿园美术教育首要目标就是培养幼儿对美术活动的兴趣，萌发幼儿的审美意识，这是进行一切美术教育活动的前提。教师要创设环境让幼儿能够自由、自信地表达自己的审美感受。

（3）幼儿能以不同的美术工具和材料为媒介，采用自己喜欢的方式自由地进行美术创作活动。美术创作是幼儿对自己情感和认识的一种外在表达方式。教师要创设条件让幼儿能尝试探索、操作各种美术工具和材料，支持和鼓励幼儿富有个性、无拘无束地表达，这样的美术创作活动也体现出教师对幼儿兴趣的尊重。

为了更好地实现学前儿童美术教育总目标，我们需要根据学前儿童美术学习的内容、儿童的年龄特点将学前儿童美术教育总目标在各年龄班进行具体分解，制定出更为细化的、有层次的学前儿童美术教育年龄阶段目标。本书将在第四单元、第五单元和第六单元对学前儿童美术教育年龄阶段目标进行详细的介绍。

三、学前儿童美术教育活动目标的撰写

（一）学前儿童美术教育活动目标撰写的要求

1. 目标撰写的角度要保持统一

目标撰写的角度通常包括两个：一是从幼儿的角度出发，我们将其称为"发展

目标",它更加关注的是儿童作为学习主体在活动过程中"能获得些什么？如何获得？"例如，"感受作品画面活泼的笔触以及色彩冷暖对比所表现的日出瞬间生机勃勃的景象""能用剪贴的方法表现自己喜欢的表情"。二是从教师的角度出发，我们将其称为"教育目标"，它更关注教师的"教"，关注教师在活动过程中"教什么"和"怎么教"，期望通过教师组织的教育活动帮助儿童获得知识、技能的提高和情感的激发等，如"引导幼儿发现人的五官在不同心情下会有不同的变化""引导幼儿大胆表现彩虹棒棒糖，培养幼儿创作的兴趣"。教育活动目标撰写的角度反映了不同的教育观和儿童观，我们更希望一线幼儿园教师在撰写教育活动目标时能从幼儿的角度进行表述。但是，特别要注意的是，每个教育活动的目标表述角度要保持统一，避免出现同一个活动的目标之间或者同一个目标的表述角度前后不统一的问题。

2. 目标的撰写要全面，语言要精练、准确、流畅

幼儿园教育活动目标可以参照布鲁姆的教育目标分类学，按照心理活动的不同领域从认知、动作技能、情感态度三个维度去撰写，也可以按照学习活动的不同领域从情感态度价值观、过程与方法、知识与技能三方面提出。无论从哪个维度撰写目标，我们都要尽可能用精练、准确、流畅的语言去表述。

3. 目标要具有可操作性，要与幼儿园美术教育的总目标和年龄阶段目标保持一致

目标要具体、可操作，必须陈述可见的行为，必要时还可以补充说明该行为发生的附加条件和行为反应水平的限定语。空泛的目标，如"培养幼儿的想象力""幼儿对美术活动感兴趣"等目标意义不大。教师要参考幼儿园美术教育的总目标和年龄阶段目标，针对活动的特点、本班幼儿的发展特点提出适当的目标。

（二）学前儿童美术教育活动目标撰写的案例分析与调整

1. 学前儿童绘画活动目标撰写的案例分析与调整

案例 2-1

小班绘画活动：秋天的果园

1. 原目标

（1）引导幼儿感受秋天的果园。

（2）尝试用水粉笔表现大大小小的果子。

（3）能体验绘画活动的快乐。

绘画活动目标撰写的案例分析与调整

2. 目标分析

该活动目标比较全面，涵盖认知、技能、情感态度三方面。但是目标在表述上还存在两个问题：一是表述的角度前后不统一。目标（1）是从教师的角度提出的教育目标，目标（2）和目标（3）是从儿童的角度提出的发展目标。二是三条目标都过于笼统，如"能体验绘画活动的快乐"更像是总目标，不具体，可操作性不强。

3. 目标调整

（1）在游戏的情境中观察秋天的果园，感受果实累累、色泽鲜艳的景色。

（2）尝试采用水粉笔转一转、点一点的方法表现大大小小的果子，并能用喜欢的颜色大胆表达自己对果子的认识。

（3）能自主、大胆地在果树上点画果子，体验活动的快乐。

案例 2-2

大班绘画活动：创意中国风

1. 原目标

（1）欣赏生活中带有中国元素图案的作品。

（2）能在平面或立体的物品上绘画中国元素图案。

（3）体验创意设计的快乐，培养幼儿的创造力。

2. 目标分析

该活动目标的表述主要存在两个问题：一是目标（3）的表述角度不统一，前半条目标的主语是幼儿，是发展目标，而后半条目标的主语是教师，是教育目标。二是目标（2）、目标（3）的表述不够具体，没有说明在什么条件下评价幼儿的学习结果，太过含糊和笼统。我们可以适当加上目标行为发生的附加条件。

3. 目标调整

（1）欣赏生活中印有中国元素图案的物品，并尝试用中国元素绘画装饰生活物品。

（2）能采用居中、环绕、挂角等方式在平面或立体的废旧物品上绘画中国元素图案。

（3）进一步感受中国传统文化，体验创意设计的快乐。

2. 学前儿童手工活动目标撰写的案例与分析

案例 2-3

小班手工活动：烟花满天飞（纸屑贴画）

1. 原目标

（1）引导幼儿想象烟花炸开时的不同样子。

（2）学习使用糨糊粘贴小纸片的方法。

2. 目标分析

这个活动目标主要存在三个问题：一是目标不完整，只有认识、技能方面的目标，而缺少情感态度方面的目标。二是目标提出的角度不统一。三是目标不具体，没有具体说明目标达成的条件或者程度。

3. 目标调整

（1）幼儿通过自己的想象自由摆放彩色纸片来表现烟花炸开时不同的样子。

（2）通过观察教师示范和动作参与，学习粘贴小纸片的方法。

（3）初步学习使用胶水，知道用完胶水后手指要在抹布上擦干净。

案例 2-4

中班手工活动：郁金香

1. 原目标

（1）欣赏郁金香，并能用毛茛表现出郁金香的线条特征。

（2）学习用毛茛制作郁金香的步骤。

（3）体验探索带来的快乐。

2. 目标分析

该活动目标的撰写主要存在两个问题：一是目标表述的语言不够准确。二是目标表述比较空泛，不够具体。目标（2）没有明确提出用毛茛制作郁金香所需要的技能，目标（3）缺少目标达成的限定条件。

3. 目标调整

（1）欣赏郁金香，了解郁金香的基本结构和轮廓特征。

（2）在做成毛茛圈的基础上，通过折、绕、拧等方法制作郁金香。

（3）能自由、大胆地通过收拢花瓣的程度来表现郁金香的不同形态，体验探索带来的快乐。

3. 学前儿童美术欣赏活动目标撰写的案例与分析

案例 2-5

大班美术欣赏活动：有趣的岩画

1. 原目标

（1）感受岩画表达的含义及文化意境。

（2）感受岩画中人物造型的夸张。

（3）感受合作创作岩画的快乐。

2. 目标分析

该活动目标主要存在两个问题：一是目标（1）超出大班幼儿美术欣赏能力的水平。二是目标（2）的表述不够完整；目标（3）的表述较为笼统，可以再具体一些。

3. 目标调整

（1）感受壁画所表现的古代人们用舞蹈庆祝的热闹场景、舞蹈动作特点和壁画所表达的原始文化。

（2）初步尝试用粉笔在户外城墙上作画，能大胆勾画自己快乐舞蹈的场景。

（3）在小组合作绘画中，学会分工，体会共同完成作品的成就感。

案例 2-6

大班美术欣赏活动：美丽的青花瓷

1. 原目标

（1）感受青花瓷色花纹的多样，理解花纹的寓意。

（2）能专注、仔细地欣赏青花瓷器。

（3）萌发对中国传统手工艺品的自豪感。

2. 目标分析

该活动的三条目标涵盖了认知、技能、情感态度目标，且都是发展目标。

但是这三条目标都存在表述不准确、不完整、不具体的问题。

3. 目标调整

（1）感受青花瓷纹样的丰富性以及色彩的清新、淡雅，初步了解青花花纹所代表的吉祥美好的寓意。

（2）在细致观察青花瓷的过程中能用较为完整的语言、肢体动作等表达自己的观点和发现。

（3）喜欢青花瓷，知道它是我国独有的传统民间艺术，萌发民族自豪感。

第二节　学前儿童美术教育的内容

为了实现学前儿童美术教育的各级各类目标，我们需要根据学前儿童的年龄特点和美术的学科特点系统地选择美术教育内容。学前儿童美术教育的内容一般包括绘画、手工和美术欣赏。

一、学前儿童绘画教育的内容

学前儿童绘画教育活动是指学前儿童学习使用各种画笔、纸、颜料等工具和材料，运用线条、色彩、造型、构图等艺术语言将其生活体验与思想情感通过加工和改造转化为具体、生动、可感的视觉形象，发展审美创造能力的教育活动。基于此，学前儿童绘画教育的内容主要包括以下两方面。

（一）绘画工具和材料的特点及使用

1. 绘画工具和材料的特点

绘画离不开各种绘画工具和材料，它们是绘画的重要媒介。学前儿童对各种绘画工具和材料的探索、使用是需要一个过程的，能否认识并操作绘画工具和

绘画的工具材料及其使用

材料直接影响绘画的效果。学前儿童绘画经常使用的绘画工具和材料包括油画棒、炫彩棒、水彩笔、马克笔、记号笔、勾线笔、水彩颜料、水粉颜料、丙烯颜料、国画颜料、墨汁、毛笔、水粉笔、排笔等，绘画常用的纸张有铅画纸、宣纸、卡纸、砂纸等。

油画棒是一种油性彩色绘画工具，它色彩鲜艳、软硬适中、油性足、涂色面积大、铺展性好。油画棒的色彩可以重叠遮盖，无须事先调色或混色，可以随时满足幼儿绘画的欲望。炫彩棒相比油画棒的颜色更为鲜艳，而且质地更软。从材质的特性上来说，油画棒不溶于水，因此可以用于创作蜡笔水粉脱色画，而炫彩棒是可溶于水的，涂色之后用水粉笔蘸清水使用会有淡淡的水粉画的效果。

水粉颜料是除了油画棒、炫彩棒之外，比较适合幼儿进行绘画创作的材料。它色彩厚重、适于覆盖，薄涂会产生水彩的效果，厚涂会产生油画的效果。

2. 绘画工具和材料的使用

绘画工具和材料不同，使用的方法也不同。幼儿使用不同的绘画工具和材料，结合多样的绘画创作形式可以创作出不同的美术作品。在创作过程中，幼儿可以自由、大胆地利用这些工具、材料来表达自己的情感和想法，同时也潜移默化地认识和习得了这些工具、材料的使用方法。

> **小贴士**
>
> 彩笔画
>
> 借助油画棒、炫彩棒、水彩笔、马克笔、彩色铅笔、彩色粉笔等绘画工具进行创作的作品统称彩笔画。彩笔画中最为常见的工具和材料是油画棒、炫彩棒、水彩笔、马克笔等。因为这些工具和材料操作方便，且不需要教师提前做大量的绘画准备工作，所以成为幼儿园使用频率最高的绘画工具和材料。图2-1是大班幼儿欣赏完印第安人的舞蹈后用马克笔勾线并用炫彩棒进行涂色的作品。

> **小贴士**
>
> 水粉画
>
> 水粉画是在幼儿园出现频率较高的一种绘画形式，它色彩鲜艳，其工具和材料便于幼儿操作。除了使用水粉笔外，棉签也是在进行水粉画创作时使用较多的工具。图2-2是小班幼儿用水粉颜料创作的一幅表现春天草地的作品。

> **小贴士**
>
> ### 水墨画
>
> 水墨画的表现手法写意，讲究神似，与幼儿创作的状态和表现很接近，因此，也是深受幼儿喜爱的一种绘画方式。水墨画使用的工具和材料主要有毛笔、墨汁、国画颜料、宣纸和毛毡垫等。想要创作水墨画，幼儿就要学习毛笔、墨汁的不同使用方法，从而表现线条的粗细、色彩的浓淡。图2-3是大班的一个幼儿在欣赏了春天大自然中的线条，以及吴冠中的《春如线》作品集后用水墨创作的他眼中的《春天的线》。

> **小贴士**
>
> ### 印章画
>
> 印章画就是把不同形状的实物作为印章，蘸上颜色后印在纸上、瓷砖上等的一种绘画形式。它操作简单，色彩鲜艳，极具装饰意味。可以作为印章的物品种类繁多，可以是蔬菜、纸团、树叶、笔帽、玩具、泡沫等材料。图2-4是小班幼儿将瓶盖作为印章创作的《泡泡世界》。

> **小贴士**
>
> ### 刮印画
>
> 刮印画就是使用专门的刮画笔（该工具通常一头粗一头细，细头用于勾线，粗头用于涂色）在刮画纸上创作的作品，这种方法特别适合线描画和装饰画的创作。刮印画对幼儿来说最大的魅力在于创作者永远不知道下一笔会画出什么颜色，因此充满了惊喜和神秘感。刮印画的颜色鲜艳，画面能呈现出一定的立体效果。图2-5是大班幼儿用刮画纸画的《大树的一家》，幼儿采用不同的线条和形状去装饰树干、树枝，画完后将画的内容剪下来贴在黄色的卡纸上，色彩对比更加强烈、更具立体感。

> **小贴士**
>
> ### 吹画
>
> 　　吹画是使用嘴或者吸管吹出气流,让事先滴在纸上的颜料向四周或者某一个方向自由延伸形成图案的一种绘画形式。这种作画方式操作方便、气氛轻松,画面变化无穷,符合幼儿好奇、好动、好想象的心理特点。特别要注意的是,吹画的重点是教师需要帮助幼儿掌握吹的力度、方向,以及如何能够吹出自己想要吹的形象。在吹画完成之后,幼儿可以根据图案展开想象,在此基础上进行添画。图2-6是大班幼儿采用吹画和添画的方法创作的作品,融合了他最喜欢的幻影忍者这个动漫形象。因为所选的颜色是红色,而且吹出的线条向外的张力营造了一种战争的场景,所以幼儿给这幅画取名《幻影忍者浴血奋战》。

> **小贴士**
>
> ### 手指点画
>
> 　　绘画除了可以使用不同的绘画工具、材料外,幼儿的手、手指甚至是脚都可以作为绘画的工具。手指点画是直接用手指蘸上颜料或者油印后印在纸上组成形象。手指点画既可以是单独的指纹之间的组合,也可以是对印好的指纹进行想象后添画出新的形象。图2-7是幼儿将手掌和手指作为绘画的工具,印好之后进行添画,从而创作出的火烈鸟和小蜜蜂的形象。

> **小贴士**
>
> ### 按轮廓添画
>
> 　　按轮廓添画是先将手、脚、雪花片或者其他物品放在纸上,再用勾线笔勾画出轮廓后进行创作的绘画形式。这也是培养幼儿创造性思维的一种非常好的作画方式。图2-8是小班下学期的幼儿在画出自己手部轮廓的基础上画出的人的五官和四肢,图案具有接近"蝌蚪人"造型的特点。

小贴士

滚画

滚画是创作者准备一个鞋盒，其中有2~4种颜料，每种颜料里放进玻璃球，在鞋盒里放一张与盒底一样大的纸，把玻璃球放在纸上来回滚动，让颜料不规则地留在纸上的作画方式。这种作画方式满足了幼儿好动的特点，工具和材料极易操作且画面效果极具设计感和想象力，如图2-9所示。

小贴士

综合材料绘画

综合材料绘画是对传统绘画的一种突破，在传统绘画材料的基础上，创作者创造性地将自然界、日常生活中各种材料和废旧物品作为创作的材料，如泥巴、沙石、报纸、破布、树叶、木头、麻袋、金属、轮胎等。图2-10是大班幼儿综合运用超轻黏土、蛋糕纸托等创作的印第安人；图2-11的材料更为丰富，除了超轻黏土外，还有瓶盖、彩色绒球、纽扣、麻绳等，创作者采用线描和粘贴的方式进行创作。

小贴士

蜡笔水粉脱色画

蜡笔水粉脱色画是儿童很喜欢，觉得很神奇的一种绘画方式。油画棒、水粉笔、水粉颜料是蜡笔水粉脱色画必备的工具和材料，这种作画方式利用的就是油画棒不溶于水的特性。绘画的步骤如下（以命题画《奇妙的海底世界》为例）：首先，先用白色的油画棒在铅画纸上画出海底的小鱼和水母……其次，用水粉笔蘸事先稀释好的蓝色水粉颜料，大胆地进行平涂，作品就完成了。幼儿会惊讶地发现，小鱼和水母不仅没有被白色颜料"盖"住，颜色反而交融在一起。整幅画因为加入了水粉颜料，小鱼和水母好像真的在海底游动起来，海底世界显得更加生动，画面效果非常好，如图2-12所示。

图2-1 彩笔画 幼儿作品《印第安人》

图2-2 水粉画 幼儿作品《春天的草地》

图2-3 水墨画 幼儿作品《春天的线》

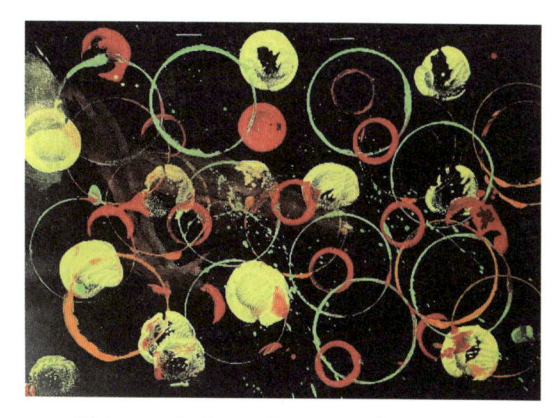

图 2-4　印章画　幼儿作品《泡泡世界》

图 2-5　刮印画　幼儿作品《大树的一家》

图 2-6　吹画　幼儿作品《幻影忍者浴血奋战》

图 2-7　手指点画　幼儿作品

图 2-8　按轮廓添画　幼儿作品

图 2-9　滚画　幼儿作品

图 2-10 综合材料绘画 幼儿作品（一）　　图 2-11 综合材料绘画 幼儿作品（二）

图 2-12 蜡笔水粉脱色画 幼儿作品《奇妙的海底世界》

（二）绘画形式语言的特点及使用

绘画是一门视觉艺术，绘画作品的形式语言是表现画面的重要手段，是绘画这座"摩天大楼"的重要"砖石"。形式语言是绘画作品的生命，它具有独立的审美价值。在学前儿童美术教育中，幼儿需要学习的绘画形式语言主要有线条、形状、色彩、构图以及一些装饰的基本技巧。

1. 线条

线条是造型的基本要素之一。幼儿借助线条表现自己的所见所闻、所思所想、情绪情感。我们说，线条是绘画的基础形式之一，是儿童最简单和最直接表现自我的一种绘画语言。学前儿童学习绘画一般是从线条开始的，对线条的学习主要包括：认识线条及其表情、学习使用线条。

（1）认识线条及其表情。线条分为两大基本类型：直线和曲线。无论是哪种类型的线条，均具有不同形式的运动感，即"动势"。直线带给人一种力量、坚定、稳定、刚强之感，曲线让人感受到优美和灵动，与直线相比，更具有弹性，如弧线、螺旋线、城墙线等。一切生物的外部形态都不同程度地包含曲线，因此，曲线更具有运动感、活力感和富有生命力的含义。波状曲线，因为受力的方向及大小变化的无规律性，所以具有活泼的意味，同时也隐含着某种神秘感。线条有方向的变化、长度的变化，还有粗和细、疏和密等质感上的变化。在日常生活中，教师可以有意识地引导幼儿发现不同的线条，在观察中认识、比较线条。例如，春天的大自然中和生活中有许多线条，柳树、桃枝、梯田、荠菜花、爬墙虎、天上的风筝的线条等都大不相同，教师可以引导幼儿发现、观察这些线条。

（2）学习使用线条。学前儿童对线条的使用包括两个阶段：练习线条和利用变化的线条进行美术创作。从小班开始，幼儿就会接触线条的学习，这种学习通常和游戏结合在一起，在游戏中练习使用线条。例如，教师给小朋友准备的画纸上事先画好了一个房子和几只小鸡，教师通过创设情境："小鸡饿了，我们要喂小鸡吃米来练习画短线条；小鸡吃饱了，要去游戏了，可是小鸡如果跑丢了怎么办呢？"教师还需要引导幼儿为小鸡画一个栅栏，练习交错画出长长的横线、短短的竖线；突然，天空下起了小雨，幼儿练习画短线条，然后雨越下越大，幼儿练习画长线条……在"小小发型设计师"的活动中，幼儿尝试用直线、波浪线、锯齿线、螺旋线来为纸上画的人物设计不同的发型并添画五官。随着幼儿能认识和掌握更多的线条，他们可以运用变化的线条进行美术创作。

2. 形状

线条组成形状，幼儿的绘画其实就是用简单的形状组成事物形象的过程。当幼儿能够用越来越复杂的形状去组成形象时，也就说明幼儿绘画水平在不断提高。

幼儿对形状的学习主要包括：认识形状和学习使用形状。

（1）认识形状。形状通常分为规则形状和不规则形状两大类。规则形状指的是几何形状，如圆形、方形、三角形、菱形、梯形等。这些形状可以用来表现甜甜圈、房屋、钢琴等。不规则形状主要指一些自由形状，如爱心形、花朵、草丛、云朵、皇冠等这些由方向、弯曲度不同的弧线、曲线和波浪线等组成的各种自由形状。

（2）学习使用形状。造型能力是学前儿童绘画中的重要能力之一，儿童的造型能力是在点、线、形的练习中习得的。最初，儿童是在规则形状的基础上用线条进行添加，慢慢过渡到能用连续不断的线条将规则的几何图形进行组合、不规则的自由图形进行组合以及规则形状和不规则形状进行组合，形成新的形象。他们能够逐渐表现出人或事物的主要轮廓特征和细节，绘画的题材也日渐丰富，包括人物、动植物、交通工具、建筑物、简单的生活事件，以及自己想象中的人、事、物等。

3. 色彩

色彩是绘画艺术的主要语言和重要的表现手段。在构成画面的诸多因素中，色彩能迅速触动幼儿的感觉。它具有表情性，能够向我们传达出一定的感情意味，传递出能够引起人的情感反应的信息。

幼儿对色彩的学习主要包括：常用色彩的辨认、理解色彩的情感和学习使用色彩。

（1）常用色彩的辨认、理解色彩的情感。美丽的大自然以它绚丽的色彩构成了迷人的大千世界。从万紫千红的花卉到郁郁葱葱的原始森林，从晴空万里的蓝天到星光闪烁的夜空，无不闪烁着色彩的光辉。学前儿童对色彩的认识就是应该融合在日常的生活之中，教师要利用各种机会让幼儿认识和观察自然界和生活中不同的色彩变化，如雨后的彩虹、不同季节中植物的颜色变化、节日装饰的颜色等。在幼儿园的美术教学活动中，教师更要有意识地创设情境，引导幼儿观察、比较、欣赏更多的颜色。幼儿要能辨认常用色彩，如红、黄、蓝三原色，橙、绿、紫三间色，蓝灰、紫灰、绿灰等常见的复色，以及黑、白、灰无彩色等。

不同的色彩会给人不同的感受和联想。人们把这种由色彩感觉引起的情感变化和联想称为"色彩的情感"。色彩运用的最终目的是表达和传递情感。色彩本无所谓情感，这里所说的色彩情感只是发生在人与色彩之间的感应效果。色彩的表情性通常是同有关色彩的联想分不开的。例如，红色是热烈而兴奋的，黄色是明朗而欢快的，蓝色是抑郁而悲哀的，绿色是平静而充满生命力的，等等。有研究表明，幼儿喜欢明亮、鲜艳、饱和度比较高的色彩，可能因为它们给人的感觉是温暖的、活泼的、易于接近的，最重要的是给人一种安全感与信任感。明度较暗的色彩给人静止和消沉的感觉。黑色、咖啡色、灰色、深蓝色等是大多数幼儿不喜欢的颜色，因为这些颜色在他们眼里是"不开心的、害怕的"。

（2）学习使用色彩。学前儿童对色彩的运用从玩颜色开始，教师要培养幼儿对颜色的喜爱。教师要提供给幼儿充分与颜色接触的机会，准备丰富的材料让幼儿对颜色进行探索。例如，小班开展了"颜色宝宝滑滑梯"的美术活动，教师让幼儿在玩中感知各种颜色，体验色与色的融合、线条与颜色自然交错的美感以及颜料流淌后产生的线条美。

幼儿对各种色彩的运用包括对各种物体色彩的再现，即按照物体的固有色涂色，这是一种写实的涂色方法。幼儿要学会大胆地选择颜色来构成画面色彩，学习用同种色、类似色和对比色，通过色彩的对比、渐变、重复等变化来表现画面上各种形象的颜色以及主体和背景的关系。

　　幼儿还会借助色彩来表达自己的情绪情感。不同的色彩为幼儿直觉地表达自己的情绪情感提供了最直接和最有效的通道。从幼儿的作品中，我们可以看到他们主观化地对色彩进行夸张、非现实化的处理，这也使得幼儿的绘画作品有一种天真无邪的美。如在一幅名为《生气的爸爸》（见图2-13）的作品中，幼儿选择了一张明亮的黄色卡纸，用大红色的油画棒勾画出了爸爸的轮廓，对比强烈。然后幼儿采用红色渐变的方法涂满了爸爸的脖子和面部，让我们感觉到爸爸气得脖子、脸部涨得通红。这幅画特别有意思的是爸爸的嘴巴张得大大的，露出红色的舌头，两个被勾画成红色的手举了起来，画面形象地刻画出了生气的爸爸好像在手舞足蹈激动地说着什么，由于声音太大，似乎周围的树叶都从树上落下来了。幼儿就是这样用色彩表达自己的情绪情感的。

图2-13　幼儿作品《生气的爸爸》

4. 构图

　　创作者对自己想要表现的形象进行组织安排的能力，就是构图能力，这种能力在幼儿美术创作中也是一个重要因素。所以教师在绘画活动中要培养幼儿把握画面、布局绘画形象的能力，让幼儿能有节奏地在画面上安排多个形象，处理好主要形象和次要形象之间的关系。在学前阶段，幼儿要掌握的构图主要有单独构图（见图2-14、图2-15）、一字形构图（见图2-16）、主题式构图（见图2-17）、多层并列式构图等。

图2-14　单独构图

图2-15　单独构图

图2-16　一字形构图

图2-17　主题式构图

5. 装饰的基本技巧

装饰的基本技巧也是学前儿童绘画教学的一个重要内容。幼儿生活的衣、食、住、行等生活的方方面面都离不开装饰。了解基本的装饰规律并能用于自己的创作之中，能让幼儿更好地体会到美术可以让生活变得更加美好。

日常生活中、大自然中都蕴含着装饰美的物体，如大自然中的树叶、蝴蝶、花朵，日常生活中的包装盒、包装纸、丝巾、雨伞、贺卡、瓷器等，教师要引导幼儿仔细观察发现其中对称、对比、节奏、反复等图案装饰的基本规律，感受图案装饰的形状美和色彩美。

幼儿要学习基本的纹样，如单独式纹样、对称式纹样、连续式纹样、放射式纹样等。单独式纹样是一个或一组纹样装饰处于纸的主要位置；对称式纹样是两个同样的纹样装饰处于纸的上下或者左右位置；连续式纹样是用两个不同的纹样进行间隔装饰（见图2-18）；放射式纹样是从纸的中心位置沿着对角线、中心线、半径向四周扩散进行装饰（见图 2-19）。图 2-20 展示了幼儿装饰的手帕近似于放射式纹样的装饰效果。

图 2-18　连续式纹样

图 2-19　放射式纹样

图 2-20　幼儿绘画作品《手帕》

二、学前儿童手工教育的内容

学前儿童手工教育活动是借助手的技能，通过使用各种手工工具对丰富多样的手工材料进行加工，在二维空间或者三维空间塑造艺术形象的造型活动。基于此，学前儿童手工教育内容主要包括以下两方面。

（一）手工工具、材料的特点及使用

1. 学前儿童手工的工具

学前儿童使用的手工工具主要有剪刀、胶水、乳胶、双面胶、泥工板、木刻刀、打孔机等。

2. 学前儿童手工的材料

学前儿童手工活动所使用的材料种类繁多、形态多样，如米粒、各种豆子、废

旧布料、包装纸、羽毛、一次性餐具以及蔬菜、瓜果等，我们可以将这些材料从外形上大致分为四类：点状材料、线状材料、面状材料和块状材料。

点状材料主要有种子、沙子、小石子、芝麻、纽扣等圆形粒状的材料。线状材料主要有毛莨、铁丝、棉线、毛线、树枝、吸管、筷子等细长的材料。面状材料主要有一次性盘子、各种纸、布、树叶、花瓣、羽毛、木板、贝壳、光碟等。块状材料主要有黏土，各种蔬菜、水果，各种材质的盒子、瓶罐、面团、石块、一次性纸碗和纸杯等。不同的材料在外形特点和物理特性上各不相同，有各自的造型优势。点状材料适合进行粘贴或者串联、拼贴。图2-21和图2-22是幼儿用点状材料做的种子拼贴画和穿的项链。线状材料适合通过插接、编织、盘绕等方法来制作成平面和立体的作品。图2-23是幼儿用毛莨完成的作品《举重的小人》。面状材料适合通过撕、剪、折、卷、粘贴、染等方法制作成平面和立体的作品。图2-24是幼儿综合运用了点状、线状和面状材料制作的《圣诞节海报》。块状材料适合通过塑捏、搓、挖、剪、拼接等方法制作成立体的作品。图2-25是幼儿用陶土制作的《印第安人》。

需要注意的是，手工的材料并不是固定归于某一种类别，它会随着外形的变化而归于相应的类别。以皱纹纸为例，打开的皱纹纸属于面状材料，把它搓长便变成线状材料，再把搓长的皱纹纸用剪刀剪成小粒状便变成点状材料，把皱纹纸揉成团又变成了块状材料。

图2-21　幼儿作品　种子拼贴画　　　　图2-22　幼儿作品《项链》

图 2-23　幼儿作品《举重的小人》 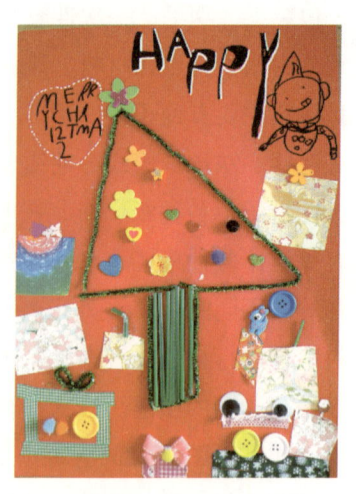　　　图 2-24　幼儿作品《圣诞节海报》

图 2-25　幼儿作品《印第安人》

（二）手工的基本技法

1. 泥工活动的基本技法

（1）泥拓印：制作者将泥嵌入拓印模具中，然后反扣出来，这样就拓印出了许多物体的形象。泥拓印的关键是将泥嵌入模具中后一定要压实。

（2）分泥：分泥是进行泥工活动的第一步。制作者采用目测方法将大块的泥按比例分出大小不同的泥块。分泥主要采用两两分泥法：先将一块泥分成同样大小的两块，然后将这两块泥分成同样大小的两块，即分成大小差不多的四块泥，依此类推。

（3）团圆：制作者将泥放在一只手的手心中，另一只手在手掌上做画圆的动作。团圆的重点是要把握好画圆揉动的力度。

（4）搓长：制作者将泥放在手心中，双手合拢做搓手的动作。

（5）压扁：制作者将团成球形的泥块或者搓成长条形的泥块，放在泥工板上或者手掌中，用手心压成饼状。如果是小的泥块，也可以用十指或者中指的第一关节按压。

（6）捏：制作者用拇指和示指互相配合挤压成形，用来表现物象的细节，如小动物的鼻子、嘴等。捏的技能对手部精细动作发展的要求比较高，所以小班幼儿的泥工活动一般不会有捏的技能。

（7）压空：制作者将已经塑成形的泥块放在泥工板或者手掌上，用另一只手的拇指向下压出坑后调整成中空的物体。

（8）抻拉：制作者将已经塑成基本形状的泥块按照物体的结构抻拉出各部分。

2. 纸工活动的基本技法

（1）折纸的基本技法。学前儿童的折纸活动从玩纸开始，在玩纸的过程中教师要不断渗透一些折纸的基本术语，如边、角、对角线、中心线、中心点等（见图 2-26）。折纸的基本要求是每一步都要对齐、抹平，如果不能做到这两点，那么折出来的作品就会松松垮垮，很容易散开，还会影响美观，有的时候甚至会影响整个作品的完成。

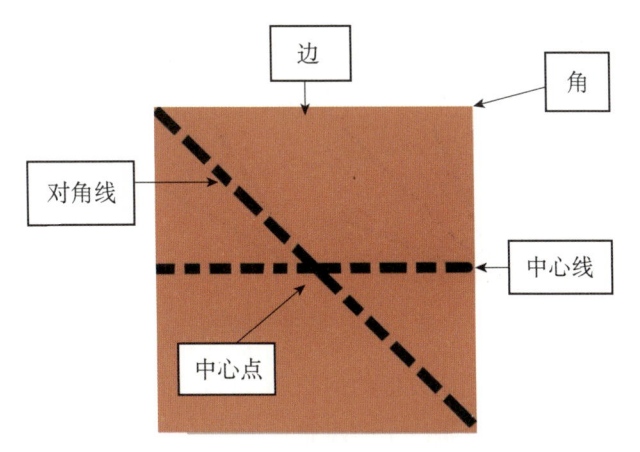

图 2-26　折纸基本术语示意图

① 对边折：将纸上下或者左右两边对齐，然后用手抹平（见图 2-27）。在对边折的基础上我们可以折出贺卡、小被子、钱包等。

图 2-27　对边折

② 对角折：将正方形纸相对的两个角对齐后抹平，这样就折出了一个三角形（见图2-28）。采用这种方法可以折出小狗头、杯子、蜗牛等。

图2-28 对角折

③ 集中一边折：先将纸边对边折出中心线，再依据中心线，将相邻两个角向中心折叠（见图2-29）。采用这种方法可以折出飞机等。

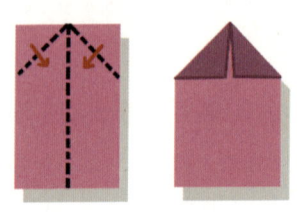

图2-29 集中一边折

④ 集中一角折：先将纸对角折出对角线，再依据对角线，将相邻两边向对角线对齐折叠（见图2-30）。采用这种方法可以折出冰激凌甜筒、火箭、花茎、动物的身体等。

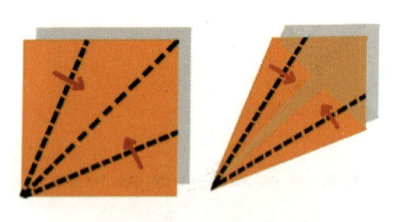

图2-30 集中一角折

⑤ 四角向中心折：先找出正方形的中心点，再将四个角分别向中心点折叠（见图2-31）。采用这种方法可以折出东南西北、衣服、裤子、大风车、船、桌子、小狐狸等。

图2-31 四角向中心折

⑥ 双正方形折：将正方形纸对边折成长方形后，开口朝上，将长方形下边的两个角沿着中心线一个往外折、另一个往内折后变成一个三角形，把三角形的中间层

打开就变成了双正方形（见图 2-32）。采用这种方法可以折出小鱼等。

图 2-32 双正方形折

⑦ 双三角形折：将正方形纸对角折成三角形后，三角形底边的两个角沿着对角线一个往外折、另一个往内折后变成一个正方形，把正方形的中间层打开就变成了一个双三角形（见图 2-33）。采用这种方法可以折出青蛙、鸟、气球等。

图 2-33 双三角形折

⑧ 组合折：由数张大小相同或不同的纸分别折出相同或者不同的几个部分，再拼装组合成一个复杂的整体。例如，我们可以采用组合折的方法制作郁金香，先采用双正方形折的方法折出郁金香的花苞，再采用对角折的方法折出郁金香的花茎，最后将花茎的顶端插入花苞的底部。

（2）剪纸和撕纸的基本技法。剪纸是借助剪刀将纸剪成各种图形。学前儿童的剪纸活动从学习使用剪刀开始。在小班，教师通过让幼儿剪"面条"的方法让幼儿练习使用剪刀，也可以让幼儿随意剪，不提过多的要求，从而培养幼儿对剪纸的兴趣。使用剪刀剪纸时要把握一点，即剪刀不转只转纸。

剪纸的方法主要包括目测剪、按轮廓剪和折叠剪。目测剪是幼儿凭自己的感觉和经验在没有任何痕迹的面状材料上剪出自己所需的形象。目测剪对幼儿的限制较少，剪出的大多是一些较为简单的图形。按轮廓剪是幼儿或者教师事先在纸上画好轮廓，幼儿沿着轮廓将图形剪下来。按轮廓剪要遵循由易到难的原则，从简单的图形开始慢慢过渡到轮廓稍微复杂的图形。折叠剪分为两步：第一步是折叠，可以将长方形的纸对边折后剪出左右对称的图形，如松树、蝴蝶；可以将正方形的纸 2~3 次对边折或者对角折后，剪出窗花。第二步是剪，如果图案比较简单可以直接采用目测剪的方法，如果图案比较复杂就要先画再剪。

撕纸是借助自己双手的拇指和食指的配合，紧紧靠在一起，两只手一前一后、一点一点地撕出图形。撕纸和折纸一样，也包括目测撕、按轮廓撕、折叠撕等方法。例如，在小班的手工活动"红包小人"中，教师就请幼儿把自己家中不用的红包带到幼儿园来制作"红包小人"。"红包小人"的身体就是红包，幼儿要采用目测撕的方法撕出"红包小人"的头部和四肢,最后用油画棒添画"红包小人"的五官(见图2-34)。

图2-34 幼儿作品《红包小人》

(3)染纸的基本技法。染纸是用吸水性较好的纸,如生宣(也可以用面巾纸替代),以及水性颜料,先将纸折叠后直接在颜料中浸染或者用毛笔点染,染出装饰感很强的漂亮图案。浸染,顾名思义,就是将折好的纸直接放入染料中让纸自动吸色。点染是指用笔蘸水性颜料,点蘸染纸的中心部位或细小的地方。在染纸活动中对颜色的搭配也很重要。教师可以在幼儿动手操作之前,让幼儿欣赏一些染纸作品,感受色彩的深浅变化和色块的形状变化。染纸时,制作者一般选择一种颜色作为主色调,再添加一些小面积的对比色,色块的排列还要有疏密的变化。

3. 粘贴活动的基本技法

粘贴活动是借助胶水、双面胶或者乳胶将事先准备好的材料粘贴到背景纸或事先准备的其他材料上。例如,教师引导幼儿对洗晒干净的螃蟹壳进行装饰,幼儿用泡沫纸剪出自己想要的形状后用双面胶贴在蟹壳上做成各种小动物的脸(见图2-35)。

4. 综合材料制作活动的基本技法

综合材料制作是需要幼儿综合运用手工活动的各种技能,对不同的材料或者废旧物品在外形、色彩上进行改造制作成新的物品或简单的玩具。综合材料制作活动可以帮助幼儿认识各种材料的性质、用途,培养幼儿动手动脑和有目的、有计划地进行工作的能力。图2-36展示的是中班幼儿在母亲节为妈妈制作的手捧花。花束

图2-35 幼儿作品 螃蟹壳装饰

主要是用纸杯、吸管和卡纸制作而成的，运用了剪、粘贴、折、画的技能。综合材料制作活动所需的基本技法，除了与泥工、纸工和粘贴活动所需的技能一样，还有串联、盘绕等技能。

串联就是将点状、面状、块状材料用线状材料按一定规律进行连接，可以是按颜色间隔或者按形状间隔。图2-22展示的《项链》就是采用了串联的技能。

盘绕就是将线状材料按照一定的顺序缠绕成平面图像或立体图像。图2-37展示的是幼儿采用盘绕的方法制作的树叶。

图2-36 幼儿作品《花束》　　　　图2-37 幼儿作品《叶子》

三、学前儿童美术欣赏教育的内容

学前儿童美术欣赏教育是增强幼儿的审美感知，丰富幼儿的审美经验，培养幼儿的美术素养的一条重要途径。让幼儿从小就接触经典作品，直接与大师的作品或者大师进行"对话"能在不知不觉中开阔幼儿的眼界,提高幼儿对美的敏感性。基于此,学前儿童美术欣赏教育的内容包括以下两方面。

(一) 学前儿童美术欣赏的对象

1. 环境中的美

陈鹤琴先生说过"大自然、大社会都是活教材",罗丹也说过"生活中从不缺少美,而是缺少发现美的眼睛"。可见,大自然和我们生活的环境中处处存在美的事物,我们要引导幼儿善于发现、喜欢欣赏这些美的事物。

环境中的美主要包括自然环境和生活环境中的美。

(1) 自然环境中的美。美无处不在,无处不有。欣赏大自然的美,感受人与自然和谐共生的美好,是美育的重要途径,但也是常常容易被人们忽视的途径。日出日落可以带我们领略朝霞和晚霞的美,雨后大自然馈赠了彩虹的美。四季的更迭,更是让大自然呈现出不一样的景色:春天绿草茵茵,迎春花、桃花、梨花、郁金香等竞相开放,一派生机勃勃的气象,如同一个色彩缤纷的大花园。夏天荷塘月色,"小荷才露尖尖角,早有蜻蜓立上头""接天莲叶无穷碧,映日荷花别样红"的美怎能不让人陶醉;秋天的大自然犹如一个调色盘,金色的梧桐树、火红的枫叶、咖啡色、土黄色、绿色……层林尽染,美不胜收。冬天的大自然是白色的世界,到处银装素裹,如同一个童话世界。在不同地域,大自然呈现出独特之美:山川河流、瀑布沙漠、动物植物……我们要引导幼儿去发现、感受、欣赏大自然中的美。例如,教师带孩子们去公园春游,孩子们在草地上、花丛中坐一坐、趴一趴、滚一滚、跑一跑,充分感受自然的舒适与柔软;芳香的气息、缤纷的色彩不时刺激他们的感官,他们充分呼吸自然的清爽与芬芳。无论是尖尖的草儿、小小的花儿、粗壮的树木,还是灿烂的阳光都尽收眼底,大自然在孩子们的眼中、心中都太美了。

(2) 生活环境中的美。幼儿生活的环境,小到家中的环境布置以及小区、幼儿园的环境布置,大到整个城市的环境都在潜移默化中影响着幼儿。美的环境可以唤起幼儿的美感,幼儿在多样而美观的环境中,有助于提升自己的审美能力。走在大街上放眼望去,高楼大厦、绿树街道、橱窗陈设、行人穿戴都是审美客体;走进商店,商品琳琅满目;每天我们吃的、穿的、用的、玩的可能都是艺术品。许多幼儿园在教学楼的过道、楼梯边的墙上陈列幼儿的作品和名画复制品,这些都让环境充满艺术的气息。除此之外,节日环境、所在城市举办的一些重要活动也构成了幼儿生活环境的一部分。春节、端午节、中秋节等传统节日有其特有的节日布置和色调,城市举办的运动会的会标、吉祥物、比赛的现场等都能让幼儿感受到节日环境和重要活动的热闹。这些都是在生活中常见的美的来源。幼儿在日常生活中对美的欣赏都是随机的，教师首先要有一双善于发现美的眼睛，抓住每个欣赏的契机。例如，幼儿今天新穿的一件条纹毛衣、一个书签、一块蛋糕等都蕴含着美感。教师要为幼儿的欣赏提供宽松的氛围，重视幼儿在欣赏过程中的表现，关注幼儿对生活中美的态度。

2. 各种类型的美术作品

（1）画家的绘画作品。绘画作品，特别是美术大师的经典作品，是我们在进行学前儿童美术欣赏活动过程中选择较多的内容。我们知道，绘画是美术中最主要的形式之一，东西方大师们的绘画作品不胜枚举，表现内容和题材多样，这使我们对欣赏内容有了更多的选择。而且，在实际的美术欣赏教育活动中，实施绘画欣赏活动可以直接以图片的方式呈现给幼儿，比其他立体艺术品的呈现更方便、可操作性更强。

西方绘画作品，以油画为代表。油画或写实，或抽象，各有特点，只要题材、表现形式适合幼儿的作品都可以进行欣赏。写实作品有达·芬奇《岩间圣母》《圣母子与圣安妮》，拉斐尔《椅中圣母》，勒布伦《画家和她的女儿》，莱顿《缠线》，米勒《母亲的关怀》《小鸟的哺食》，米莱斯《樵夫的女儿》，柯罗《蒙特芳丹的回忆》等。

现代印象派和后印象派的作品注重光影的表现，莫奈《日出·印象》《撑阳伞的女人》《睡莲》，修拉《大碗岛的星期天下午》《马戏》，梵高《向日葵》《星空》《夜晚露天咖啡座》，雷诺阿《唐恩·唐维尔家的女孩们》《母与子》。野兽派，马蒂斯《蜗牛》《罗马尼亚风格的罩衫》《伊卡洛斯》《玩雪橇》。立体主义风格，毕加索《海滩玩球》《戴帽子的女人》《格尔尼卡》。极简主义风格，蒙德里安《百老汇爵士乐》《红黄蓝的构成》。现代原始派的作品追求纯真的风格，开创了稚拙风格。例如，安东尼奥·谢科《鸟瞰》从形式感上接近幼儿的鸟瞰式构图的感觉，画面让人感觉质朴，有一种稚拙美，与儿童绘画的感觉很像。超现实主义风格，米罗《蓝色之金》《小丑的化装舞会》《晨星》《耕地》。抽象表现主义，比如波洛克用行动绘画法创作的《汇聚：第十号》；开创原生艺术的杜布菲的作品和儿童画的感觉非常接近，他的《自画像二》《低小时》等都适合幼儿欣赏。除了主流的欧美画家的作品，还有一些俄罗斯画家的作品也适合幼儿欣赏，如康定斯基《同心圆》《抒情诗》，夏加尔《生日》《散步》等。也有学者提出，小班、中班幼儿欣赏西方绘画作品，最好是以现代美术流派和风格为主，不要过早地让幼儿欣赏过于写实的美术作品。这是因为即使幼儿的年龄小，但也可以凭直觉感受把握作品的线条、形状和色彩等，并

西方绘画相关作品图片

且通常能够对作品所传达的意象和情感表现性产生丰富的想象和理解。此外，小班、中班的幼儿正处于涂鸦阶段和象征早期，过早接触写实的作品可能会影响其视觉理解，不利于幼儿的绘画创作和表现。

中国画相关作品图片

东方的绘画作品以中国画为代表。从题材上划分，水墨画题材主要有人物、花鸟、山水、动物和瓜果草虫，如齐白石笔下的蝈蝈、群虾，徐悲鸿笔下的奔马，吴作人笔下的熊猫、金鱼、骆驼，李可染笔下的一系列牧牛图，傅抱石笔下的山水，陈之佛的工笔花鸟画。除了这些传统的水墨画作品外，吴冠中的现代中国画《绍兴居》、《春如线》组图、《小鸟天堂》等都是适合幼儿欣赏的内容，可以让幼儿感受到点、线、面构成的节奏、韵律之美。现代漫画大师丰子恺的许多作品也适合幼儿欣赏。比如，《折荷图》画面中的幼儿天真、活动、稚气，描绘出一幅欢快的夏日图景。

（2）雕塑作品。雕塑是用各种可雕刻的或可塑的物质材料在立体空间塑造可视的、可触摸的各种艺术形象，借以表达创作者的审美感受和现实生活的一种造型艺术。适合幼儿欣赏的雕塑作品，应是造型形象生动，给人更多想象空间的，如《说唱陶俑》《唐三彩陶俑》《卧牛伏虎卧象石刻》《秦始皇兵马俑》等；古希腊时期的著名雕塑米隆《掷铁饼者》、文艺复兴时期米开朗琪罗《大卫》；现代雕塑作品，如德加《14岁的小舞者》，动物雕刻家蓬朋《北极熊》，贾克梅蒂塑造的一系列身体细长、多为大步走的人的姿态的雕塑，如《步行者1号》等。此外，各种现代城市雕塑也是很好的欣赏素材，能让幼儿体验雕塑和生活的关系。

（3）建筑艺术。建筑艺术是实用性和审美性相结合的艺术类型。优秀的建筑总是和周围的环境融为一体的，是人文景观和自然景观的完美结合。学前儿童对建筑艺术的欣赏，可以从自己生活环境中熟悉的建筑开始，然后慢慢地扩大欣赏的范围。

幼儿可以欣赏的建筑艺术包括：有地区特色的建筑，如南京的中山陵、大报恩寺，北京四合院、安徽宏村、福建土楼、傣家竹楼等各地不同风格的民居，北京的现代建筑鸟巢和水立方等；历史悠久的古建筑，如雄伟壮观的万里长城、金碧辉煌的故宫等；世界著名建筑，如金字塔、巴黎圣母院、科隆大教堂、埃菲尔铁塔、比萨斜塔、悉尼歌剧院、泰姬陵等。

（4）民间美术作品。民间美术作品是一种大众的艺术形式，是最直接的来自生活、反映生活的艺术。民间美术的内容和表现手段、表现形式总是和特定地区的自然条件、社会生活紧密相关，使得民间美术具有明显的地域特征。民间美术体现出的是一种综合的智慧，对民间美术的感受和欣赏的过程是一种综合的学习过程。

民间美术作品一般造型质朴、惟妙惟肖，色彩艳丽，这些特点使得民间美术作品往往受到幼儿的喜爱。幼儿喜欢的糖画、糖人，不仅造型可爱有趣，而且可以吃；

风筝、大风车、皮影、各种木制的玩具和编扎的玩具，在幼儿欣赏的同时还可以用于幼儿的游戏；泥人、河泥狗、面人、兔儿爷、泥塑脸谱等雕塑作品，花灯、民间刺绣、剪纸、青花瓷器、蓝印花布、布老虎等民间工艺品，都是适合学前儿童欣赏的民间美术作品。除此之外，中国的一些民间绘画作品，如色彩对比强烈、热烈鲜艳、造型淳朴稚拙的农民画，色彩喜庆艳丽、造型生动丰满的年画作品都可以让幼儿欣赏。在欣赏民间美术作品时，幼儿不只是欣赏作品本身，更要了解作品与人们生活之间的关系，体会人们寄托在这些民间美术作品中对美好生活的向往。在感受中华优秀传统文化的基础上，让文化自信自强的种子在儿童心中生根发芽。

（5）儿童美术作品。儿童美术作品是具有一定艺术性的作品，有其独特的视觉样式和审美效果。对学前儿童来说，同龄幼儿的美术作品有着潜在的亲和力，幼儿和作品之间能更顺畅地进行沟通和对话，更容易激发幼儿欣赏和创作的欲望。因此，教师在选择美术欣赏的素材时也可以考虑同龄幼儿的美术作品。

（6）绘本和动画片。学前儿童的生活离不开绘本和动画片，它们构成了幼儿重要的精神食粮。绘本和动画片的载体除了文学作品之外，还有一个重要的就是图画。

绘本作为现在社会流行的儿童读物，呈现给幼儿的是由图画和文字共同组成的一种综合性艺术。图画是绘本的生命，将文字通过直观的形式呈现出来，很多绘本很少有文字甚至没有一个文字。通过欣赏绘本中的图画，积累大量有美感的视觉图像，幼儿的视觉想象力和对造型、色彩感知运用的能力都会提高。比如，俄罗斯插画家塔吉娜·玛丽娜的绘本《神奇动物》中的颜色带给幼儿强烈的视觉冲击，我们可以引导幼儿感受绘本中大胆的配色、装饰趣味的视觉元素；匈牙利插画家玛丽安·马利的绘本《坐鲸鱼巴士去旅行》将一个充满幻想的动物世界和现实世界进行融合，能激发幼儿的想象力和创造力。日本插画家田村茂的绘本《蚂蚁和西瓜》中的图画也很吸引幼儿，作者用了大面积的红色和小面积的绿色形成色彩上的对比和整个画面感的调和。

动画片就是通过把人和物的表情、动作等分段，然后画成许多幅画，再借用摄影机进行连续拍摄，形成一系列画面，给人造成连续变化的图画视觉。动画片的趣味性、动画造型的生动形象是吸引幼儿的"法宝"。通过欣赏画质精美、有创意的动画片，幼儿在潜移默化中就能吸收动画片中的视觉美感，纯粹地感受画面中的视觉元素。国内比较好的动画片有经典的水墨动画片《小蝌蚪找妈妈》、皮影动画片《哪吒闹海》、木偶动画片《阿凡提》。近年来，《宝莲灯》《西游记之大圣归来》《哪吒之魔童降世》也是在艺术性上表现较好的作品。关于国外的动画片，幼儿比较熟悉和喜欢的就是华特迪士尼公司制作的动画片。比如，《疯狂动物城》，动物的形象设计完全参照现实世界中动物的身高比例，以悬殊的身高差来形成强烈的视觉冲击，带给幼儿高矮不等、错落有致的审美体验。动物城的各项设施在设计风格上体现了全球化的时代特点，如运动馆被设计成具有俄罗斯建筑风格特色的洋葱状穹顶结构等。

（二）初步的欣赏知识和技能

学前儿童美术欣赏教育，需要幼儿学习一定的欣赏知识和技能。这些美术欣赏知识和技能都只是初步的，具有启蒙性。

1. 初步的美术欣赏知识

学习一些简单的、基本的关于色彩、线条、造型、构图等美术知识和术语，如点、线、色彩、对称、均衡等，是进行学前儿童美术欣赏教育的前提和基础。在教学中，教师可以通过各种美术作品引导幼儿理解美术知识和术语，并尽量让这些美术语言转化为幼儿的"积极词汇"。除此之外，幼儿还可以了解艺术家的简单生平故事或趣事、艺术创作的背景等。在一次次的美术欣赏活动中，幼儿逐渐建构对不同画家作画风格的认识。

2. 初步的美术欣赏的技能和习惯

初步的美术欣赏的技能和习惯包括：能按照一定的顺序欣赏作品；运用语言大胆描述自己对作品的第一印象，能调动各种感官多通道地感知作品，运用口头语言、身体语言及不同的艺术形式来表达自己对欣赏对象的感受和认识；能初步识别和分析作品中的形式审美要素；在此基础上，对作品主题和意义有初步认识和理解等。

单元回顾

⊙ 单元小结

本单元主要讨论了以下2个问题：
（1）学前儿童美术教育的目标。
（2）学前儿童美术教育的内容。

制定学前儿童美术教育的目标，需要我们综合考虑和研究儿童的发展和儿童的经验、社会的需求和学科自身特点。在分析《幼儿园教育指导纲要（试行）》和《3—6岁儿童学习与发展指南》艺术领域目标的基础上，我们可以制定幼儿园美术教育总目标。教师在设计和撰写活动目标时要注意：目标表述的角度要保持统一，尽量从幼儿的角度撰写发展目标；目标的撰写要全面，语言要精练、准确、流畅；目标要具有可操作性，要与幼儿园美术教育的总目标和年龄阶段目标保持一致。

为了实现学前儿童美术教育的各级各类目标，我们需要根据幼儿的年龄特点和美术的学科特点系统地选择美术教育内容。学前儿童美术教育的内容一般包括绘画、手工和美术欣赏。绘画活动的内容首先是要了解并会使用各种绘画工具和材料，创作彩笔画、水粉画、水墨画等各种类型的绘画作品；其次要学习绘画形式语言，主要有线条、形状、色彩、构图以及一些装饰的基本技巧。手工活动的内容首先是了解并会使用手工活动的工具和材料，手工活动的材料从外形上可分为点状材料、线状材料、面状材料和块状材料。其次是学习手工活动需要的一些基本技法，如泥工、纸工、粘贴活动和综合制作活动所需要的技能。美术欣赏活动的内容首先是欣赏的对象，包括环境中的美，即绘画、雕塑、建筑、民间艺术、优秀的儿童作品各种类型的美术作品；为了更好地参与欣赏活动，幼儿还要了解一些初步的美术欣赏知识和技能，养成初步的美术欣赏的习惯。

⊙ 拓展阅读

[1] 屠美如，焦腾飞. 中国画欣赏 [M]. 南京：南京师范大学出版社，2005.

[2] 边霞. 西洋画欣赏 [M]. 南京：南京师范大学出版社，2005.

[3] 黄进，贺为民，张静. 民间艺术欣赏 [M]. 南京：南京师范大学出版社，2005.

[4] 尚莲霞，尹航. 雕塑与建筑欣赏 [M]. 南京：南京师范大学出版社，2005.

⊙ 巩固与练习

一、名词解释

1. 发展目标
2. 绘画形式语言

二、简答题

1. 制定学前儿童美术教育的目标需要综合考虑哪些方面的因素？
2. 根据《3—6岁儿童学习与发展指南》的要求，成人应如何支持幼儿获得初步的艺术表现与创造能力？
3. 学前儿童美术欣赏的内容包括哪些？请举例说明。

三、论述题

1. 谈谈你对学前儿童美术教育总目标的理解。
2. 谈谈你对《3—6岁儿童学习与发展指南》艺术领域目标的理解。

四、案例分析题

中班的王老师最近发现幼儿对在小班时看过的绘本《好饿的毛毛虫》非常感兴

趣，有的幼儿还喜欢学毛毛虫的动作，于是就想到了以此开设一节美术活动：采用印画的形式表现幼儿喜爱的毛毛虫，鼓励幼儿采用连续压印的方法表现动态的毛毛虫，最后添画毛毛虫的眼睛、脚，使毛毛虫更加生动可爱。教师为本节课确定的目标如下：

1. 引导幼儿初步了解毛毛虫的身体结构，感受毛毛虫的动态美。
2. 学习采用连续压印和添画的方式表现毛毛虫。
3. 进一步引发幼儿对毛毛虫的喜爱之情。

问题与思考：

请结合本单元所学的幼儿园美术教育活动目标撰写的要求分析王老师制定的这个活动目标是否合理？活动目标存在哪些问题？尝试修改这个活动目标。

五、实践题

了解幼儿园常用的绘画类型和方式，并选择 2 种以上绘画类型（如彩笔画、水粉画、水墨画、蜡笔水粉脱色画、印画、吹画、泡泡画、喷刷画、纸版画）和方式进行操作与体验。

第三单元 学前儿童美术教育的原则、方法与途径

导 言

情境一：在幼儿园大班实习的王老师组织了一次绘画活动，王老师准备得非常充分，对绘画方式、方法、步骤、顺序都进行了细致的安排……活动结束后，她发现孩子们的作品千篇一律、几乎雷同，她很苦恼。为什么会出现这种情况呢？

情境二：幼儿园中班的李老师组织了一次班级亲子美术活动，家长参与的热情非常高，孩子们也很开心。可是在活动过程中，李老师发现往往都是家长在做，孩子反而成了旁观者。活动作品看上去都精美无比，却没有孩子参与的影子，亲子活动的目的并没有真正达到。

案例中的王老师希望通过美术活动发展幼儿的想象力、创造力；李老师试图通过发挥家长的作用，更好地完成美术活动，可是都事与愿违。美术教育中应遵循怎样的原则，如何选择适宜的美术教育方法，从而有效提升幼儿园亲子美术活动的水平，真正发挥家园共育的合力？这些都是本单元需要学习的内容。

学习目标

1. 记忆与理解：学前儿童美术教育活动实施的原则；学前儿童美术教育活动实

施的方法，不同途径下学前儿童美术教育活动的特点。

2. 理解与分析：学前儿童美术教育活动方法的运用策略，学前儿童美术教育活动各途径的实施要点。

3. 运用与评价：运用相关知识选取适宜的学前儿童美术教育活动的方法，开展各种途径的学前儿童美术教育活动。

思维导图

学前儿童美术教育的原则、方法与途径
- 学前儿童美术教育活动实施的原则
  - 审美性原则
  - 创造性原则
  - 个性化原则
  - 激励性原则
- 学前儿童美术教育活动实施的方法
  - 观察欣赏法
  - 讲解演示法
  - 游戏练习法
  - 情境探究法
- 学前儿童美术教育活动实施的途径
  - 集体美术教育活动
  - 美工区活动
  - 美术和其他领域整合的活动
  - 亲子美术活动

第一节 学前儿童美术教育活动实施的原则

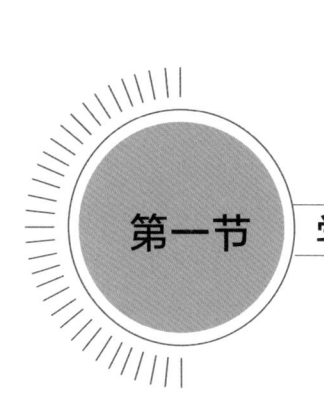

学前儿童美术教育活动实施的原则是整个幼儿美术教育过程中必须遵循的基本要求和指导原则。

一、审美性原则

审美性是美术教育的本质特点，与其他领域教育不同的是，美术教育是一种具有审美倾向的教育。在学前儿童美术教育活动中，幼儿在教师的引导下，感受与欣赏周围环境中美的事物，在获得一定审美经验的基础上，创造性地表现美，提升审美情趣。可以说审美性贯穿学前儿童美术教育活动中。为更好地贯彻这一原则，我们提出以下要求。

（一）注重美术教育的审美导向性

在学前儿童美术教育教学活动的各环节，教师要在把握幼儿审美特点的基础上，始终将激发儿童的审美热情，培养儿童对美的感受力，唤起儿童的审美情感体验，提高其审美感受力和审美理解力作为导向，使对美的追求成为儿童美术活动的内在动力，并贯穿整个活动中。例如，在带领大班幼儿欣赏《大碗岛的星期天》这幅作品时，教师首先要分析作品的审美要素，进而引导幼儿在感受、欣赏作品内容的基础上，充分感知作品的线条、色彩和构图等形式审美要素及特点，并结合自身的生活经验和表现特点，借鉴画家点彩的表现手法进行艺术创作。在整个活动中，儿童从感受与欣赏美出发，在教师的引导下感受事物的审美特征，分析审美要素，大胆进行艺术表现，非常好地体现了审美性原则。

（二）挖掘形式各样的审美资源

幼儿所生活的环境是宝贵的教育资源，教师应该引导幼儿接触周围环境和生活中美好的人、事、物，丰富他们的感性经验和审美情趣，激发他们表现美、创造美的情趣。首先，教师要挖掘大自然中丰富的审美教育资源。自然界的四季轮回、花开花落、草长莺飞、山川河流充满了美的意蕴和情趣。教师可以带领幼儿到大自然中去直接感受美、欣赏美，对于无法亲身体验的资源，教师也可以借助图片、视频等教学手段开阔幼儿的审美视野。其次，教师需要最大限度地拓展博物馆、美术馆、名胜古迹等社会美术资源。如今越来越多的城市都建立了博物馆、美术馆等场馆，场馆开阔的场地、丰富的材料、灵活的活动形式、专业的指导都为幼儿提供了实地观赏作品的机会，也在无形中开阔了他们的艺术视野。此外，幼儿园和教师可以结合当地客观情况和地方特色，带领幼儿参观当地名胜古迹，体验民俗民艺活动，让幼儿在美的熏陶中感受家乡的人文特色。可以说，丰富、多元的审美资源能够更好地调动和激发幼儿的审美兴趣，帮助他们积累相关的审美经验，并让幼儿用自己的艺术语言进行审美表现和创造。

（三）有效发挥环境的审美功能

《3—6岁儿童学习与发展指南》在艺术领域感受与欣赏中，首要提出的就是幼儿要"喜欢自然界与生活中美的事物"，其实就是强调环境对提升幼儿审美感受力的作用，具体来说，包括以下两部分内容。

1. 要立足幼儿的兴趣和需要，创设富有美感的环境

教师需要将美的元素渗透于环境创设中，充分引导幼儿接触周围环境和生活中美好的人、事、物，丰富他们的感性经验和审美情趣，激发他们感受美、表现美、创造美的情趣。具体来说，优美的幼儿园景色，别致悦目的园艺景观，古典雅致的小桥、水车，灵动有趣的各种动物等可以让幼儿浸润在富有美感的大环境中。在班级里，师幼共同收集与陈列的具有形式美感的花草树木、石头贝壳，以及幼儿创作的各种作品等，无一不是在发挥环境的审美作用（见图3-1、图3-2）。

2. 要引导幼儿感受与欣赏美的事物，提升审美情趣

教师要注重对幼儿审美情趣的培养与提升，更好地发挥环境的审美功用。教师自身要具备一定的审美意识和素养，并能通过各种形式的活动，让幼儿在与环境的互动中逐渐提升审美情趣，在潜移默化中得到美的熏陶。比如，散步时教师可以带领幼儿一同欣赏幼儿园四季不同的美景，途经走廊时可以说一说、看一看墙上的名画，在过渡环节可以评一评其他小朋友的美术作品……幼儿的审美经验就是在日常生活中，经过教师一次次不经意地点拨得到发展、提升的。

图 3-1　幼儿园环境（一）　　　　　　　图 3-2　幼儿园环境（二）

二、创造性原则

艺术创作既是人类感受美、表现美和创造美的重要形式，也是人类表达自己对周围世界的认识和情绪态度的独特方式。对于幼儿来说更是如此，由于幼儿年龄特点及生活经验的局限，他们更擅长采用艺术的表征方式直观地表达自己的认识及内心丰富而独特的情感，可以说创造性原则是美术教育的根本原则。在美术活动中，幼儿用线条、图形、色彩等将自己头脑中的经验和情感转化为美术形象，这一转化过程就是创造的过程。《幼儿园教育指导纲要（试行）》艺术领域明确提出"尊重每个幼儿的想法和创造，肯定和接纳他们独特的审美感受和表现方式，分享他们创造的快乐"，《3—6岁儿童学习与发展指南》也特别提出幼儿"喜欢进行艺术活动并大胆表现……能用多种工具、材料或不同的表现手法表达自己的感受和想象"。我们对《3—6岁儿童学习与发展指南》进行分析后不难看出这种创造性主要表现为幼儿独特的审美表现方式，即不合比例的造型、主观想象的色彩、夸张大胆的构思、随意安排的空间构图、创新地使用创作材料等。可以说学前儿童美术教育不仅要关注幼儿作品呈现出来的结果，而且要关注幼儿独特的艺术创意和整个艺术创造的过程，具体来说，包括以下两部分内容。

（一）营造宽松、愉悦的创作氛围

创造性的氛围不仅包含富有艺术性和表现力的物质环境（见图3-3），更为重要的是教师要为幼儿营造宽松、包容、愉悦的心理氛围，这种心理氛围为幼儿大胆、自由的艺术表现提供了心理上的安全感。《幼儿园教育指导纲要（试行）》指出，要"鼓励幼儿用不同艺术形式大胆地表达自己的情感、理解和想象""肯定和接纳他们独特的审美感受和表现方式，分享他们创造的快乐"。具体到美术教育活动中，教师要以开放、包容的态度为儿童创设自由表达、自由创造的艺术氛围，提供丰富多样的活动和材料引发和支持幼儿大胆思考和想象，并从构思的新颖性、手法的创新性、运用材料的创造性等方面加以引导，同时要启发、鼓励幼儿敢于追求变化、大胆创新、凸显个人创作风格，接纳并支持幼儿独特的见解与想法，帮助幼儿实现创作的愿望。

（二）提供多样化表现的材料支持

在学前儿童美术教育活动中，材料是非常重要的表现媒介，幼儿需要通过多样化的材料来探索多种媒介的特征与表现潜能。因此，教师应尽可能为幼儿提供多样化的表现形式，这些多样化的表现形式能否实现在很大程度上取决于操作材料。美术活动的材料是否丰富多元、开放灵动、充满变化，都会直接影响幼儿在创作中能否具有积极性、表现方式能否具有多样性和作品能否具有创造性。教师在选择创作材料时，首先，要提供多样化的表现材料，以更好地激发幼儿的表达与创作欲望；其次，教师要鼓励幼儿大胆与各种材料进行互动，大胆探索不同材料的使用方法，积累使用经验，以更好地满足幼儿自由表现与创作的需要；最后，教师还要根据不同幼儿的创作能力，适当调整部分材料，以确保每个幼儿在现有水平上获得较大的发展（见图3-4）。

图3-3 幼儿园环境（三）　　　　　　　图3-4 幼儿作品

三、个性化原则

每个幼儿有着独有的认知和感知外部世界的特点、体察和感悟情绪情感的情感特征，以及独有的表达内心想法的方式，因此每个幼儿的艺术活动必然带有鲜明的个人色彩。因为在艺术活动尤其是美术这种"非语言表达"活动中，借助客观材料，采用视觉艺术的形式把自己的个性和情感渗入作品中，对于平日大多借助语言进行交流的幼儿来说，可以极大地拓宽他们的交流渠道。与其他学科领域相比，在美术活动中，幼儿能更大限度地调整自己的行为，他们可以根据个人的兴趣和能力，自己选择材料，按照个人的速度进行创作。可以说美术活动是幼儿真正自主的活动，美术也成为幼儿进行个性化表达的一条重要途径。为了更好地贯彻这一原则，我们提出以下要求。

（一）用开放的心态接纳并支持幼儿独特的艺术表现方式

美术活动是幼儿表达自己独有的认知和情感的一个重要方式，教师要用开放的心态接纳幼儿富有个性的艺术表现。《幼儿园教育指导纲要（试行）》指出："鼓励幼儿用不同艺术形式大胆地表达自己的情感、理解和想象。""肯定和接纳他们独特的审美感受和表现方式，分享他们创造的快乐。"因此，当幼儿在美术活动中表现得和别人"不一样"时，如绿色的太阳、汽车飞到了天上，以及喜欢用暗色涂色等，教师先不要从成人的视角急着下定论，不妨耐心地听听幼儿的想法，了解幼儿进行美术创作背后的故事，也许会发现和捕捉到一个个独具个性、与众不同的、精彩的小世界。只有这样，教师才能更好地鼓励、支持小艺术家们进行个性化的艺术创作，也就不会出现"千人一面"的美术作品。

（二）提供丰富的材料，鼓励多样化、个性化的表现形式

不同个性特点和性格的幼儿，擅长的艺术表现方式也不同，有的幼儿耐心细致、有的幼儿粗犷、有的幼儿沉静内敛、有的幼儿活泼外向。细致内敛的幼儿常常会把握客观物象微小的特征并尝试进行表现，粗犷外向的幼儿往往有着天马行空的艺术创想……教师要在充分了解每个幼儿个性特点和艺术创作特征的基础上，为其提供较为丰富的材料，以保证幼儿能够进行个性化的表现。例如，在小班美术活动"各式各样的扇子"中，教师最初只是提供了纸和笔，幼儿仅仅画出了扇子，当一个幼儿看到有拓印材料后就尝试采用拓印的方法进行装饰。其他幼儿受到启发，教师又提供了丰富的材料，包括羽毛、彩色胶带、玉米粒、吸管等。幼儿根据自己的兴趣进行了个性化创作，最终呈现出绚丽缤纷、各式各样的扇子。在活动的分享环节，幼儿兴致盎然地欣赏了其他小朋友的作品，汲取了别人的装饰经验，了解了不同材料的装饰特点。可以说这次活动激发了每个幼儿的创作潜能，幼儿都创作出属于"我"的作品，真正做到了个性化的艺术表现。

（三）尝试多元角度，进行个性化的艺术评价

首先，个性化的幼儿艺术评价的标准应该是多元的。不管是在活动过程中随时进行的评价，还是在活动的总结阶段进行的评价，评价的重点都不应只放在技能技巧和标准化的要求方面，而应放在幼儿的情绪、状态是否投入，表达的情感是否真实、鲜明，用线、用色或声音、动作表现是否大胆、充满信心，是否有一定的创造成分和与众不同等方面。此外，教师还应注意幼儿艺术评价标准的相对性，如教师在引导幼儿进行美术评价时可以提出"你认为哪张画最有意思？"（而不是最漂亮）"你最喜欢哪张画？"（而不是你觉得哪张画最好）等问题，这些看起来虽然只是细节问题，却可以体现出教师是否具有恰当的艺术评价观。真正好的艺术作品总是充满着艺术个性，它们被放在一起往往难分高下和优劣。"哪张画最好"的标准是绝对的，"你最喜欢哪张画"的标准则是相对的，它允许每个幼儿有自己的评价标准和判断，体现了一种宽容、一种自由，以及教师对幼儿个性的看重与尊重。

四、激励性原则

激励性原则主要涉及学前儿童美术教育活动的评价，要求教师对幼儿在活动中的表现进行激励性评价，即教师通过语言、情感和恰当的教学方式，从不同角度给不同层次的幼儿以充分的肯定、鼓励，使幼儿在心理上获得自信和成功的体验，以更好地激发他们对新活动的参与动机和兴趣，进一步推动幼儿更加积极、主动地投入美术活动中。教师能否很好地贯彻激励性原则，会在很大程度上影响幼儿在参与美术教育活动中能否具有主动性和积极性，进而直接影响美术教育活动的效果。为了更好地贯彻这一原则，我们提出以下要求。

（一）激发和维持幼儿美术活动的兴趣和主动的态度

幼儿对美术的兴趣和主动的态度由他们从事美术活动的愿望、实现愿望的努力和相伴随的良好情绪构成。良好的兴趣和主动的态度，会使幼儿更加热忱地投入美术活动并沉浸其中，情感与智力各方面都会活跃起来，各种潜能被充分发挥，从而获得愉快的情绪体验。这就要求教师对幼儿在美术教育活动中的评价，不能仅仅关注和聚焦对幼儿作品的评价，而应该关注幼儿的创作过程，如幼儿获得了哪些相关经验，调动和表达了哪些情绪情感，尝试了何种美术表现方式，掌握了哪些美术创作工具的使用方法，与之前的美术活动相比有哪些新的突破和亮点……教师只有关注到幼儿多元化的表现，才有可能有针对性地就每个幼儿的表现做出具有激励性的

评价，维持幼儿对美术教育活动的兴趣，增强幼儿提高活动效果的动机。

（二）要力求做到评价客观、激励适度

评价客观是指评价必须从客观实际出发，并以此为依据，做出较为全面的分析和判断。但需要注意的是，激励要有"适度性"，激励过度和激励不足都是不可取的。一方面，教师必须明确激励不是毫无区分的一味表扬，因为不基于客观表现的过度夸奖，反而会导致幼儿形成随意应付的学习态度。另一方面，如果教师发现幼儿有可以继续改进的地方，在评价时就需要注意措辞和语气，切忌讽刺和挖苦幼儿，还要根据不同幼儿的性格特点，有针对性地、委婉地提出相应的建议。只有这样教师才能更好地引导幼儿在客观认识作品的基础上，既认识到自己的优点和个性，又清楚地认识到自己努力的方向，真正有效地激励他们开展下一次的美术教育活动。

第二节 学前儿童美术教育活动实施的方法

学前儿童美术教育活动实施的方法是教师和幼儿为了达成美术教育目标，在活动过程中采用的师幼相互作用的一系列活动方式的总称。适宜、恰当的活动实施方法既直接影响美术教育活动目标的达成，也关系到美术教育活动的效果。学前儿童美术教育活动实施的方法大体有观察欣赏法、讲解演示法、游戏练习法、情境探究法等。教师可以根据幼儿的年龄特点、活动内容灵活地选择、运用各种方法。

一、观察欣赏法

观察欣赏法是教师指导幼儿有目的地感知、欣赏周围生活中、大自然中、美术作品中物象的形状、颜色、结构以及事物间的空间位置、相互关系等，以获得对事物的感性认识，丰富审美体验、积累初步审美经验的方法，是观察与欣赏的结合。在学前儿童美术教育活动中，观察与欣赏两者密不可分。观察是欣赏的前提和基础，

欣赏是更具审美要求的观察。

学前儿童美术教育各种类型的活动，无论是绘画、手工，还是欣赏活动都离不开观察和欣赏。在绘画和手工活动开展之前，教师要引导幼儿对客观物象进行观察，这个过程需要幼儿调动视觉、听觉、嗅觉、触觉等多种感官去感知物体的客观属性。当幼儿带着审美要求对客观物象进一步地感受与认识时，教师还需要引导幼儿在观察的基础上进行欣赏，以获得美的感受、提高审美能力和表现能力。尤其是在美术欣赏活动中，教师有目的、有意识地选取具有美感的教育内容，提取主要的审美要素，引导幼儿与美对话，从表达内容、形式要素、情感表现等方面层层深入地欣赏作品，能够培养幼儿的审美意识、提高审美敏感性。采用观察欣赏法时教师需要注意以下几点。

（一）选择适宜的观察和欣赏对象，激发观察和欣赏的兴趣

兴趣是幼儿观察的动力，只有对事物产生浓厚的兴趣，他们才会积极主动地去观察。教师要根据幼儿的年龄特点，选择形象生动、色彩鲜艳，能引起幼儿观察和欣赏兴趣的对象，这样才可以激发幼儿观察和欣赏的兴趣，为接下来的创作表现奠定基础。教师可以带领幼儿对周围世界进行有目的的观察和欣赏，启发幼儿观察幼儿园里的小花小草、各种小动物的生长变化，以及其他具有美感的事物等。在观察中，教师还可以通过富有感染力的语言、游戏引起幼儿的观察兴趣。

（二）提高观察和欣赏的目的性，挖掘观察对象的审美要素

明确的观察和欣赏目的可以提高幼儿观察和欣赏的积极性、针对性。在观察之前，教师要让幼儿了解观察的对象，通过提问的方式提出较为明确的观察要求，帮助幼儿发现观察物象的结构、特征、色彩等，逐步引导幼儿从无意识观察到有意识、有目的的观察。在观察的同时，教师还应逐步引导幼儿关注物体和作品的审美特征，在日积月累的观察和欣赏活动中提升审美能力。

（三）引导幼儿逐步学会观察和欣赏的方法

幼儿在认识和观察事物的过程中，往往比较盲目，缺乏目的性和顺序性。这就要求教师在组织观察和欣赏活动时，必须教给幼儿观察和欣赏的方法，指导幼儿按照一定的顺序、有始有终、完整地进行观察和欣赏，提高观察和欣赏的效果。

首先，教师要引导幼儿按顺序观察和欣赏。这个顺序可以根据幼儿自己观察和欣赏的习惯，可以从整体到局部或从局部到整体、从上到下或从下到上、从左到右或从右到左、从里到外或从外到里等。例如，开展认识和绘画小兔子美术教育活动

时，教师可以让幼儿先观察完整的小兔子或者小兔子最明显的特征，然后按照一定的顺序形成完整的认知过程。

其次，教师要引导幼儿尝试进行对比观察和欣赏。例如，开展观察公鸡和母鸡美术教育活动时，教师可先让幼儿明确它们的共同点，然后引导幼儿细致地观察它们之间的区别，以便让幼儿更好地了解事物之间的区别与联系。在美术欣赏活动中，教师可以选择对比特征相对明显的作品，引导幼儿从表现形式、表现手法、表现风格等方面进行比较。例如，在欣赏作品《拾穗者》时，教师将其与幼儿曾经欣赏的《缠线》（见图3-5）进行比较，引导幼儿通过对人物动态、背景、色调等的对比，发现同样是表现劳动这一主题，但两幅画面表现出截然不同的内心情感。

图3-5 《缠线》莱顿

再次，教师要引导幼儿从各种角度进行观察。如在写生活动中，如果从不同的角度进行观察，则物体的样貌和姿态是不一样的，教师可以让幼儿变换观察的视角，体会正面观察与侧面观察有什么不同、高处观察与低处观察有什么不同、近处观察与远处观察有什么不同等。只有这样，幼儿才会积累更加丰富的创作经验，寻找更适合自己的表现视角和方式，呈现出的作品也会和别人不一样。

最后，发挥认知联想，提高观察和欣赏的深刻性。幼儿在观察活动中，往往就事论事，不会调动已有的知识和经验较为深入地理解事物之间的相互关系，教师应鼓励幼儿根据观察的事物进行充分联想，并运用已有的生活经验，进一步思考与理解事物之间的相互联系，体会和感悟事物背后的情感意味。例如，在引导幼儿观察秋天的特征美术教育活动中，教师可以从花草树木在秋天的变化入手，联系与秋天相关的其他事物的各种变化，如人们衣着的变化、从事劳动的变化等，从而使幼儿透过表面现象，更深层次地理解和掌握秋天的特点。在组织幼儿进行专门的欣赏活动时，教师要创设生动形象的学习情境，引导幼儿在欣赏作品各审美要素的基础上，大胆地进行想象和联想，引发相应的情感和态度，更好地理解和发掘作品所蕴含的情感和价值，提高欣赏的深刻性。

二、讲解演示法

讲解演示法是指教师在将各种实物、教具进行直观展示的同时，配合讲授法、谈话法，以使幼儿获得丰富的经验，提高学习兴趣，发展观察力和思维能力。讲解演示法是语言讲授与直观展示操作相结合的方法。在学前儿童美术教育活动中，从活动导入到对创作对象的描述、从活动材料的介绍到儿童作品的点评都离不开教师的讲解。教师生动、清晰、富有童趣的讲解，有助于营造宽松的活动情境，引发幼儿的活动兴趣，帮助幼儿更好地了解物体的典型特征。对于活动中重难点的讲解，教师需要将讲解法与演示法相结合。尤其是当教师需要为幼儿展示材料的使用方式和操作方法时，边讲解边演示就显得尤为重要。比如，在泥工活动中为了更好地引导幼儿掌握"团圆""搓长"等技能，教师在操作演示的过程中，通过对重难点的讲解，帮助幼儿较快地掌握基本技能和方法，便于幼儿的美术表达与创造。需要说明的是，学前儿童美术教育活动应尽量避免由教师直接演示，而应鼓励幼儿在自主探索和尝试后，教师再进行演示，或者幼儿与教师合作共同演示。教师在幼儿演示的基础上，还要给予适当的总结和提升。采用讲解演示法时教师需要注意以下几点。

（一）讲解的语言要精练、生动、富有启发性

教师除了应具备较好的语言表达能力之外，还要根据美术活动内容的特点，选择科学精练、生动有趣的讲解方式，以更好地调动幼儿参与活动的积极性和主动性，如运用文学作品、儿歌、故事等启发幼儿的形象思维，激发他们的创作欲望。在突破创作技法这个难点方面，教师也可以化繁为简，尝试创编短小精悍的儿歌、朗朗上口的语言指令帮助幼儿明确操作的重点。例如，在中班手工活动"母鸡下蛋"中，教师运用"抓一抓，扭扭扭，贴一贴"这样精练的语言提示，配合自己的动作演示，使幼儿掌握了鸡窝的制作方法。此外，在讲解时，教师还可以配以恰当的体态语言，通过眼神、手势、神态等传递无声的信息，可以起到引起幼儿注意、调动情绪、渲染情感、诠释话语、交流情感等作用。

（二）演示要与讲解有机结合

对于较为复杂的美术教育活动，尤其是当绘制或操作要点较难，幼儿仅仅通过欣赏成品还是难以了解其过程时，教师就需要在演示过程中，将演示的内容与观察、讲解有机地结合起来。对于特别难的地方，教师可以放慢讲解的语速、适当地重复演示，也可以邀请个别幼儿进行演示，教师在这个过程中发现幼儿在操作中遇到的

问题后，再次进行讲解，最终引导幼儿理解和掌握相关技法。

（三）注意把握讲解演示的技巧与程度

首先，关于讲解演示的时间长短、具体形式、呈现方式等，教师要考虑幼儿已有的美术创作经验，美术教育活动内容的特点和材料运用的难易程度。只有这样，教师才可能选择适宜的讲解演示方法，既能引导幼儿掌握操作方法，抓住所表现物体的主要特征和基本表现方法，又可以启发幼儿积极地进行联想和创造。例如，教师最好在幼儿注意力较为集中的时候出示相关教具或进行演示，过早演示容易分散幼儿的注意力，过迟演示会降低活动效果。

其次，讲解演示法要根据教学内容的难易程度、幼儿对教学内容的熟悉程度灵活运用。例如，在中班绘画活动"有趣的叉子画"中，教师只需要进行局部演示，即演示叉子的用法就可以了，至于幼儿采用这种方法表现哪些物体，叉子还可以有哪些新的使用方式，都可以让幼儿在活动中做进一步探索。教师切忌用统一规范的演示模板和标准，规定和限制幼儿的操作活动，否则便与美术创作活动的初衷背道而驰了。

三、游戏练习法

游戏练习法主要以幼儿独立动手操作的创作练习为主，包括模仿练习、创作练习、技能练习。模仿练习，是幼儿根据教师或同伴的演示，或观察与学习经典的艺术作品来进行的练习；创作练习，是幼儿在已有经验的基础上独立构思，对材料进行加工、改造、制作并加以表现的练习；技能练习，是幼儿运用工具和简单地表现技能的练习（如执笔、运笔、涂色、粘贴、使用剪刀等）。虽然这三种练习的特点和形式不同，但教师都应该尽可能对上述练习融入游戏化的形式，让幼儿在想一想、做一做、玩一玩的过程中进行适当的练习，从而提高美术表现能力和创作能力。以游戏练习为主的方法是指在教师的指导下，幼儿在游戏性的玩耍中进行各种形式的绘画、制作等实践活动，在轻松、愉快的情绪体验中熟悉和掌握各种美术知识和技能、技巧方法。游戏性的练习方式，既能激发幼儿的参与兴趣、调节活动氛围，又能在无形中强化幼儿的表现能力，是符合幼儿年龄特点的一种教育方法。采用游戏练习法时教师需要注意以下几点。

（一）根据幼儿年龄阶段特点，选择适宜的游戏练习方式

对于小班幼儿来说，教师要选择贴近幼儿生活经验以及他们感兴趣的命题，同

时要特别注重操作过程的游戏性,将游戏与美术操作有机整合。例如,在小班绘画活动"爱心炒面"中,教师创设了为父母制作爱心炒面这样一个情境:幼儿结合生活经验,伴随着"倒油(涂色块)—下面(画弹簧线)—撒葱(粘贴皱纹纸)—加菜(撕贴青菜叶)—炒面(粘贴材料)"的游戏过程,幼儿综合性地练习了涂色块、绘画线条、撕贴等各项技能。针对中班、大班的幼儿,教师则需要更多地将幼儿的美术作品用于游戏中,如引导幼儿学习将纸张的四角向中心折的技能时,教师可以和幼儿一起做"四角宝宝找妈妈"的游戏,请幼儿尝试探索帮助"四角宝宝"找到"中心妈妈"的方法,找到了以后再"亲亲妈妈"。在这样的游戏中幼儿巩固和掌握了将纸张的四角向中心折的方法。

(二)尝试运用多样化的方法进行练习

教师要防止将练习演变成模式化、重复性的技能练习,因为单纯的技能练习会严重降低幼儿的兴趣,进而影响参与活动的积极性和主动性。因此,教师要尝试采用各种练习方式,如对同一个技能的练习,可以通过变换主题、替换材料等方式,还可以利用游戏情境、分组活动等形式引发和维持幼儿练习的兴趣。更为重要的是,在练习的同时教师还要注意保护幼儿创作的个性与创造性,在幼儿已经掌握基本规律与方法的前提下,积极鼓励幼儿进行富有个性和创造性的练习与探索。

(三)注意练习的循序渐进性

幼儿的练习不应是单纯地重复动作技能以求熟练,而是应有不同的侧重点和要求,教师可以将模仿练习与创作练习结合起来,在幼儿已经掌握动作技能的基础上,让他们进行创意表现,也就是练习法的运用应遵循系统性、经常性、循序渐进的原则。同时,教师要善于发现幼儿在练习中存在的个别与共性问题,对于幼儿的个别问题,教师要有针对性地进行个别指导;对于幼儿的共性问题,教师要及时采用讲解演示等方法予以指导。

四、情境探究法

情境探究法是指幼儿在教师创设的情境下,在教师的引导下,通过自己的探索发现并尝试解决问题的方法。具体到学前儿童美术教育活动中,就是教师运用相关范例进行启发,幼儿借助教师提供的材料和线索,通过自己的操作和思考,探索操作方法。这种方法最大的优点就是能够激发幼儿操作的主动性,提高幼儿的探索能力和解决问题的能力,从而获得成功的体验。采用情境探究法时教师需要注意以下几点。

（一）教师要有开放、包容的教育观念

教师是否具有开放、包容的教育观念，直接影响幼儿美术探究活动的效果。教师应该提供给幼儿探索的机会，不要去考虑"万一孩子做不出来怎么办？如果孩子做出来后和我想象中的不一样怎么办？""遇到难以解决的问题怎么办"等问题。教师可以把幼儿的美术探索看作一次艺术探险，也许在很多不确定的情况下，幼儿会创作出独一无二的、富有个人特色的作品。所以，在活动中教师应以开放、包容的教育观念看待幼儿在探究中出现的诸多问题，并且教师可以根据这些问题，向幼儿提出新的挑战，推动幼儿进一步探索和解决问题。

（二）创设引发幼儿探究欲望的情境

教师要创设与活动主题相关的、能够引发幼儿探究欲望的情境，在观察和分析幼儿探究行为的基础上，通过讨论提问等方式鼓励和支持幼儿的探究行为。在问题情境的引领下，教师要激活幼儿参与的兴趣，使幼儿产生探究欲望，让幼儿独立发现问题、尝试自我探究，使幼儿产生积极的情绪体验、萌发新的探究点，并获得更多的情绪体验。例如，在小班玩色活动"变色鸟"中，教师颠覆了传统的演示操作模式，而是出示滴管和颜料，让幼儿在玩滴管的过程中，发现滴管滴出来的都是圆形的点点，这时教师创设情境："有一只小鸟好饿，希望小朋友们给它喂果子。"幼儿在新的操作中发现颜色混合后的变化。教师通过新的情境"小鸟吃饱了，让我们摸摸它吧"，引导幼儿发现多种颜色混合后产生的新变化。可以说整个活动中的情境激发了、深化了幼儿的探究。

（三）保证幼儿拥有充足的探索时间

教师要允许幼儿按照自己的认知方式和节奏来解决问题。尤其是当遇到较大问题时，教师要给予幼儿充分、自由的探索时间，同时也要鼓励幼儿尝试与同伴合作，共同解决难点。这种"先试后导、先练后讲、先学后教"的模式，要求教师必须保证幼儿拥有充足的探索时间，只有这样，幼儿才有可能在反复尝试、小组讨论中获得属于自己的操作经验。例如，在"沙画"活动中，漏沙的方法对于一些幼儿来说比较难，沙子要么漏不出来，要么漏得太多，导致线条画不出来，教师可以把问题抛给幼儿，通过同伴间的经验分享，让幼儿集体攻克这一难关。

总之，教学方法是教学过程中教师的"教"与幼儿的"学"两者双向活动的体现，教师要根据教育目标、内容及幼儿的发展水平，选取适宜的教学方法，并能根

据实际情况灵活运用，以更好地为教育教学活动服务。

第三节 学前儿童美术教育活动实施的途径

学前儿童美术教育既是儿童身心发展的需求，也是学前儿童发展中非常重要的组成部分。在倡导多元化、个性化艺术教育的背景下，学前儿童美术教育活动实施的途径是多种多样的，应渗透在幼儿园的各种活动中，如集体美术教育活动、美工区活动、美术与其他领域整合的活动、亲子美术活动，还可以体现在有幼儿参与的幼儿园环境创设活动、一日生活中随机发生的美术活动中。这些活动共同形成一种美术教育的合力，促进幼儿身心和谐、全面发展。

一、集体美术教育活动

集体美术教育活动是指教师根据学前儿童身心发展的特点，通过有目的、有计划地开展美术教育，促进儿童美术能力与人文素养整合发展的活动形式，可以全班进行，也可以小组形式进行。

学前儿童集体美术教育活动按照内容的不同，可以分为美术创作活动和美术欣赏活动。美术创作活动又可以分为绘画活动和手工活动。学前儿童身心发展的特点决定了幼儿园课程具有整合性，绘画、手工和欣赏等活动经常以整合的形式开展。教师应根据不同年龄幼儿的美术水平和操作兴趣，确定适宜的活动主题，突出活动的重难点，选取恰当的方法，设计层次清晰的活动结构和教学流程。关于集体美术教育活动的基本环节、组织与实施的具体要求在本书第四单元、第五单元和第六单元中会具体进行阐述，此处不再赘述。

二、美工区活动

美工区活动主要是指幼儿在教师创设的美工区、美工室及幼儿园户外环境中，根据自己的需要与兴趣自主选择活动内容、活动材料、表现方式，按照自己的学习特点与进程进行的自由感受与体验、表现与创作的活动。与集体美术教育活动相比，在美工区活动中教师鼓励幼儿根据自己的需要和兴趣，选择适合自己的材料和操作方式、艺术表现手法和学习进程；美工区活动为幼儿自主、自发的美术活动提供了自由表达的空间，也为幼儿创设了同伴间相互学习和交往的条件，同时帮助一些幼儿实现更为深入的艺术探究。美工区活动主要有三种类型：班级美工区活动、全园共享的美工室活动、幼儿园户外美工区活动。这三种活动由于区域面积、所属环境的不同，分别有各自的特点。

班级美工区活动由于附属于班级，教师可以根据班级幼儿的需要和场地情况灵活地进行设置，其结构化程度较低，幼儿的自主性较大，可以满足班级幼儿日常自主美术活动的需要。美工室是幼儿园根据园所场地情况和课程特色，专门创设的富有一定艺术情趣与美感的艺术创作室，也可以作为专门的艺术鉴赏互动空间和美术作品展示空间。与班级美工区中的材料相比，美工室中的材料品种更加齐全、丰富，幼儿的可选择性更大，有的幼儿园也会将美术特色融入美工室的布置和材料投放中。幼儿园户外美工区则更具有不同幼儿园的特点，幼儿可以利用幼儿园固有的素材，如造型各异的树木山石、不同材质的墙面、富有地方特色的各种材料等进行大胆、大尺度的艺术创作。与前两种美工区相比，幼儿园户外美工区可以更好地释放幼儿的创作激情，激发他们通过团队协作完成作品的意愿。关于幼儿园美工区活动的定位、环境创设的具体要求、活动材料的投放原则及组织环节与实施要点，在本教材第七单元中会进行具体阐述，此处不再赘述。

三、美术和其他领域整合的活动

《幼儿园教育指导纲要（试行）》明确指出："各领域的内容要有机联系，相互渗透，注重综合性、趣味性、活动性，寓教育于生活、游戏之中。"美术和其他领域整合的活动，是一种综合取向的美术活动，具体是指渗透在幼儿园语言、健康、科学、社会、音乐等学科或领域中的美术活动。这种美术教育活动，跨越了美术与其他学科或领域的界限，着眼于幼儿美术能力与人文素养的整合发展。同时，跨领域整合的美术教育活动的目标更加全面、多元，兼顾了幼儿的生活经验和发展现状，注重与自然科学、人文社会、其他艺术形式的关联，强调幼儿全方位发展。在活动实施过程中，强调幼儿的体验、探索、交往与表现，注重发展幼儿的个性、创造性，以及终身从事艺术学习的愿望与能力等。

（一）美术活动与音乐活动的整合

美术活动与音乐活动由于同属于艺术领域，都是人们传递情感、表达内心的方式，并且两者相互渗透、相互汇通，很容易形成幼儿艺术的"通感"。这种"通感"一方面使得幼儿把对音乐的感受通过美术外化出来，另一方面将视觉刺激与音乐感受很好地勾连起来。幼儿正是在这种多通道的艺术感受中，借助视觉、听觉，激发内在的表现和创作欲望，自然而然地提高了艺术素养。比如，在音乐欣赏"野蜂飞舞"的活动中，教师引导幼儿根据听到的音乐，通过绘画的方式将其对音乐的感受表现出来，有的幼儿画了尖锐的锯齿线和密集的螺旋线来表达内心紧张的情绪；有的幼儿则画了自己生病时，爸爸妈妈送她去医院的场景。虽然表现手法和方式不同，但幼儿都很好地借助作品将音乐紧张的情绪表现了出来。

（二）美术活动与语言活动的整合

美术活动与语言活动有着密不可分的关系，一方面，美术活动离不开幼儿语言的描述，尤其是在美术欣赏活动中，教师通过与幼儿对话，让幼儿关注作品中的审美要素，幼儿通过小组讨论分享了审美经验，可以说整个欣赏活动都离不开语言活动。另一方面，幼儿园有许多文学素材，如深受幼儿喜爱的、有着优美意境的故事和儿歌，幼儿在参与具有韵律美的语言活动过程中，头脑中自然而然会浮现出相应的表象，并产生把故事、儿歌画下来的创作欲望。在描绘故事连环画《小蝌蚪找妈妈》的活动中，教师要在幼儿理解故事内容、熟悉故事主要角色和情节的基础上，引导幼儿分小组将故事转化为画面，描绘出每小节故事中的主要人物，表现出故事的主要情节，并尝试将其做成连环画。可以说这个活动丰富和强化了幼儿对文学作品的认识和理解，反过来也促进了幼儿审美表现力的提升。

（三）美术活动与健康活动的整合

美术活动与健康活动最常见的融合方式是美术作为健康活动的一部分或者延伸，幼儿用美术作品来表现健康活动的内容。例如，在大班综合活动"病毒我不怕"中，幼儿在初步了解冠状病毒的样子、危害和传播途径的基础上，学会预防病毒感染和进行自我保护的方法。最后，教师引导幼儿把人类与病毒作战的场景画下来，或者以"战胜病毒"为主题进行绘画创作（见图3-6、图3-7）。当然如果一次活动完成时间比较紧张，那么教师也可以把最后的绘画环节渗透到美工区中，将健康活动与区角的美工活动很好地衔接起来。

图 3-6　幼儿作品（一）　　　　　图 3-7　幼儿作品（二）

（四）美术活动与社会活动的整合

美术来源于社会，也能全面地反映社会生活。社会生活的方方面面都能成为美术表现的对象。例如，教师带领孩子参观社区后，引导幼儿将参观的见闻采用美术的形式表现出来；在端午节的系列活动中，幼儿在了解了端午节的来历、习俗后，自己动手制作香囊，拴五丝线，编制五彩绳手链，采用画、撕、剪、贴等方式装饰龙舟。教师可以将美术教育渗透在幼儿对生活习俗、历史文化、风土人情的认识过程中，幼儿能够通过自己的美术操作过程更好地体悟民俗民风、感受民族文化。

美术活动与社会活动整合的案例

（五）美术活动与科学活动的整合

科学本身就是美的艺术，无论是生命科学中多彩绚丽的动植物，还是看似冰冷、理性的数学，无一不渗透着对称、和谐统一等美的要素。美术与科学有一种天然的联系。当幼儿在认识世界、探索世界时，美术能够引导他们感受与欣赏客观事物，并学习某种事物的表现形式，在这个过程中，幼儿也积累了对客观事物的科学经验。例如，在"有趣的长颈鹿"活动中，教师带领幼儿从科学认知的角度观察长颈鹿的特征，了解其利用身体花纹的自我保护作用，在此基础上，从艺术角度引导幼儿欣赏长颈鹿的花纹及同色系色彩搭配的美，最后鼓励幼儿尝试使用同色系颜色按照自

95

己喜欢的方式给长颈鹿涂色。整个活动培养了幼儿的观察力、想象力、艺术表现力等。再如，在"有趣的双面镜"活动中，教师引导幼儿通过操作和探索，发现两面镜夹角大小会影响成像的情况，学会做科学记录，在幼儿获得了这个科学经验的基础上，教师还提供了画有一朵花瓣的扇形图片，抛出问题："试着把花瓣放在双面镜的夹角，看看你发现了什么，把它画下来吧。"幼儿惊喜地发现通过双面镜的成像，一朵美丽的花出现了（见图3-8）。幼儿顿时发出"太美了，好漂亮啊"这样的赞叹。可以看到教师的巧妙构思，让幼儿的科学经验以艺术的形式得以外化和升华。最后，教师提出了新的挑战："回家和爸爸妈妈找找看，还有哪些东西和花朵一样，也会在双面镜中变出来。"可以说整个活动很好地将科学与艺术相融合，让幼儿真正地感受和体验到科学的美感。

图3-8 美丽的"荷花"

四、亲子美术活动

亲子美术活动是指家长根据幼儿园美术教育的要求或幼儿在家庭中美术活动的需要，亲身参与幼儿美术活动，并给予必要的支持和引导的美术活动。《幼儿园教育指导纲要（试行）》指出："家庭是幼儿园重要的合作伙伴。应本着尊重、平等、合作的原则，争取家长的理解、支持和主动参与。"学前儿童美术教育更应充分利用家庭的教育资源，开展形式多样的亲子美术活动，实现家园共育的目的，增进家长和幼儿之间的情感交流，以促进幼儿身心健康成长。这里我们主要探讨幼儿园亲子美术活动和家庭亲子美术活动两类。

（一）幼儿园亲子美术活动的开展与指导

在幼儿园亲子美术活动中，幼儿园创设特定的情境，让幼儿在与多种要素（材料、家长、教师、同伴）的互动中，获得良好的情感体验和有益的知识、技能。幼儿园亲子美术活动可以在家长开放日开展，也可以在主题活动进行过程中或者节假日体验活动中开展，地点灵活、形式多样。在组织幼儿园亲子美术活动时，教师可以从以下几方面入手。

1. 选择能够激发兴趣、适合亲子共同参与的活动主题

首先，亲子美术活动内容的选择要考虑幼儿和家长的兴趣，要源于家庭生活，能够引起幼儿和家长的共鸣。其次，亲子美术活动要兼顾幼儿和家长的水平，既要给幼儿的发展预留空间，也要让家长觉得有所挑战，即活动难度弹性大、有梯度，这样才能为幼儿和家长的合作提供必要性和可能性。例如，亲子手工活动"剪窗花"源于生活，幼儿和家长都有相关的审美经验，并且很感兴趣。在活动中，将色纸多次对折，并在折好的纸上勾勒出花纹对幼儿来说不难，但是沿着花纹剪时不把花纹剪断这一难点就需要家长的辅助和支持，这样的主题就特别适合作为亲子美术活动。

2. 利用多种方式，调动幼儿和家长的审美体验和创作欲望

教师应根据活动的内容精心布置相关的活动场景，创设多种渠道让幼儿和家长发现美、感受美，从而激发他们的创作欲望。例如，在开展"创意元宵花灯"活动时，教师可以把之前让家长收集的废旧材料等分类布置，展示幼儿与家长收集的与花灯相关的图片、视频、物品，借此激发他们的创作兴趣。除此之外，教师要及时关注幼儿和家长在互动中遇到的困难，并通过提问或启发性的语言，引导幼儿和家长相互交流，让他们了解彼此的喜好和创作想法，帮助他们解决难题，将创作激情维持下去。

教师需要将本次活动的目的、重点、对幼儿发展的价值告知家长，这样家长不仅可以在活动中对幼儿进行有效的指导，而且家长可以进行后期的延续教育。

3. 尽量避免家长在活动过程中包办代替

很多家长在亲子美术活动中，不能很好地定位自身角色，喜欢乐此不疲地盲目包办，幼儿没有机会进行思考、想象和创作，而成了被家长牵线的"木偶"，这样就违背了亲子美术活动的初衷。有的家长在活动中忽视与幼儿的交流和合作，缺乏引导和支持幼儿解决困难的能力，亲子活动中缺乏真正意义上的互动。因此，首先，家长要明确幼儿是亲子美术活动的主体，家长是观察者、交流者和支持者。也就

说家长首先要给幼儿足够的想象和创作的时间和空间，要善于观察和等待，切莫心急。其次，当幼儿在活动中遇到困难时，家长可以耐心细致地和幼儿进行交流沟通，帮助幼儿拓展思路，解决问题。最后，当幼儿遇到了技术难关时，家长要给予适时的支持，需要注意的是这里的支持不是代替幼儿操作，而是引导幼儿发现问题，并尝试解决问题。只有这样，幼儿才能在亲子美术活动中获得发展。

（二）家庭亲子美术活动的开展与指导

与幼儿园亲子美术活动相比，家庭亲子美术活动有着个性化的表现方式、灵活多样的活动形式、潜移默化的渗透影响作用。具体来说，每个幼儿自身的美术感受力、表现力和创造力的水平是不一样的，在家庭亲子美术活动中家长可以根据幼儿对美术的兴趣、需要和个性特点选择适合他们的、个性化的表现方式。此外，家庭亲子美术活动与幼儿的生活紧密相连，丰富多彩的家庭活动为多样化的美术活动提供了前提条件，如父母带着幼儿到郊外踏青，幼儿的写生作品便应运而生；到海边沙滩游玩，树枝成为画笔，沙滩成为画纸……可以说在不同的家庭亲子活动中，幼儿的创作感受是不一样的，也就是说家庭亲子美术活动形式更为灵活多变。这些活动潜移默化地渗透在家庭生活的方方面面，成为幼儿早期的家庭美术熏陶和启蒙。这就要求家长能够在了解幼儿身心发展特点的基础上，进行相应的指导。

1. 为幼儿提供美术创作的环境和条件

家庭是幼儿生活与学习的主要场所，因此家长要为幼儿创设一个优美的生活环境，让幼儿潜移默化地受到艺术熏陶。家居环境的创设要尽可能兼顾实用与美感，可以摆放一些工艺美术品或悬挂一些艺术作品，让幼儿在家庭中尽可能多地感受美、欣赏美。在儿童房家长可以为幼儿提供他们喜爱的墙饰、窗帘、床单，创设属于幼儿的"涂鸦墙"，为幼儿提供和谐、温馨的创作氛围。

此外，家长还应为幼儿开辟一块专门的美术创作场地，并摆放适量的美术材料和工具，供幼儿操作时取放，同时根据幼儿的兴趣爱好，放置一些他们喜欢的物品和摆件，鼓励幼儿进行临摹、建造、剪裁和涂抹等活动。需要注意的是，在幼儿进行美术创作活动结束后，家长要帮助幼儿养成及时收垃圾、将材料归位的好习惯。

2. 立足生活，开展多样化的亲子美术活动

儿童与生俱来就有欣赏美与表现美的潜能，但这种潜能的挖掘离不开家长在日常生活中的激发与引导，也就是说家长要做亲子美术活动中的有心人，在创设优美的家庭生活环境的同时，也可以尝试和幼儿开展有趣的亲子美术活动。例如，对于小班的幼儿，家长可以和幼儿一起大胆地玩颜色，用红、黄、蓝三原色中的两种颜

色进行配色，观察三种颜色两两混合后所发生的变化。又如，在大班毕业之际，家长和幼儿可以共同制作各种各样的贺卡，将真诚的祝福送给教师、家长、朋友等（见图3-9、图3-10）。总之家长要根据幼儿的兴趣和年龄特点有选择地开展美术活动，并进行引导，这样才能真正发挥亲子美术活动的作用。

图3-9 幼儿作品《给老师的礼物》（小班）

图3-10 幼儿作品《给妈妈的礼物》（大班）

3. 合理评价与存放幼儿作品

在家庭亲子美术活动中，幼儿应有较大的自主性，家长要鼓励幼儿大胆运用各种材料去表现他们对周围事物的认知。在活动结束后，家长要让幼儿讲讲他的作品，以了解幼儿的创作背景和意图，避免用"好不好""像不像"这样的标准评价幼儿的作品。家长可以把幼儿的作品张贴在客厅或走廊的墙上，还可以在创作区拉一根绳子，用夹子将幼儿的作品展示出来，家人和幼儿一同欣赏和评价作品。

许多家长缺乏对幼儿作品的保存意识，画一张丢一张，这样不利于了解幼儿美术能力的发展和变化，因此做好亲子美术作品的记录和保存显得尤为重要。家长可以将幼儿的创作意图用文字的形式写在便利贴上，粘贴在幼儿作品的旁边，并标注创作日期。家长可以和幼儿共同商定一个存放美术作品的场地，并提供收纳工具，如文件夹、收纳箱等。细心的家长还可以从创作内容、创作材料等方面对幼儿的美术作品进行分类，分门别类地做好标记，以便今后查找。最后，家长要记得定期和幼儿重温以往创作的作品，回顾幼儿成长的历程。

单元回顾

⊙ 单元小结

本单元主要讨论了以下3个问题：
(1) 学前儿童美术教育活动实施的原则。
(2) 学前儿童美术教育活动实施的方法。
(3) 学前儿童美术教育活动实施的途径。

学前儿童美术教育活动的实施需要考虑审美性原则、创造性原则、个性化原则和激励性原则。贯彻审美性原则要注重美术教育的审美导向性，挖掘形式各样的审美资源，有效发挥环境的审美功能。贯彻创造性原则要在营造宽松、愉悦的创作氛围的基础上，提供多样化表现的材料支持。贯彻个性化原则需要教师用开放的心态接纳并支持幼儿独特的艺术表现，并提供丰富的材料，鼓励多样化、个性化的表现形式。贯彻激励性原则需要做到评价主体多元化、评价内容多样化、评价客观和激励适度。

学前儿童美术教育活动实施中常用的方法有观察欣赏法、讲解演示法、游戏练习法和情境探究法。观察欣赏法首先要选择适宜的观察欣赏对象，激发观察欣赏的兴趣；观察过程中要提高观察的目的性，挖掘观察对象的审美要素；进而引导幼儿逐步学会观察的方法。讲解演示法则要注意讲解的语言要精练、生动、富有启发性；演示要与讲解有机结合；尤其要注意把握讲解演示的技巧与度。游戏练习法需要教师根据幼儿年龄阶段特点，选择适宜的游戏练习方式，并尝试运用多样化的方法进行练习。情境探究法需要教师首先要有开放、包容的教育理念，并能创设引发幼儿探究欲望的情境，保证幼儿充足的探索时间。

学前儿童美术教育活动实施的途径主要有集体美术教学活动、美工区活动、美术和其他领域整合的活动、亲子美术活动。幼儿园美术活动与音乐、语言、健康、科学、社会等学科或领域中的活动自然融合并渗透其中。幼儿园的亲子美术活动需要首先选择能够激发兴趣、适合亲子共同参与的活动主题，利用多种方式，调动幼儿和家长的审美体验和创作欲望，同时要尽量避免操作中家长的包办代替。家庭亲子美术活动中家长要为幼儿提供美术创作的环境和条件，立足生活开展多样化的亲子美术活动，注意合理评价与存放幼儿作品。

⊙ 拓展阅读

[1] 爱波斯坦，特里米斯. 我是儿童艺术家：学前儿童视觉艺术的发展 [M].

冯婉桢，等译．北京：教育科学出版社，2012．

[2] 佩洛．艺术语言：以探究为基础的幼儿园美术活动[M]．于开莲，译．北京：教育科学出版社，2011．

[3] 郭声健．艺术教育论[M]．上海：上海教育出版社，2000．

⊙ 巩固与练习

一、名词解释

1. 集体美术教学活动
2. 观察欣赏法
3. 讲解演示法

二、简答题

1. 学前儿童美术教育活动实施的原则有哪些？如何贯彻创造性原则？
2. 运用游戏练习法时的注意事项有哪些？
3. 简述如何开展与指导幼儿园亲子美术活动。

三、论述题

1. 结合实际谈谈幼儿园应如何综合借助各种途径，促进幼儿美术素养的提升。
2. 结合实例谈谈常见的学前儿童美术教育方法有哪些？

四、案例分析题

某幼儿园前几年为了打造幼儿园特色，创设了专门的陶艺室、创意美术室，并组织全园幼儿到这些活动室里进行美术活动。最近幼儿园越来越重视班级的美工区活动，幼儿到创意美术室的时间越来越少。

问题与思考：

1. 如何看待该幼儿园的这种现象？
2. 请结合所学知识谈谈你的理解，尝试提出解决策略。

五、实践题

观摩一个绘画、手工或欣赏教育活动的视频或活动现场，分析教师在本次活动中体现了哪些教学原则，运用了哪些教学方法，评价这些方法运用是否得当。

第四单元 学前儿童绘画教学活动

导 言

  在一次实习交流座谈会上，同学们纷纷提出了自己在早教机构和幼儿园实习中遇到的问题，我们一起来看看吧。

  情境一，托班幼儿家长："我的孩子不到两岁，整天拿着笔在家里乱涂乱画，墙上、沙发上全都是乱涂乱画的痕迹，我该怎么办啊？"作为托班教师，你会如何解释幼儿的行为，并为家长提出合理的教育建议呢？

  情境二，小班幼儿家长："我很重视孩子的绘画，前两天看他自己在画画时画出了像人的东西。所以我这几天开始天天在家教他画人，可是他画来画去还是那个样子，我都快要急死了。我该怎么办啊？"作为小班教师，你会如何向家长解释幼儿的行为，并为家长提出合理的教育建议呢？

  情境三，在一次主题为"解读儿童画"的家长学校活动中，家长A："我们家孩子画画总是乱画，画的房子连门都没有，房子里面的人在干什么都看得清清楚楚，怎么办呢？"家长B紧接着说："我们家孩子更离谱，画自己刷牙，把牙齿和牙刷画得都要有头那么大了。"

  如果你是幼儿园教师，你会如何向家长解释幼儿的行为？相信通过这一单元内容的学习，大家对这一问题能有自己的见解。

☆ 学习目标

1. 记忆与理解：学前儿童绘画能力发展的三个阶段以及每个阶段所表现出的特点和独特性；不同年龄阶段儿童绘画教学活动的目标。
2. 理解与应用：学前儿童绘画教学活动的基本环节与实施要点。
3. 应用与创造：应用所学理论，尝试设计并组织一个幼儿园绘画教学活动。

思维导图

学前儿童绘画教学活动
- 学前儿童绘画能力的发展
  - 涂鸦阶段
  - 象征阶段
  - 图式阶段
  - 学前儿童绘画的独特表现
- 学前儿童绘画教学目标
  - 学前儿童绘画教学的目标
  - 学前儿童绘画教学的年龄阶段目标
- 学前儿童绘画教学活动的基本环节与组织实施
  - 学前儿童绘画教学活动的基本环节
  - 学前儿童绘画教学活动的实施要点
- 学前儿童绘画教学活动的案例与分析
  - 小班绘画教学活动的案例与分析
  - 中班绘画教学活动的案例与分析
  - 大班绘画教学活动的案例与分析

第一节 学前儿童绘画能力的发展

了解学前儿童绘画能力的发展,是我们进行学前儿童绘画教育的前提和基础。对于学前儿童在绘画发展中表现出的特点,中外学者都基于自己的研究,从各自的立场出发,总结出了儿童绘画发展的阶段理论。这些理论在总结不同发展阶段所对应的年龄范围时或同或异,在概括各年龄段儿童具体的绘画能力发展特征时也不尽相同,而且同一年龄段的儿童在绘画能力的表现上也存在个体差异。总体来说,儿童绘画能力的发展有着明显的年龄特征,是遵循一定规律、阶段式地逐步上升的。基于此,我们可以大致将学前儿童绘画能力的发展划分为 3 个阶段:涂鸦阶段(1.5~3.5 岁)、象征阶段(3.5~5 岁)、图式阶段(5~7 岁)。

一、涂鸦阶段

大约从 1.5 岁开始,幼儿开始能用整只手握住笔,模仿成人用笔在纸上乱涂乱画,并且常常会沉浸其中,此时,我们可以说幼儿进入了绘画发展的第一个阶段——涂鸦阶段。在接下来的 2 年时间里,幼儿会非常享受用笔涂涂画画的感觉。这对幼儿来说是一个非常自由的阶段,几乎没有幼儿不喜欢乱涂乱画。借用皮亚杰的一个词语来概括这个阶段就是"动即快乐"。只要能够动起来,幼儿就会在生理上获得一种非常舒适的感觉。早期的肌肉运动为幼儿奠定了稳定的基础,提高了他们视觉运动的协调性,并使他们开始越来越多地根据视觉图形要素进行绘画。[1] 随着学前儿童手眼协调能力和认知能力的发展,涂鸦阶段又经历了 4 个小阶段,呈现出以下特点。

---

[1] 史密斯,福齐纳,肯尼迪,等. 教孩子画画[M]. 贾茜茜,译. 长沙:湖南美术出版社,2008:4.

（一）未控制的涂鸦

1.5 岁左右幼儿的涂鸦作品常常是由一些毫无规律可循且杂乱无章的点、线构成的，各种横线、竖线、斜线、弧线、螺旋线等随机地掺杂在一起（见图 4-1）。从握笔的姿势中我们不难发现，儿童的手指通常是紧紧地握着笔，而手腕一般不移动。线条的方向和长短靠手臂的前后摆动来决定。在这个时期，儿童的手臂、手腕、手指动作还不够协调，他们不知道自己运笔的动作和笔迹之间的直接联系，只是非常享受由手臂的机械运动所带来的快感以及对各种线条的感官满足。他们喜欢将手臂围绕纸张随意地移动，由于这个时期他们对肌肉的控制能力比较差，动作不太协调，会经常将图形画到画纸之外。

图 4-1　幼儿作品　未控制的涂鸦

（二）有控制的涂鸦

经过半年的涂鸦练习，大部分儿童在这个阶段能较为自如地握笔。他们偶然发现自己画画的动作和纸上画出的线条之间似乎是有联系的，这对儿童来说是一个巨大的发现，于是他们想去验证，画出了许多重复的线条。最早出现的是向下的动作，然后慢慢开始向左右横扫，再发展为上下推拉（见图 4-2）。正如罗恩菲德所说："一旦儿童开始反复他的动作时，我们就可以确定，这个儿童已经发现了以视觉来控制动作，从这时候起，儿童会有意识地上下或左右地画线，但还经常把可以控制的线条和不能控制的动作混在一起。"[1] 这标志着儿童已经进入有控制的涂鸦阶段。手腕灵活性的增强使他们能够将自己的涂鸦控制在纸张之内。学前儿童意识到自己能够控制线条会让他们获得极大的信心和满足感，这激励他们不断画出新的线条。

---

[1] 罗恩菲德. 创造与心智的成长 [M]. 王德育, 译. 长沙：湖南美术出版社，1993：88.

在这个过程中，他们会获得控制画笔的经验，积累了手眼协调的经验，体验了时间和空间经过的痕迹，这为幼儿后期画出可以识别的形状奠定了基础。[①]

图 4-2 幼儿作品 有控制的涂鸦

（三）圆形涂鸦

当我们在幼儿的画中看到大大小小的封口和未封口的圆、涡形线、螺线时，我们可以判断幼儿已经进入圆形涂鸦的阶段（见图 4-3）。圆形是一种闭合图形，它需要从一个定点出发，经过一定的区域，最终返回到原点，这需要幼儿具有较好的手眼协调能力，也反映出幼儿控制线条的能力得到了提高。从儿童发展心理学的角度来说，闭合图形的出现从一定意义上反映了幼儿已经会画建构画面空间的线条。

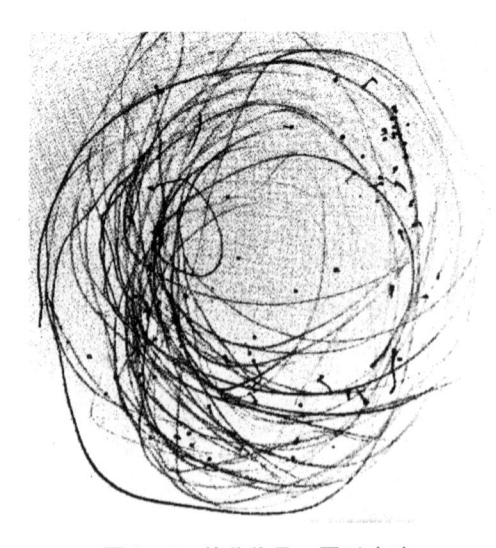

图 4-3 幼儿作品 圆形涂鸦

---

① 李甦. 探索儿童的绘画世界 [M]. 上海：华东师范大学出版社，2017：38.

(四) 命名涂鸦

当幼儿在涂鸦的过程中开始说故事或者幼儿能给自己的涂鸦作品起名字的时候，我们可以判断幼儿命名涂鸦阶段的到来。幼儿开始希望用自己的画来和成人进行交流，表达自己的想法。

在这一阶段，幼儿在画画前没想过要画什么东西，主要就是想涂一涂、画一画，但在涂涂画画的过程中他可能会找到他想要表达的东西。幼儿通过在自己绘画过程中出现的一些形态会偶然地发现，原来自己画的东西好像和生活中的某些东西很像，于是他就会以此来命名。例如，幼儿觉得自己作品上的这些长长短短的直线很像妈妈从菜市场买回来的黄鳝，于是幼儿就说："我画的是黄鳝，一池子的黄鳝。"图4-4是幼儿用红色和绿色水彩笔在纸上一气呵成的作品，幼儿创作完之后说："刮大风啦！大风来啦！"嘴里还发出呼呼的风声，他觉得这些交错的线条很像刮大风。图4-5是幼儿在涂画过程中觉得这圆圆的图形很像棒棒糖，于是就将自己的作品命名为《棒棒糖》。这种偶然发现的相似性让幼儿开始慢慢找到一个可以表达事物的工具。这种转变对幼儿的发展意义重大。"因为这种进步显示，儿童的思考已经完全改变了。直到目前为止，儿童才能完全满足于他们自己。此后，儿童便把他的动作与想象经验联结在一起。他从单纯的肌肉运动转变到图画的想象思考。"[1] 这时，图画对于幼儿个人来说就有了意义，从而开启了幼儿用图画来表达自己经验的历程。随着幼儿的年龄不断增长、绘画经验不断积累，我们可以看到幼儿能够画出越来越贴近生活中物品的图案。

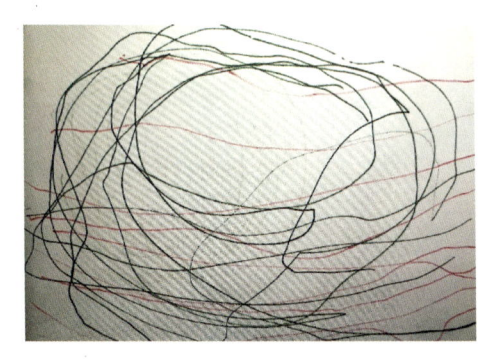

图4-4 幼儿作品 命名涂鸦　　　　图4-5 幼儿作品《棒棒糖》

对作品进行命名是幼儿从动觉思考转到想象思维的一个重要标志。值得一提的是，幼儿对自己作品的命名通常发生在涂鸦完成之后，而且稳定性比较差，常常会

---

[1] 罗恩菲德. 创造与心智的成长 [M]. 王德育, 译. 长沙: 湖南美术出版社, 1993: 92.

受到多种因素的影响,除了受到对作品瞬间联想的影响外,还会受到周围环境、成人对儿童作品的解读等因素的影响。

二、象征阶段

经历了涂鸦阶段的练习,幼儿已经能够比较灵活地用手腕和手指画画了。随着心理能力的发展,他们也开始有意识、有目的地进行绘画活动。由于在这个阶段,幼儿画面中的形象与现实生活中的物体有较大偏差,而且图像往往缺乏完整性,只是具有象征性的意义,所以这个阶段称为象征阶段。我们可以从造型、色彩、构图三方面来分析学前儿童绘画发展在象征阶段的特点。

(一)造型方面

在这个阶段,幼儿会用图画来表达自己的想法,出现了由图形结合而成的集合体,但这些集合体和真正的事物之间没有直接关系,而仅仅是简单的几何图形和线条的组合。由于幼儿对事物的知觉和注意力的广度发展不完善,缺乏综合概括能力,记忆的容量也有限,所以幼儿所画的形象缺乏完整性,只是按照自己的想法任意夸大,只能关注事物的某些细节而忽视其他细节,在各组成部分的形象之间还没有建立联系。所以,这个阶段幼儿在对物的造型方面最大的特征是——实物的替代物,我们感觉幼儿的绘画内容"既像又不像",也有研究者称为"失败的写实主义"。图4-6是幼儿画的《冰糖葫芦》,图像具备了冰糖葫芦最主要的两个特征:长长的竹签和圆圆的冰糖山楂,但结构上还不够合理,只是由歪歪扭扭的直线和大小不一、形状不规则的圆形组合而成。

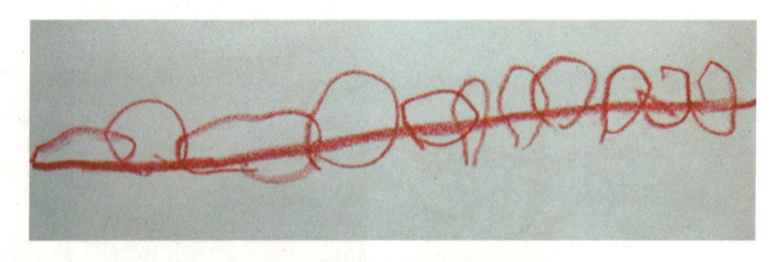

图4-6 幼儿作品《冰糖葫芦》

在对人的造型方面,幼儿经过涂鸦期无意识的游戏冲动以后,他们的创作进入由自我向客体过渡的图像符号阶段。在画人的时候,他们通常会用一个大圆圈代表人脸或人的头部,在大圆圈内画上小圆圈或小黑点代表眼睛和鼻子,再在大圆圈上直接画上单线条表示四肢,而躯干是被省略的。圆形往往被赋予了"人"的意义,

"因为圆形的简洁和完美，人的视知觉就会把它挑选出来，对它产生偏好"[①]。它和人物形态之间具有表征性联系。由于这种对人的造型类似蝌蚪，因此学者们形象地称为"蝌蚪人"（见图4-7），这是在象征阶段早中期幼儿对人的造型的典型特点。

"蝌蚪人"的造型通常出现在3~4岁儿童的绘画中，具有跨文化、跨地域的一致性。这个阶段的儿童常常把注意力集中在物体突出的、活动的部分，不能关注整体，所以儿童画人就只强调吸引他们注意力的头部和四肢，而忽略了其他部分，而且画头部时也只画可以活动的眼睛和嘴，耳朵相对是不动的，所以在儿童的画中也是可有可无的。

> **小贴士**
>
> 阿恩海姆对"蝌蚪人"现象持有自己的看法。他认为艺术不是复制，他分析了用二维媒介表现世界的过程，认为"蝌蚪人"的大圆圈可能同时代表了人的头部和身体两个部分，这种简易的人物形象把握了人体的本质。从这种角度来说，"蝌蚪人"并没有遗漏躯干和其他身体部分，只是反映出儿童早期图形思维的独创性和局限性，缺乏媒介经验和图画语汇。儿童画并非是对周围事物的模仿，不可能像照片那么真实。儿童自发的绘画表达方法和形式是受到其知觉和思维发展的影响和制约的。

图4-7 "蝌蚪人"样式的幼儿作品

在象征阶段后期，幼儿已经能掌握较多的基本图形和线条的组合，能不断构成

---

① 格罗姆. 儿童绘画心理学：儿童创造的图画世界[M]. 李甦，译. 北京：中国轻工业出版社，2008：31.

新的形象，造型能力有了一定的提高。图4-8是幼儿画的《我的好朋友》，图4-9是看完动画片《美女与野兽》之后幼儿创作的作品，相对于象征阶段早中期幼儿画的"蝌蚪人"，我们从这两幅画都可以看出幼儿对于人或物的造型能力的提升。随着绘画能力的提高，幼儿可以描绘的题材也越来越广泛。

图4-8　幼儿作品《我的好朋友》

图4-9　幼儿作品《美女与野兽》

（二）色彩方面

在对颜色的认识上，此阶段的幼儿已经能够认识主体色相，辨色能力提高很快，而且对颜色已有比较明显的个人偏好。他们喜欢选择高纯度、色调明快的原色，以及对比强烈的颜色。

在颜色的使用上，象征阶段早期的幼儿在颜色的使用上不受物体固有色的限制，他们常常选择自己喜欢的颜色表现自己偏好的物体，自由地涂抹。这个阶段的幼儿在涂色方面显得杂乱、不均匀，对于事先画好轮廓的作品常涂到轮廓以外（见图4-10）。

在象征阶段中后期，幼儿开始能够逐步按照物体的固有色进行着色，如用绿色涂大树，用紫色涂葡萄，用红色和黄色涂太阳。在涂色方面，幼儿逐渐可以用方向一致的线条均匀地涂色，并尽量涂在轮廓以内。如图4-11所示，我们可以看到幼儿尽可能把颜色控制在轮廓之内，画面上的颜色选择越来越丰富，而且在涂色时开始能较好地控制自己手部的力量，涂色均匀，线条方向较整齐。

图 4-10 《灯笼》(3 岁半幼儿作品) 　　　图 4-11 《小汽车》(4 岁半幼儿作品)

(三)构图方面

在象征阶段前中期,我们在幼儿的作品中看不出明显的构图,幼儿仅仅能初步表达主题。在画面中,形象和形象之间没有任何联系,幼儿只是想到什么就画什么。画面中的形象并没有经过幼儿的精心组织,他们只是将自认为与主题有关的物体共同放在一个画面中。所有表现的形象只是随意出现在画面的任何一个位置,从视觉上看让人感觉有些乱,所以这个阶段的构图被称为凌乱式构图。图 4-12 描绘的是一个 4 岁半左右的幼儿收到外婆送的小汽车玩具的场景,我们可以看到画面上凌乱地画了许多形象,如幼儿自己、外婆、小汽车玩具以及小汽车玩具的说明书等,幼儿只是把这些形象随机地安排在画面上,这就是典型的凌乱式构图。

图 4-12 《我的礼物》(4 岁半幼儿作品)

到了象征阶段的后期，随着幼儿空间知觉的发展，他们逐渐能够分清物体上下、左右的位置关系，从幼儿的作品中我们能看到基底线，这说明幼儿已经能够感受到空间的秩序性，开始意识到自己也是环境中的一部分，尝试将所画的人、物都放在基底线上。图4-13描绘的是一个4岁半左右的幼儿画的熊猫一家去郊游发生的故事。幼儿拿到纸后直接在纸的下方画了两条歪歪扭扭的基底线表示地面，地面上生长了绿色的树。除此之外，这个阶段幼儿的绘画作品中还能看到并列式构图（也称为一字式构图），即画面上的所有形象一字排开并列呈现（见图4-14）。图4-13和图4-15显示了画面中同时出现了基线式构图和并列式构图，这在幼儿的绘画作品中也是比较常见的。

图4-13 幼儿作品《熊猫一家去郊游》

图4-14 幼儿作品《我的名字》

图 4-15　幼儿作品《花儿朵朵》

三、图式阶段

随着幼儿手部小肌肉群的进一步发育、视觉感受性的进一步提高，5 岁左右的幼儿已经开始有意识、有目的地通过绘画的方法表现周围世界和自己的生活。相对于象征阶段，他们能够比较完整地表现物象的主要特征，画面的表现内容不需要言语解释也能被他人理解。幼儿这一阶段的作品，在画法上逐渐稳定，造型呈现出模式化的特征，喜欢用固定的样式和画法表现不同的对象。可以说，这个阶段是幼儿绘画创作的"黄金时期"。

（一）造型方面

这个阶段的幼儿在造型方面的特点是画面的形象更为复杂，数量也更多了。幼儿喜欢用固定样式和画法表现不同的对象，显得比较概念化。与象征阶段相比较，在这一阶段，幼儿不仅能够用较为流畅的线条来描绘人或物的基本轮廓，而且注重对细节的描绘，这是该阶段幼儿在造型上最突出的特点。同样是画《我的妈妈》，象征阶段的幼儿只能描绘出妈妈的大致轮廓（见图 4-16），而处于图式阶段的幼儿对妈妈的描画更加全面和具体，画出了妈妈的发型、眼睫毛、耳环，对服装的描摹也非常细致（见图 4-17）。如图 4-18 所示，这个 5 岁多的幼儿画的是去爬南京的明城墙，他不仅用流畅的线条画出了城墙的基本结构和大致轮廓，更是对城墙上墙砖的排列进行了细致的描画。

图 4-16 象征阶段《我的妈妈》

图 4-17 图式阶段《我的妈妈》

图 4-18 幼儿作品《去爬城墙啦》

(二)色彩方面

在颜色的认识上,这个阶段的幼儿对色彩的感受越来越精细,在色彩的明度、饱和度等方面的辨别能力有了较大的进步。

在颜色的使用上,幼儿会使用物体的固有色着色,开始学习使用暖色、冷色、对比色等配色方法进行绘画。图式阶段的幼儿作品色彩丰富,有时画面中会出现主色调,从而使整个作品的色调和谐。例如,大班幼儿创作的《长发公主》(见图 4-19),在颜色的使用上能考虑到外国公主的头发是金黄色的,裙子颜色的使用也有异域色彩。整个画面使用了对比色,主体形象突出,画面效果更加协调。同时,随着幼儿手眼协调能力的进一步提高和小肌肉群发育的成熟，他们能更好地控制自己的动作，尽量把颜色涂在轮廓内，而且涂色更为均匀。图4-20是大班幼儿设计的世界不同地区人们的服饰，不仅衣服的造型很有特点，而且色彩的搭配变化较多，总体较为协调。图4-21是大班幼儿画的两只鸵鸟正在荡秋千，我们可以看到整幅画面在颜色的使用上更加丰富。

图4-19 幼儿作品《长发公主》

图4-20 幼儿作品《人们的服饰》

图4-21 幼儿作品《爱荡秋千的鸵鸟》

（三）构图方面

这个阶段幼儿所作的画，画面越来越丰富，画面形象和数量有所增加，形象之间排列方式的变化使得这个阶段的幼儿作品呈现出多样化的构图方式，除了并列式构图、基线式构图以外，还有一些新的构图方式。

（1）多层并列式构图。幼儿将所要表现的物体进行归类，按照从上到下或者从下到上的顺序表现出来。如图4-22所示，幼儿画的是在观看新年表演的场景，他把画面分成了三层：第一层画的是坐在下面观看节目的观众很激动，他们在欢呼；

115

第二层画的是正在舞台上表演节目的人们，他们在表演舞龙舞狮节目；第三层画的是舞台，因为是过年，所以舞台的幕布都用红色布置得非常喜庆。

图 4-22　幼儿作品《观看新年演出》

（2）主题式构图。幼儿在创作时能围绕一个主题，将所要表达的主要的人或物放在画面中心位置，再围绕主要的人或物进行添画。图 4-23 是幼儿创作的作品《机器人小丑》，画面中除了有"机器人"这个主体形象外，幼儿还围绕主题画了一些机器人的好朋友和相关的形象，如太阳、小鸟、房屋、小丑等。

图 4-23　幼儿作品《机器人小丑》

四、学前儿童绘画的独特表现

在整个学前阶段,儿童认识和思维发展的特点使得他们在绘画中呈现出一些独特的表现形式,也正因为这样,儿童的美术作品才显得更加生动,独具魅力。

(一)夸张

夸张的表现手法指的是儿童在绘画中常常不自觉地把自己关心的事物、认为重要的事物画得仔细、突出,而忽视和遗漏事物的整体或者其他没有注意到的地方。

需要说明的是,对于幼儿而言,他们采用夸张的手法来进行绘画表现并非是刻意而为的,因为幼儿对事物的相互关系缺乏比较和认识,所以往往会只关注自己所关心的对象而忽略了其他方面,这是幼儿自我中心主义的一种体现。皮亚杰曾通过三山实验得出以下结论:10岁以下儿童自我中心的观点仍然相当严重,而7岁以下的儿童,完全无法摆脱自我中心观点的画法。《开心的爸爸》(见图4-24)和《姐姐的新发型》(见图4-25)都是大班幼儿的作品。图4-24表现了一个在父亲节收到礼物的爸爸,爸爸乐得嘴巴张得大大的,快要拉伸到耳朵的位置了,因为嘴巴张得很大所以一颗颗大白牙一览无余,而且几乎占据了半张脸。如图4-25所示,幼儿非常细致地将姐姐的头发一笔一笔地全涂成了黑色,发型画得和脸的大小一样。因为换了新发型,姐姐心情很好,咧开的嘴巴大大的,笑得很开心。

图4-24 幼儿作品《开心的爸爸》　　图4-25 幼儿作品《姐姐的新发型》

(二)拟人

幼儿心理上的"泛灵性"使得他们把无生命的物体或者有生命的动植物画得和

人一样，不仅赋予它们生命，而且赋予它们一切人所具有的特点和本领。我们经常在幼儿的绘画作品中看到拟人的表现手法，看到日月星辰、花草树木都有了人类的表情和动作，但这绝不是幼儿故意为之，这其实就是"泛灵性"在幼儿绘画中的表现。如图4-26所示，幼儿描绘了一群在冰面上欢天喜地玩耍的小企鹅，正面的4只小企鹅有和人类一样的眼睛和嘴巴，两只小翅膀被画成了正在舞动的胳膊。如图4-27所示，幼儿笔下的大树也拥有了五官，甚至还有露在外面的两颗尖尖的牙齿。

图4-26　幼儿作品《冰天雪地小企鹅》

图4-27　幼儿作品《魔法树》

（三）透明画法（或 X 光射线画法）

儿童画中还有一个非常有意思的现象，即他们会采用透明画的方式来表达他们的生活经历。图 4-28 是一个中班幼儿的作品，他画的是一只刚刚吃饱的毛毛虫，毛毛虫肚子里的食物在画面上一览无余，画中的毛毛虫就像被照了 X 光射线，非常可爱。幼儿在绘画时，认为客观存在的事物都是重要的，也都应该被完整地画出来。现实中重叠着的物体在幼儿的画面中互不遮挡，或者是将看得见的物体外部和看不见的物体内部一块画出来，如同照了 X 光射线。这也是儿童心理发展的产物。

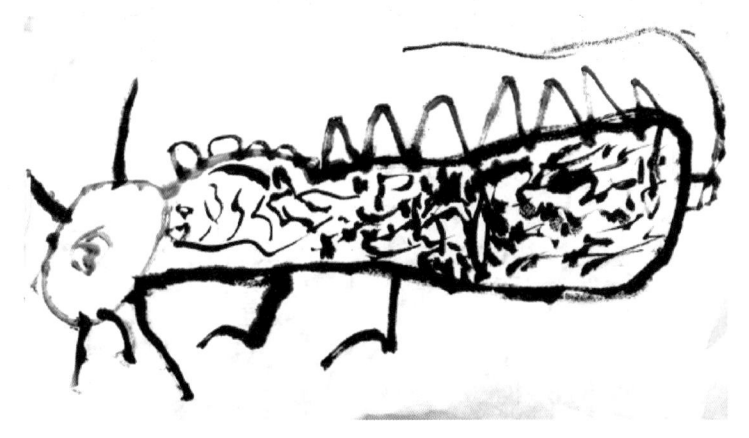

图 4-28　幼儿作品《吃饱的虫儿》

皮亚杰曾说 2 岁左右的儿童发生过一次"哥白尼式的革命"，即儿童已经获得客体永久性——虽然有的物体看不见、摸不着，但他们仍然知道这个物体是存在的。这种客体永久性在学前儿童绘画领域中的表现就是透明画。于是，皮亚杰认为学前儿童是在画他所知，而不是画他所见。

（四）最佳视觉面

幼儿在绘画时倾向于选取最能表现事物特点的角度进行表现，有时甚至将从不同角度看到的事物形象组合在一幅画面中。比如，画动物时，幼儿通常将头换成正面，而身体通常是侧面的。很多动物的典型面就是它的侧面，画的交通工具也是侧面的。人的典型面是正面，所以我们可以看到，正面的人是儿童画中常见的形象，而且正面人的两条胳膊一般都会端平。图 4-29 展示的是一个大班幼儿画的猫咪王国的世界，每只小猫的表情都很生动而且不一样，但是我们看到猫咪的脸都是正面的，还有 4 只猫咪的身体都是侧面的，这个角度更能表现出猫咪的造型特点。

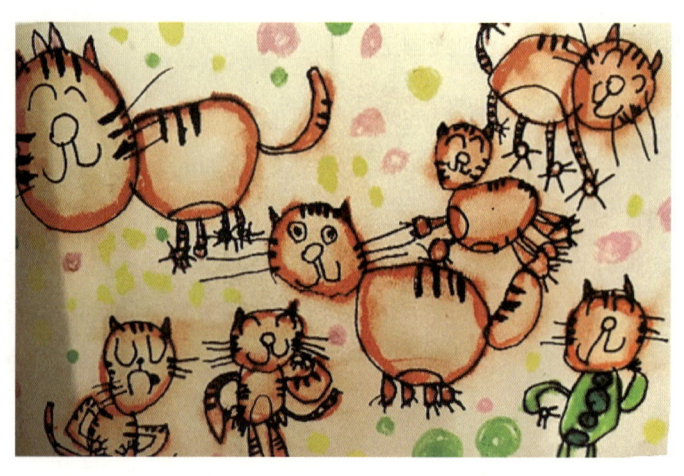

图 4-29　幼儿作品《猫咪王国》

（五）展开式构图（混合视点）

儿童画还会采用展开式构图（混合视点）的方式。幼儿将从不同视角观察到的事物在同一个画面上表现出来，画面中的人或物由中心点向四周展开。图 4-30 显示的是幼儿描绘的一个户外游泳馆，在这个作品中我们可以看到幼儿从不同的视角描绘的情景：游泳池里 3 个小朋友正在进行游泳比赛，他们有的蛙泳，有的仰泳，但都是从上往下看的俯视的视角；游泳池内壁上彩色的三角形和圆形间隔的瓷砖图案也是俯视的视角；画面右上角的救生员和左上角的更衣室、游泳圈、游泳池周围的绿植都是平视的视角；泳池左侧红白相间的遮阳伞又是仰视的视角。

图 4-30　幼儿作品《去游泳啦》

第二节 学前儿童绘画教学目标

根据学前儿童绘画能力发展的特点,结合学前儿童美术教育总目标,我们可以制定出学前儿童绘画教学的目标以及学前儿童绘画教学的年龄阶段目标。

一、学前儿童绘画教学的目标

绘画活动是儿童表达自我的工具,反映了儿童对世界的认知、对生活的感悟,是他们进行情感抒发的一个重要通道。学前阶段的绘画教育,主旨在于保护儿童的绘画天性,持续点燃儿童对绘画活动的兴趣,同时为儿童的绘画创作提供不同层面的支持。基于此,我们认为学前儿童绘画教学目标可以定位为以下四部分内容。

(一)喜欢绘画活动,能够体验绘画创作的乐趣

正如游戏一样,绘画是儿童的天性,是儿童重要的生活方式,我们甚至可以把绘画看作儿童用画笔和纸来进行的游戏活动。在绘画活动中,儿童能够从中直接获得各种需要的满足,而需要的满足带来的是快乐的情感体验。因此,培养儿童对于绘画活动积极的态度和倾向,让儿童能享受绘画活动带来的乐趣应该是绘画教育最为基本的目标,是有效进行绘画教育的前提和基础。

罗恩菲德认为儿童的艺术潜能是自然生长的,"假如儿童未经外界的干扰而成长,则他们的创造活动就无须任何特殊的刺激,每一个儿童都会无拘无束地运用创造欲望,而对他表现的方式充满了自信"[1]。成人应该正确看待并促进儿童艺术潜能的实现,不应以不适于儿童思想和认知的任何方式去阻碍儿童的自我表现。如果不能让儿童体会到绘画的快乐,儿童对绘画活动的兴趣是不会自然而然生发出来的,

---

[1] 罗恩菲德. 创造与心智的成长 [M]. 王德育,译. 长沙:湖南美术出版社,1993:12.

更不要说绘画潜能的自然发展。兴趣是催化剂，能不断促进儿童去学习和探索。

（二）通过对绘画知识和技能的学习，提升绘画表现能力

学前儿童心理和身体发展的年龄特征决定了在这个阶段他们还不需要也不具备接受系统绘画理论知识和专业化技法训练的能力。学前儿童绘画教育不能过分强调某种专业技能，也不是要培养画家，而应是一种绘画启蒙教育。但是基本的绘画知识和技能的学习还是必要的，它可以满足儿童通过绘画进行自主表达的需要，帮助儿童进行审美表现和创造。绘画能力的提高是幼儿生理和心理的自然成熟与学习的共同产物。

> **小贴士**
>
> 在学前儿童绘画教育中，一方面，我们要引导幼儿认识基本的颜色、线条、形状等美术语言，并使幼儿尝试在绘画创作中进行表现；要让幼儿认识、体验不同绘画工具、材料的特性，愿意探索和学习各种表现方法。另一方面，如果绘画知识和技能的学习不能围绕幼儿绘画创作的需要来进行，那么幼儿既不可能获得学习的动力，也不可能获得真正意义上的绘画表现能力的提高。正如罗恩菲德论述成人应该如何发展儿童的艺术技巧时提出的：一种艺术材料和其操作仅是达到目的的方法；技巧不能离开其内涵而独立地予以施教，使用得当的话，可以帮助儿童获得自我体验的欲望，或表现的冲动。绘画表现能力的提高也会进一步激发幼儿对绘画活动的兴趣。

（三）能大胆表达自己的情感和想法，按自己的意愿作画

绘画活动在很大程度上来说是一种创造活动，注重幼儿自由、大胆的表现，让幼儿以自己喜欢的方式综合使用多种绘画工具和材料进行创作。幼儿可以根据自己的生活经验，独立确定绘画的内容和主题，自由选择绘画的工具和材料进行创作，这个过程会让幼儿获得极大的成就感和满足感。教师要支持和鼓励幼儿富有个性地、创造性地表达，让幼儿自由释放自己的情绪，在美术活动中快乐地成长。幼儿会把这种积极的情感体验迁移到其他活动中。幼儿在绘画活动中获得的对自己的认识、对掌控材料后的快乐、对探索的好奇等都会成为幼儿受益终身的宝贵经验。

（四）养成良好的绘画习惯

绘画习惯主要指幼儿在绘画活动中取放、使用绘画工具和材料的习惯。教师从

小班开始就要在绘画活动中建立必要的活动常规。例如，不同颜色的颜料要放在各自的小盘子或者笔筒里，每种颜色都有各自相对应的笔，不能用同一支笔蘸取不同颜色的颜料。如果是用手指作画，用过一种颜色后要先用抹布将手指上的颜料擦干净后再蘸另一种颜色的颜料。此外，教师应为幼儿的绘画创作提供较大的纸张，让幼儿从小就能习惯在大纸上自由构图、大胆作画。

二、学前儿童绘画教学的年龄阶段目标

（一）小班绘画教学活动目标

（1）喜欢参加绘画活动，在作画过程中愉快、大胆。

（2）初步认识和学会使用常用的绘画工具和材料，如油画棒、水彩笔、棉签、颜料、印章等，逐渐养成良好的工具操作习惯。

（3）能认识并命名红、黄、蓝、绿、橙、紫等基本色，初步学习使用多种颜色绘画。

（4）认识直线、曲线，以及圆形、长方形、正方形、三角形等基本线条和形状，初步尝试使用这些线条和形状进行造型活动，表现生活中熟悉、喜爱的物体的轮廓特征。

（二）中班绘画教学活动目标

（1）喜欢画画，能大胆地按照意愿创作，表达自己的想法和感受。

（2）能认识常见的12种颜色，学会分辨同种颜色的深浅，喜欢使用更丰富的颜色进行绘画，开始学习按照物体的固有色着色。

（3）认识更多的线条和形状，并能初步用这些线条和形状表现事物的基本结构和主要特征。

（4）初步在画面中表现物体之间上下、左右的位置关系。

（三）大班绘画教学活动目标

（1）乐于尝试使用多种绘画工具和材料，并能综合运用进行绘画创作，体验大胆创意的快乐。

（2）能采用对比色、同种色等配色方法对画面色彩进行搭配，画面的色彩协调，能用色彩表达自己的情感。

（3）能将自己的生活感受和想象中的人、物的轮廓结构、动态、细节较为完整地表现出来。

（4）能在画面中初步表现更多简单的空间关系、主题与背景之间的关系。

学前儿童绘画教学年龄阶段目标的确立要考虑儿童绘画能力发展的特点、心理发展和动作发展的成熟。从小班到大班，目标涉及的内容更多、更广、更深，要求也不断提高。例如在小班，在操作工具和材料方面提出的要求是"初步认识和学会使用常用的绘画工具和材料"，而到了大班，要求是"乐于尝试使用多种绘画工具和材料，并能综合运用进行绘画创作"。虽然要求在逐渐提高，但也是符合儿童的年龄特点和可能达到的发展水平的。

第三节 学前儿童绘画教学活动的基本环节与组织实施

学前儿童绘画教学活动实施的主要途径是幼儿园集体绘画教学活动。幼儿园集体绘画教学活动的组织包括哪几个基本环节？实施绘画教学时要注意什么？这是本节将要和大家一起分享的内容。

一、学前儿童绘画教学活动的基本环节

（一）导入与激趣

导入与激趣环节的目的是教师通过一定的导入方式，使幼儿尽快集中注意力，吸引幼儿的学习兴趣，从而为后面的学习奠定基础。常见的导入方式有直观形象导入、情境导入、语言导入、游戏导入等。但是需要注意的是，导入与激趣环节不宜让幼儿过于兴奋和激动，过于亢奋的情绪状态会影响幼儿后面学习的有效性。

感知与体验环节案例

（二）感知与体验

幼儿的绘画创作经历了从输入到输出的过程。感知与体验环节就是

一个输入的过程。教师要带领幼儿一起感受自然、感受生活，积累创作的素材。感知与体验的过程也是幼儿对自然、社会生活中美的事物和艺术作品进行欣赏、感受，获得内在体验，吸收和拓展相关经验，积累视觉语言和符号的过程。

幼儿对绘画创作原材料的获取是通过他们的感觉器官，主要是视觉器官来进行的。例如，幼儿看到一只小狗，通过视觉获得关于一只小狗的颜色、头部和身体各部分的造型等信息，通过触摸感受到小狗的毛茸茸，这些信息通过审美感受器官进入大脑形成记忆，完成对审美创作材料的存储。

（三）探索与发现

探索与发现环节主要是对美术操作技法或各种工具和材料特性及使用方法的探究与尝试。罗恩菲德强调艺术始于幼儿对感觉经验所做出的反应，而感觉经验需要幼儿充分与环境、材料的互动之后才可获得。需要说明的是，这一环节的活动有时也可以和下一环节的创作与表现活动相融合，在创作与表现的过程中幼儿边操作边探索。

（四）创作与表现

创作与表现环节是一个视觉输出的过程，幼儿在对大量艺术作品的感知与体验以及对艺术材料特性、相关操作技法等认识和掌握的基础上，通过创作与表现环节，可以将自己的经验、想法或情绪情感用艺术的手段表达出来。

幼儿将自己对事物的知觉和情感，能够以色彩、形状等为载体，通过绘画这种外在的符号形式表现出来。教师要引导幼儿将头脑中已经转化的审美意象进行输出，将之变成可视的二维空间的绘画作品，这是一个复杂的过程，不仅需要幼儿有主观的表达意愿，而且依赖于必要的绘画表现知识、技能以及教师提供的绘画工具和材料。创作与表现环节一般包括构思、操作两个阶段。

（五）欣赏与评价

欣赏与评价环节是绘画教学的最后一个环节，是幼儿对自己和同伴作品的欣赏、评价过程。传统的评价多是以成人为中心的，教师会按自己的标准选择自己认为画得好的作品进行展示和点评，常常是"教师讲、幼儿听"这种"一言堂"的评价形式。评价的内容无外乎就是"他用的颜色很多，画面色彩很鲜艳""他画得很像，画得很干净"等。在评价环节，幼儿完全没有话语主动权，处于被动的地位。如今，在学前儿童绘画教学活动中，无论是在评价的内容上还是形式上都发生了很大的变化，更强调让幼儿进行自我介绍，以同伴之间的互相欣赏和评价为主，要充分发挥幼儿的主体性，引导幼儿大胆表达自己的想法，幼儿之间相互交流、相互欣赏，共同提高。

　　以上5个环节是一个完整的绘画教学活动的比较典型的组织实施过程。在具体的学前儿童绘画教学中，教师还需要根据具体的活动内容、操作使用的工具和材料、本班幼儿已有的基础和特点进行教学设计和组织，有时可以一环接一环，有时可以合并某些环节，有时也可以调整环节顺序等。例如，如果某一活动中新的美术技法是学习探索的重点和难点，那么活动也可以从对工具和材料的探索与发现环节开始。

二、学前儿童绘画教学活动的实施要点

（一）导入与激趣环节实施要点

1. 导入与激趣环节的时间不宜过长

　　高唤醒状态和低唤醒状态都不利于幼儿对新授知识的学习。导入环节作为一节课的开始，要在最短的时间内调动幼儿的注意力和兴趣，让他们集中到即将学习的内容上来，使幼儿处于一种适宜唤醒的状态。一般来说，导入环节应控制在3分钟之内。导入时间过长，幼儿长时间保持对导入活动的注意力，势必会因为疲劳而影响后面的学习。

2. 要根据绘画教学的内容、本班幼儿的经验和兴趣选择最适宜的导入方式

　　导入的方式很多，教师一定要设计最为适宜的导入活动。例如，在中班"可爱的小蜗牛"活动中，教师考虑到幼儿刚学过《蜗牛和黄鹂鸟》的歌曲，于是在导入环节播放了《蜗牛和黄鹂鸟》的歌曲，引导幼儿在歌曲中进行简单的律动，学一学蜗牛爬行的动作。又如，在小班"夏日波点"活动中，教师事先让家长收集了许多孩子们穿过的波点的服饰，在导入环节教师创设了一个服装店，通过扮演店员的角色带领幼儿参观服装店，让幼儿身临其境，进入一个波点的世界。再如，在大班"天鹅"活动中，教师用圣桑的《天鹅》作为背景音乐，为幼儿讲述了天鹅的故事："瞧！在不远处的湖边，一只天鹅正向我们游来。它长着长长的脖子，全身的羽毛白得像雪。它就像一个优雅的公主，在湖面上秀出最美的姿态。它一会儿啄啄羽毛，一会儿伸长脖子眺望远方，似乎在等待远方的小伙伴。"

（二）感知与体验环节实施要点

1. 从感知与体验的对象来说，要力求生活化、多样化

　　幼儿感知与体验的对象既需要来自现实生活中，幼儿需要具有较多的体验性存

在的立体经验，教师还需要通过图片、视频等让幼儿获得一些平面经验。

立体经验是首选。审美经验是在个体与环境相互作用的过程中产生的。教师要创造条件，提供大量机会让幼儿不断与审美对象互动。比如，教师可以带领幼儿走出幼儿园，去田野、山林、公园、博物馆、美术馆等地方亲自感受，与环境互动。《3—6岁儿童学习与发展指南》提出"和幼儿一起感受、发现和欣赏自然环境和人文景观中美的事物。如：让幼儿多接触大自然，感受和欣赏美丽的景色和好听的声音。经常带幼儿参观园林、名胜古迹等人文景观，讲讲有关的历史故事、传说，与幼儿一起讨论和交流对美的感受。"例如，在大班绘画活动"墨竹图"开展之前，教师利用春游的机会带领幼儿走进公园的小竹林，让幼儿看一看、摸一摸、闻一闻，调动各种感官去全方位、全身心地感受竹子。在这个通感体验的过程中幼儿得到了关于竹子的一些体验，有了对竹子的初步感受，为接下来创作竹子积累了丰富的感性经验。

如果受条件限制幼儿无法获得有关事物的立体经验，那么教师可以利用绘画作品、摄影作品等图片或者视频让幼儿进行感知与体验。随着互联网技术的发展，教师只需要在计算机中输入关键词就可以通过网络收集到与教学相关的大量图片。教师在选择供幼儿感知与欣赏的图片时，除了要考虑教学目标的实现以及教学内容外，就图片本身而言，还应该具有审美性、典型性与多样性、层次性等。

> **小贴士**
>
> 首先，幼儿感知与欣赏的图片应该具有审美性，这样的图片才具有欣赏价值。教师可以选择形象美观、颜色鲜艳、大小适中，能带给幼儿较强视觉冲击力的作品。
>
> 其次，教师提供给幼儿感知与欣赏的图片既要具有典型性，也要具有多样性。这样既有利于幼儿掌握某一事物的基本结构，又有利于开阔幼儿的眼界，培养其想象力和发散性思维。例如，在中班绘画活动"蜗牛"的感知与体验环节，教师先通过播放一只蜗牛的视频（呈现了蜗牛身体各部分的结构以及局部造型），通过这个视频可以让幼儿感受蜗牛的外形特征：每只小蜗牛都有一个圆圆的、硬硬的壳，壳上有螺旋形的花纹，长长的、白色的身体，头上有两条细细的、长长的触角，触角的顶端有两只小小的眼睛。然后，教师出示了一系列不同场景中蜗牛的形象，这些蜗牛在颜色、大小、姿态上不太一样，有一只蜗牛在树枝上爬行，有两只蜗牛触角对触角，好像在交流，有三只蜗牛好像排好队在吃树叶……

> 最后，图片的选择和呈现也要考虑到层次性。这个层次可以是依据绘画的形式语言，教师从造型、色彩、构图等方面选择图片；也可以选择生活中幼儿熟悉的图片或大师的绘画作品；还可以按照从整体到局部或者由远及近的原则选择图片。例如，在大班"创意彩条装饰"活动中，教师从彩条纹的色彩搭配、彩条纹的线条方向的组合、宽窄相间的彩条纹的不同组合多方面引导幼儿发现彩条纹的秘密。

2. 从感知与欣赏的过程来说，教师要尽可能调动幼儿多种感官进行感知与体验

感知与体验环节主要是为了帮助幼儿仔细观察，丰富其表象经验，以便将其中蕴含的艺术语言、符号吸收内化到幼儿的头脑中，甚至迁移到其绘画创作中。所以，多样化的参与途径很重要。幼儿可以通过视觉的观察、语言的描述，还可以通过自己身体动作等多感官共同参与来进行感知与体验。例如，在小班绘画活动"虞美人花开了"中，当欣赏高低错落的几株虞美人花时，教师可以引导幼儿用动作表现虞美人花的姿态。

（三）探索与发现环节实施要点

1. 教师要为幼儿提供与操作材料充分接触和使用的机会

幼儿的操作意图是在与操作材料的接触中逐步产生的，因此，探索与发现的前提是要为幼儿提供其与操作材料充分接触和使用的机会。在操作材料的过程中，幼儿积极调动全身感觉器官以感知操作材料本身的质感、色泽、温度、形态、声音等特性，真正获得关于操作材料的个体感觉和经验。教师应避免用"示范""讲解"等方法将使用感受灌输给幼儿，否则会抹杀幼儿的探索欲望和创造力。例如，在小班"虞美人花开了"活动中，幼儿需要采用湿画法进行虞美人花的创作。但是对于小班幼儿来说，他们是第一次接触湿画法，于是，教师为幼儿提供了湿的纸，请幼儿先自己探索用水粉笔点在纸上，幼儿惊奇地发现纸上的点瞬间发生变化，这激发了幼儿进一步探索的欲望。于是，幼儿继续操作材料，在这个过程中他们发现点在纸上的晕染过程，笔在纸上停留的时间长一些，"花朵"就开得大一些，笔在纸上停留的时间短一些，"花朵"就开得小一些。

2. 探索与发现环节一般应以幼儿的自主探究、自我发现为主

对材料的自主操作及体验能够促进幼儿创造性、创新性思维的发展。当然，获得感知经验的体验探索过程同样具有重要意义。一方面，对材料的自主操作可以丰

富幼儿的感知经验，为其创造艺术作品积累有益素材；另一方面，自主操作材料实际上是幼儿主动探索的过程，不仅能够满足幼儿的好奇心、激发幼儿的求知欲，提升其艺术学习的兴趣，更重要的是在玩味材料中幼儿衍生出积极探索、敢于打破传统的学习方式，正是自主操作材料创造的宽松、自由的氛围成为幼儿创造力的生长环境。

在幼儿探索、尝试的过程中，教师更加细致、深入地观察，发现幼儿在操作过程中出现的共性问题和个性问题，找到哪些问题需要进行个别提示、启发，哪些问题需要集体解决等，最后可以进行必要的总结、提升。需要提出一点，并不是所有的活动内容都适合让幼儿先自我探究和发现。有些操作程序比较复杂的作画方式仅靠幼儿的探索比较难，比如版画的创作，教师可以直接演示后再请幼儿尝试，这样可以帮助幼儿较快地掌握制作方式，获得更多的成就感和乐趣。在这个活动中，技能只是帮助幼儿创作的一个手段，而幼儿自己创作版画的过程对他们来说才是更重要的。

（四）创作与表现环节实施要点

（1）创作之前教师要交代操作的要求，帮助幼儿进一步明确要构思、创作的主题，以及操作工具和材料的使用方法、要求。幼儿思维的具体形象性使得幼儿创作的构思需要基于对绘画工具和材料的了解或物体形状的联想。因此，在构思之前，教师需要详细介绍绘画创作需要用到的工具和材料以及相关的操作注意事项等。在这个基础上，教师通常通过提问的方式引导幼儿进行构思、创作。例如，在大班绘画活动"创意彩条装饰"活动中，教师介绍了自己收集到的白色或单色的物品，有的需要幼儿独立完成，有的需要幼儿两人合作完成，然后幼儿选好材料后回到自己的座位上进行构思。教师提问："如果今天请你来当设计师，你打算用彩条怎么来装饰呢？你打算用哪些颜色呢？你的彩条的线条方向、宽窄又是什么样子的呢？"尤其需要注意的是，教师引导幼儿构思所提出的问题一定要具体，不能只是泛泛地问"你打算怎么画？你打算怎么设计？"

（2）在幼儿操作过程中，教师要为幼儿创设宽松的心理环境。在创作过程中，宽松的心理环境是幼儿自由、大胆创作的基本保证。由于幼儿的小肌肉群发育还没有完全成熟，他们在作品中显现的"粗糙""不流畅"等现象是一种常态，也是不可避免的。因此，教师要充分认识到这一点，不能以成人的标准来要求幼儿，而要以尊重幼儿的创意为主，特别是不要轻易评价幼儿正在创作的作品。只有给予幼儿不断成长、不断协调发展的时间和空间，才能给他们带来安全感。教师也可以播放一些适宜的音乐作品，让幼儿的创作过程伴随着悠扬的音乐。

> **小贴士**
>
> 在视听互动的环境里,"通感"会发生奇妙的作用,使孩子们的心灵产生共鸣,"声情画意"可以激发、唤醒、解放幼儿的思维和想象力,从而使幼儿更好地进行审美表达和创造。教师可以选择一些欢快、活泼的轻音乐,如久石让、班得瑞的作品是比较适合幼儿在创作过程中播放的背景音乐。教师也可以根据绘画的内容和题材选择相应的曲目。例如,在中班"画生日蛋糕"绘画活动中,教师播放了不同版本、不同语言的《生日快乐歌》,为幼儿营造了一个愉悦的绘画创作环境。

在创作过程中,教师的角色应该定位为观察者和支持者。观察者,即教师观察幼儿在创作过程中出现的问题、存在的困难,幼儿在创作中发现的好方法,幼儿在操作工具和材料过程中养成的好习惯和好品质等,这些将帮助教师反思自己的教学,并为后面欣赏与评价环节的组织和开展积累素材。支持者,主要体现在教师要为幼儿操作工具和材料提供支持,对工具和材料及时进行补给。

(五)欣赏与评价环节实施要点

1. 教师要为幼儿的作品创设情境式的作品展示空间

在欣赏与评价之前,教师要先为幼儿提供作品展示的空间,如绘画张贴或手工作品摆设的地点,以便幼儿能够展示自己的作品,为欣赏做好准备。以往教师只是简单地将幼儿的作品展示在墙上或者黑板上,有时候会影响作品的呈现效果,缺乏审美性,甚至割裂了作品的意境。我们更希望教师能在作品展示上多下功夫、多做思考,使得展示空间更能衬托幼儿的作品,延续幼儿创作的经验,使整个绘画教学活动更加完整。例如,在大班绘画活动"好看的花窗"中,教师利用黑板、硬纸板等材料营造了一个江南园林建筑的风格。因为花窗是中国古代园林建筑中窗户的一种装饰和美化形式,既具有实用功能,又具有装饰效应,所以幼儿画好的花窗装饰在园林中会更加应景,与园林能够完美地融合。在大班"创意彩条装饰"活动中,教师事先布置好"家的一角",幼儿用彩条装饰的椅子、盘子、伞、花瓶、挂钟、衣服、裤子、鞋子都放回"家"里,用来装饰、美化生活环境,幼儿也能从中获得更大的成就感,进一步提高对美术活动的兴趣。

2. 从评价的内容上来说,作品评价与过程评价相结合

教师既要关注、评价作品本身,关注幼儿审美能力和创造能力的发展,更要关

注、评价幼儿在绘画创作过程中的点滴。幼儿的绘画作品是他们思想、情感和内心体验的表达。每个幼儿都有自己独特的想法，他们的作品都是与众不同的，所以对于幼儿作品的评价，很难用画得好或不好来评价，更不能用画得像不像来评价。只要幼儿的作品构思新颖、有一定创造性、材料运用恰当、能够表达自己的想法和情感，就应当得到成人的肯定和鼓励。切忌仅凭绘画中的某些线条、颜色来推断幼儿在绘画中甚至是心理中存在某些问题。关注幼儿在绘画创作中的学习品质、意志品质和学习习惯，也是评价的重要内容，这也恰恰对促进幼儿可持续发展尤为重要。幼儿是否能够专注、主动、独立进行创作，遇到困难会有什么样的表现，能否收拾整理工具和材料等，这些都需要教师在幼儿创作过程中仔细观察，在评价环节及时对幼儿的表现进行点评。例如，在大班设计书签的活动中，一个女孩精心画了一只蝴蝶，涂好颜色剪下轮廓。当她使用打孔机的时候出现了问题，孔打得太靠近边缘而无法穿丝带了。教师观察到这个女孩没有任何抱怨，遇到问题后没有着急寻求教师的帮助，而是迅速拿了卡纸又重新画了一只小兔子，这次她打孔的时候特别小心，终于成功了。可见这个女孩遇到困难时能迅速调整心态，教师对这个幼儿的学习品质进行了点评。

3. 从评价的方式上来说，采取幼儿自述、教师引导、同伴欣赏相结合的方式进行具体评价

幼儿自述可以帮助幼儿对自己的创作过程进行复盘，有利于培养幼儿的反思能力。教师可以提问"你是怎么画的？你有什么好的办法？你遇到什么困难？你是怎么解决的？可以和大家分享一下吗？"在大班"创意彩条装饰"活动中，教师观察到两个幼儿在合作用彩条纹装饰一把伞的时候采取了"你画一笔我画一笔"的合作策略，于是在评价环节教师就请这两个幼儿介绍了自己在创作过程中想出的好方法。

教师引导、同伴欣赏相结合的方式可以让幼儿在评价过程中学会关注别人、尊重别人，对消除以自我为中心，培养良好的自我意识具有重要作用。教师可以请幼儿说说"最喜欢哪一幅作品？为什么喜欢？最喜欢作品的什么地方？"等。教师引导评价就好比为幼儿学习如何进行评价搭建了一个"支架"，让幼儿明白如何评价一幅美术作品，能够对幼儿审美评价能力的培养起到正确的导向作用，从而为其评价能力的发展提供"支架。"例如当幼儿对回答自己为什么喜欢某幅作品有困难的时候，教师可以问："你是喜欢这幅画的颜色还是这些小动物的形象？"在幼儿回答的基础上，教师可以进行追问："它用了哪些颜色？这些颜色搭配组合在一起给你什么感觉？造型特别在哪里？"渐渐地，幼儿就在潜移默化中学会了可以从绘画作品的题材、颜色、造型等方面对作品进行评价的方法。在评价的过程中，教师也可以表达自己对作品的喜好，教师要明确说出作品好在哪里，不能模糊地说喜欢，这也为幼儿学习如何评价提供了示范。同时，教师也可以从绘画过程的角度进行评价，例如"你今天画得特别专心""你今天画画的时候动脑筋了，还用了和老师不一样的方法"等。

第四节 学前儿童绘画教学活动的案例与分析

小班绘画活动"小恐龙的水果礼物"案例与分析

一、小班绘画教学活动的案例与分析

⊙我的朋友会跳舞

（一）设计意图

对于幼儿园小班的孩子来说，他们逐渐摆脱分离焦虑的情绪，适应了幼儿园的生活。随之他们开始熟悉周围的同伴，愿意与同伴一起嬉戏玩耍，孩子的交往兴趣逐步提高。教师除了可以为孩子提供充分的交往与游戏的机会，还可以通过艺术活动增强孩子与同伴间的交往，使孩子感受到同伴交往的快乐。根据小班幼儿的美术关键性经验，小班的孩子能运用简单的线条进行绘画，并能表现线条的方向，因此本节活动的设计目标在于引导孩子创作正在跳舞的朋友，用线条表现朋友在舞蹈中的不同动作，体验与同伴游戏的快乐。

（二）活动目标

（1）通过舞蹈，感受每个人的舞蹈动作是不同的。

（2）通过观察朋友的长相，模仿跳舞的造型，能够运用线条表现舞蹈中的不同动作。

（3）通过添画线条的形式，感受表现舞蹈动作的乐趣。

（三）活动重难点

（1）重点：可以用简单线条画出朋友跳舞的形态。

（2）难点：在同一作品中表现出舞蹈的不同动态。

（四）活动准备

（1）经验准备：小朋友们都有跳舞、做早操的经验；会画简单的人脸，并会使用胶棒。

（2）物质准备：摄像装备，小朋友跳舞的照片1张，舞蹈音乐《哈哈笑》，幼儿人手一份美术材料（包括黄色卡纸、报纸剪成的小圆3个和大圆3个、黑色勾线笔1支、胶棒1个）。

（五）活动过程

（1）幼儿自由表达，激发对跳舞的兴趣。

教师："小朋友们，你们喜欢跳舞吗？让我们一起跟随音乐快乐自由地舞蹈吧！"

（2）幼儿倾听音乐《哈哈笑》，跟随音乐舞蹈。

教师："小朋友们在跳舞时，你的手可以向上、向下、向两边，还可以一边高一边低，腿也可以合拢或者分开。"

（3）幼儿欣赏跳舞的照片，观察人物相貌并模仿跳舞姿态。

教师："刚才我把小朋友们跳舞的样子都拍下来了，瞧一瞧，这是谁？他长什么样子？（有五官、四肢）他在做什么？"

教师："他是怎么跳舞的？谁来说一说？（手是怎么样的啊？脚呢？）我们一起来做一做。"

（4）幼儿欣赏跳舞视频，感受各种舞蹈造型。

① 初次欣赏视频，引起幼儿的好奇心。

教师："我们再来看一看视频里其他小朋友舞蹈吧！"

② 再次欣赏视频，引导幼儿仔细观察朋友跳舞的姿势。

教师："谁会跳舞？你的朋友会跳舞吗？他是怎么跳舞的？我们请大家再来看一看你的朋友是怎么样跳舞的？"

（引导幼儿模仿朋友的舞蹈造型，丰富幼儿四肢向上、向下、向两边、一边高一边低等动作）

教师："请你来模仿一下你的朋友，手是怎样的？脚是怎样的？请你也来跳一跳。你的朋友还会做什么样的动作呢？我们再来瞧一瞧，一起跟着朋友的舞蹈动作做一做吧！"

（5）幼儿熟悉创作材料，尝试让朋友"跳起舞来"。

① 引导幼儿尝试拼接人物的头和身体。

教师："今天老师给大家带来漂亮的纸，我们一起让朋友在纸上跳起舞来吧。"

教师："你觉得这两个圆形像我们小朋友的什么部位呢（头和身体）？可以怎么拼起来呢（小圆在上，大圆在下）？"

② 教师引导幼儿尝试用马克笔给朋友添画五官。

教师："我们好朋友的脸上都有什么呀？请小朋友们用马克笔画出他们的

样子。"

③ 教师引导幼儿绘画四肢（见图4-31、图4-32），强调朋友舞蹈造型的不同，并引导幼儿伸出手指一同感受线条的多样和有趣。

图4-31　幼儿创作《我的朋友会跳舞》（一）　　图4-32　幼儿创作《我的朋友会跳舞》（二）

教师："谁来做一做都有哪些舞蹈造型呢？谁想来画一画？他的手和脚是可以向不同的方向伸展的。谁愿意来当模特，谁愿意来当小画家试一试呢？我们一起伸出小手来画一画。"

④ 幼儿自由创作，教师提醒幼儿注意线条的方向是可以向四处延伸的（向上、向下、向两边）。

（6）幼儿相互交流，增进同伴情感，体会创作的乐趣。

教师请小朋友们说一说画的是谁，根据自己的创作向大家展示舞蹈造型（见图4-33）。全班幼儿一起学一学这些舞蹈造型。

图4-33　幼儿作品《我的朋友会跳舞》

(六）案例评析

小班的孩子喜欢模仿，教师正是抓住了孩子这种心理，让孩子去观察模仿，激发孩子的学习兴趣，感受舞蹈动作的丰富性。教师让孩子多次观看视频，一方面是因为小班幼儿的观察能力和记忆能力偏弱，另一方面是为了让孩子捕捉到多个不同的舞蹈动作。充分观察可以帮助孩子有创意地进行创作，这是重要的图像输入环节。在观察、模仿的过程中，孩子了解了舞蹈动作的千姿百态；在探究过程中，伸出小手一同比画，感受线条的方向与变化……活动的始终，孩子一直在轻松愉快的游戏氛围中度过。

这个活动对幼儿发展的价值也是多元的。幼儿对线条的认识、线条变化的丰富性有所认知，还学会运用线条，学习表现线条的方向。除了这些与美术知识和技能相关的本体价值，跳舞的环节、同伴间相互交流的环节，也能让幼儿充分感受舞蹈的乐趣和与同伴交往的快乐。

（汪晨蕊）

⊙ 放烟花

（一）设计意图

小班幼儿正处于对颜色认知的重要时期，他们很喜欢玩颜色，在玩的过程中可以感知丰富的颜色，感受色与色之间融合创造的色彩、线条的美感。我们开展过一次在立起来的面上玩颜料的活动，活动主要是让幼儿感受各色颜料从纸的上面流下来，形成类似于瀑布的视觉效果，有汇聚成线条的"水柱"，有连在一起的彩色"水帘"，也有汇聚在一起的"小水洼"。幼儿在玩耍的过程中能看到它们的动态变化，非常有意思。烟花有变幻莫测的造型和绚丽的色彩，这种视觉上产生的强烈的冲击力深受幼儿喜欢，于是我们想到把气球装上水并拴上绳子，蘸上颜料作为涂鸦工具，幼儿一定很会非常开心。

（二）活动目标

（1）能大胆扔气球，感受气球破裂瞬间带来的色彩和线条的视觉冲击力。

（2）感受多种色彩叠加产生的视觉效果，感受色彩融合产生的画面变化。

（3）愿意参加玩色活动，体验玩色的乐趣。

（三）活动准备

（1）经验准备：幼儿有玩色的经验。

（2）物质准备：烟花视频和图片，各色水粉颜料（稍微干点儿），气球（将颜料事先装在气球里，打结备用），白布（一整条，粘贴在户外墙壁上），幼儿罩衣若干。

（四）活动过程

（1）通过谈话活动，教师引导幼儿回忆对烟花的经验，播放烟花视频，引出主题。

教师："你们看见过放烟花吗？你们是在哪里看到烟花的？什么时候会放烟花呀？你看到的烟花是什么样子的呢？"

（2）教师播放烟火表演的视频以及烟花图片，带领幼儿感受烟花的美。

① 通过烟花视频，进一步调动幼儿的经验，初步感受烟花带给自己的整体视觉感受。

教师："快到儿童节了，我也给你们准备了一场精彩的烟花表演，我们一起来看看吧！你刚才看到什么样子的烟花？给你什么感觉？让你想到了什么？"

② 教师通过烟花图片，带领幼儿进一步感受烟花的线条和颜色的交融。

教师："烟花都有哪些颜色呢？你看到哪些线条啊？烟花在天空'跳的舞蹈'都是一样的吗？你可以学一学吗？你们还听到了什么声音吗？能学一学吗？"（幼儿感受拟声词带来的幽默、快乐）

教师小结："烟花在天上跳出了各种各样的舞蹈，颜色也是变来变去的，可好看呢；而且，在它们跳舞的时候，它们还会唱出'嘭—啪—霹雳霹雳、啪啦啪啦'的歌。"

（3）师幼共同探索让气球变身烟花的方法。

① 教师出示装上颜料的气球，让幼儿摸一摸，探索气球的特别之处。

教师："这个气球跟我们平时看到的气球有点儿不一样，我请小朋友来摸摸看。摸起来怎么样？把这个气球放在手里感觉怎么样？"

教师小结："气球们想来参加我们的节日庆祝。可是我们的节日是在晚上庆祝，看不见这些美丽的气球，于是气球来了一个大变身。它们就'喝'了许多漂亮的颜色，把自己变身成了烟花。"

② 教师示范气球变身烟花，引导幼儿仔细观察。

教师："我们现在就要开始庆祝节日了，'天空'就在墙壁那里，现在我们就去放气球烟花吧！"

教师将一个气球使劲儿地砸到白布上，让幼儿感受气球破裂后颜料在布上散开，如同盛开的烟花。

③ 教师分别请几个幼儿也来试试气球变身烟花，鼓励幼儿大胆扔气球。

教师引导幼儿发现色彩和线条的爆破瞬间和交融的美感。

（4）教师营造节日氛围，激发幼儿创作兴趣，带领幼儿一起去"放烟花"！（见图4-34、图4-35）

教师事先在户外布置好"天空"，幼儿穿上罩衣，一起把气球变身烟花。教师重点要鼓励幼儿大胆、用力扔气球。

(5) 幼儿欣赏作品，交流快乐。

重点让幼儿分享创作过程中的快乐，让幼儿自由表达自己创作的烟花。

教师："今天你们做了什么？开心吗？说说哪些烟花是自己变出来的，最喜欢哪朵烟花。"

图4-34 幼儿创作《放烟花》活动现场（一）

图4-35 幼儿创作《放烟花》活动现场（二）

（五）案例评析

烟花的色彩冲击力和形态语言一直吸引着幼儿，让幼儿很兴奋，很容易将自己观察到的烟花和生活中的具体形态进行匹配。这个活动的特别之处是用气球来创作烟花，这对幼儿来说很新颖。教师要让幼儿用力把气球砸向白布，当幼儿看到"烟花"的时候可以引导幼儿自己去发现"气球是怎么变成烟花的"。教师要注意两点：一是气球的选择。气球应该选择小而薄的，装上颜料后既适合小班幼儿握住，又能轻松被砸破，让幼儿体验其中的乐趣。二是对颜料的量的把握。颜料应该装到气球能撑到的比较大的范围，这样更容易破裂。如果颜料太少，气球撑得不够薄，扔过去总是不破，那么活动的乐趣和幼儿参与的积极性可能就会大打折扣。教师还要提醒幼儿用力"扔"或"砸"，要让气球砸到布上就破裂。除了气球要薄点儿外，还需要幼儿用力气才行。有时候，气球碰到布就破了，"烟花"盛开了，幼儿发出了"哇——"的惊叹声；有时候，气球扔过去没有破又滚了回来，幼儿高兴地捡了起来，用更大的力气扔了过去，就这样不断地重复，幼儿乐此不疲，"烟花"也越开越美。

（赖秀兰）

二、中班绘画教学活动的案例与分析

⊙ 盐画——蒲公英

（一）设计意图

春夏交替之际，毛茸茸的蒲公英来到了我们身边。在冬季雪天，撒

中班绘画活动"竹"案例与分析

盐开花变雪的经验同样可以运用到春天的蒲公英上，进一步在形象上得到提升和装饰。盐特别的晶体构造在水彩纸上能够开出特别的"花"，在厨房随处可见的、普普通通的盐竟然能有如此特别的一面，幼儿在操作中能够感受到自然的奇妙。《幼儿园教育指导纲要（试行）》提出艺术教育的目标是幼儿能初步感受和喜爱环境、生活、艺术中的美，喜欢参加艺术活动，并能以喜欢的方式进行艺术表现活动。盐开出的"花"，像冬天的雪、天上的星星、飞舞的毛毛……生活的经验在"盐画"中得到了拓展，毛茸茸的蒲公英也由此诞生，并且进一步在形象上进行了丰富。

（二）活动目标

（1）感受盐在水彩上"开花"形成的特殊纹理。

（2）通过观察、讨论，尝试撒盐在水彩纸上，形成蒲公英毛茸茸的形态并进行装饰。

（3）在撒盐创作过程中，感受美术活动的乐趣。

（三）活动准备

（1）经验准备：幼儿接触过盐，尝试用盐在水彩上进行创作；在系列主题活动中和家长一起在自然环境中观察过蒲公英。

（2）物质准备：每组一份盐，调配好的黄、绿等颜料，毛笔，喷壶，大小不同的塑料圈（如瓶盖内的塑料密封圈），干抹布，人手一份水彩纸（封胶于垫纸板上），轻音乐。

（四）活动重难点

（1）重点：感受盐在水彩纸上"开花"形成的特殊纹理。

（2）难点：尝试撒盐在水彩纸上，形成蒲公英毛茸茸的形态。

（五）活动过程

（1）音乐导入，师幼共同随乐律动，激发幼儿兴趣。

教师："蒲公英宝宝们，喜欢这段音乐吗？听完之后感觉怎么样？"

教师小结："我也很喜欢你们这样××、××的蒲公英！"

（2）欣赏图片，师幼对蒲公英细节的创作进行讨论。

① 教师出示图片（见图4-36），师幼一起观察描述。

教师："你们看！蒲公英多美丽啊！谁来说一说它的样子？"

教师小结："蒲公英的脑袋看起来圆圆的、毛茸茸的，很可爱，还有一根细细长长的身体。"

② 幼儿观察发现蒲公英高高低低的特征以及疏密关系（见图4-37、图4-38）。

教师："你们看图片，猜一猜草地里的蒲公英在干什么？那这张蒲公英呢？"

教师小结："蒲公英们有的高高的，有的低低的；有的挨得近一些，有的挨得远一些。"

图4-36 蒲公英摄影作品（一）　　图4-37 蒲公英摄影作品（二）

图4-38 蒲公英摄影作品（三）

（3）幼儿探索蒲公英创作材料。

① 幼儿自由想象在照片之上创作蒲公英的方法。

教师："这些即将出发去远方的蒲公英想带些合影去旅行！它们想请我们小朋友帮个忙！可以用什么方法在照片纸上画出蒲公英呢？"

② 教师请个别幼儿进行示范操作，进行讨论。

教师："你们真的好厉害，有这么多的好方法。其实我们的盐宝宝也能变出毛茸茸的蒲公英呢！想不想试一试？你们看！这就是神奇的小魔圈。"

教师："瞧！出现了什么？但现在的蒲公英好像还需要你的帮助，你觉得你可以怎么来帮帮它？花轴上有团在一起的褐色小种子，它们身体的小细柄托着一簇簇绒毛，细细长长的身体随风飘荡。"

（4）伴随轻音乐，幼儿进行创作（见图4-39、图4-40），教师巡回指导。

教师："那接下来的时间就交给你们来创作蒲公英的合影吧！请每个小朋友轻轻地去找一个你喜欢的照片纸进行创作。"

（5）教师展示幼儿作品（见图4-41~图4-43），进行评价和分享。

教师："小朋友们，看！这些都是你们变出来的蒲公英，你最喜欢哪幅蒲公英

139

呀？它们可能在干什么？谁想来猜一猜蒲公英的小秘密？"

图 4-39 幼儿创作盐画（一）　　图 4-40 幼儿创作盐画（二）

图 4-41 幼儿作品蒲公英墙

图 4-42 幼儿作品《蒲公英》（一）　　图 4-43 幼儿作品《蒲公英》（二）

教师小结："今天，我们一起用什么方法变出了毛茸茸的蒲公英呀？其实，生活中一些常见的东西有时候也可以为我们变出美丽的作品。那我们回家的时候也让

爸爸妈妈猜一猜这个神奇的好方法吧!"

(六) 案例评析

盐,对幼儿来说并不陌生,它是日常生活中不可或缺的调味品,同时也是创意美术活动中很有意思的一种新型画材。由于幼儿有用盐进行绘画创作的经验,本活动的重难点其实聚焦在对蒲公英的细化表现上。为了帮助幼儿更好地控制撒盐的力度,在操作过程中教师和幼儿一起创编了"魔法口诀",这种简单、轻快的口诀不仅使幼儿在操作过程中潜移默化地控制了自己的撒盐量以及动作,而且给撒盐的"魔法游戏"增添了一些趣味性,强化了幼儿在活动中的专注力。但如何撒出聚散效果或者有范围需求的效果,教师引导幼儿进行讨论是必不可少的,幼儿对于控制形状的"材料"提出了各种各样的建议,最终我们一起选择了易于取放的瓶盖内的塑料密封圈来进行操作。这个活动培养了幼儿的问题解决意识和解决问题的能力。

(端木和清)

⊙ 我们的地毯

(一) 设计意图

关于幼儿园传统的"格子画",活动形式往往仅限于在桌面上画格子或者粘贴格子。其实,幼儿园的操场也能成为幼儿天然的"大画板",可以让幼儿在上面尽情地玩耍和创作。基于此,"我们的地毯"这一活动应运而生。

(二) 活动目标

(1) 发现日常生活中和大自然中的"格子",感受"格子"的艺术美。
(2) 能大胆构思并表现自己的"格子田野"。
(3) 体验与同伴共同创作"格子地毯"的乐趣。

(三) 活动准备

(1) 经验准备:幼儿已有画格子或者粘贴格子的经验。
(2) 材料准备:教学PPT、一块格子图案的方巾;正方形卡纸(黑色4张、白色4张、米色6张、黄色6张、棕色5张),按颜色摆放在操场上;一套形状、大小不固定(正方形、长方形),四周用黑色胶带贴上边框的卡纸;水粉颜料(黑、白、黄、绿、蓝、紫),大号、中号水粉笔若干。

(四) 活动过程

(1) 导入部分。

① 教师将一个格子图案的方巾铺在地上作为一块独特的"格子地毯",从而导入活动,引导幼儿发现图案的特别之处,引发幼儿对格子的兴趣。

教师："你在上面发现了什么？有什么颜色？上面的方块一样大吗？"

教师小结："这个小地毯上有经典的格子图案，上面有黑、白、米、黄、棕5种颜色。"

② 游戏：拼格子地毯。幼儿共同合作，拼出一张正方形的"格子地毯"（见图4-44），然后让幼儿站远一点儿欣赏，如此进行2~3次的尝试。

教师："现在，我们要在地上拼出一块大大的'格子地毯'。我们有25个小朋友，小地毯也是25张，所以，每个小朋友可以选一张自己喜欢的颜色来拼。"

教师重点讲解游戏规则。

教师："5个小朋友自由组合成一组，然后用自己的小毯子拼一排。秘诀是拼的时候不能有缝隙，而且相邻的颜色尽量不要相同才完美。"

图4-44 幼儿在户外设计"格子地毯"

（2）幼儿感知和体验田野中自然的格子图案。

① 欣赏田野中的自然格子，感受大自然的美（见图4-45、图4-46）。

图4-45 田野中自然的格子图案（一） 　　图4-46 田野中自然的格子图案（二）

教师："刚才我们在操场上拼出了漂亮的'格子地毯'，我们的操场一下子就变了样子。其实，在大自然中，也藏着许许多多美丽的'格子'。"

教师:"这些是什么?看到这样的田野你有什么感觉?这些田野是什么形状的?都有什么颜色?你们知道为什么会有这些颜色吗?这些'大大的毯子'都是由许许多多方块的田野组成的,每块田野里都生长着不同的植物,你们猜猜都有哪些植物?"

教师小结:"原来这些大大小小的格子就是田野,农民伯伯在田野里种上了稻子、油菜、花朵……所以田野就变成彩色的了。这些彩色的田野就像是铺在地上的一块大大的毯子,好美呀!"

② 教师出示第二套卡纸,幼儿尝试设计自己的"小地毯"。

教师:"我这儿也有许多大大小小的田野,请每个小朋友选择一块。在田野上可以种上植物,你准备种些什么呢?它是什么颜色的?"

教师:"那现在我们就用桌上的颜料把这些东西变出来吧!"

(3) 幼儿拼出多彩的地毯。

幼儿将自己完成的作品拿到户外,和同伴共同拼出多彩的"地毯",组合的方式可以随意变化,直到拼出大家满意的图案(见图4-47)。

图4-47 幼儿拼多彩的地毯活动现场

(4) 师幼一起玩"田野变变变"的游戏,欣赏幼儿创作的"格子田野"。

教师:"远远地看,我们的'格子田野'美不美?你最喜欢哪一块田野?为什么?请你介绍一下自己的'格子田野'。下面我们来玩一个游戏,每个人找到自己的那一块田野,我们重新拼出两块更好看的田野吧!"

(五) 案例评析

在这个活动中,幼儿对格子图案的感知和欣赏,从教师的格子方巾再到田野中的格子,由近及远,教师带领幼儿逐渐开阔视野,从感受生活中美的事物到感受大自然独特的美,欣赏的层次性非常明显。游戏贯穿活动的始终,吸引着幼儿的兴趣以及参与活动的积极性。从导入部分的玩"拼格子地毯"游戏到活动结束玩"田野变变变"的游戏，幼儿沉迷于对"格子地毯"或者"格子田野"的各种搭配组合。这是一个需要与同伴共同完成的作品，只有在大家的拼贴工作完成以后才能呈现最后的效果。但这并不是最终的效果，"格子地毯"可以变，格子的位置变化了，组合的方式就会不一样。幼儿在操场这块大画板上忙碌着，"格子田野"也随之悄悄地变化。

（赖秀兰）

三、大班绘画教学活动的案例与分析

⊙ 手电筒照到的地方

（一）设计意图

手电筒是幼儿日常生活中常见的一种工具，它能发出光照亮黑暗，幼儿对手电筒是熟悉且充满兴趣的。通过观察、探索和想象，幼儿大胆地在透明塑胶片上创作手电筒照射的生活中的物象或想象中的场景。创作的工具是新颖的，幼儿的兴趣很浓厚，在创作中体验手电筒照射的乐趣，从而提高审美表征能力。

（二）活动目标

（1）探索手电筒照射物体的变化，猜测照射场景，感受明暗对比。

（2）通过观察、探索、想象，大胆创作手电筒照射的生活中的物象或想象中的场景。

（3）体验探索手电筒照射的乐趣，大胆进行想象创作。

（三）活动重难点

（1）重点：大胆创作手电筒照射的生活中的物象或想象中的场景。

（2）难点：感受并表现手电筒照射物体的明暗对比。

（四）活动准备

（1）经验准备：幼儿有使用手电筒的经验。

（2）物质准备：手电筒实物若干个，在有遮光窗帘的活动室中手电筒照射某个角落的场景图片（制作成PPT），A4黑色卡纸及相同大小的透明塑胶片人手一张，手电筒模型人手一张，双面胶，彩色马克笔。

（五）活动过程

（1）幼儿探索感知游戏，发现手电筒的光线。

① 猜谜游戏，激发幼儿兴趣。

教师："老师带来了一个神奇的宝贝，请你们先来猜一猜宝贝是什么：一根铁

大班绘画活动
"紫藤花"案例与分析

柱胆不小，头戴玻璃平顶帽；一只眼睛亮闪闪，哪儿黑往哪儿瞧。"

教师："手电筒是用来做什么的？你们有没有玩过手电筒？想不想玩一玩？"

② 幼儿自主游戏探索，感受手电筒照到的地方的场景。

首先，幼儿探索感受手电筒照在教室某个角落的场景。

教师："拉上窗帘后我们的教室变得黑漆漆的，现在你还能看见周围的东西吗？现在手电筒就要发挥它的作用啦！"

其次，教师请一个幼儿打开手电筒照向一个角落。

教师："你看见了什么？它是什么样子的？是什么颜色的？旁边的物体你看得见吗？"

最后，教师请一个幼儿打开手电筒照向一个角落（游戏数次）。

教师："你又看见了什么？"

教师小结："我们能清楚地看见手电筒所照到的地方的物体的样子和颜色。没有照到的地方还是看不清楚的。"

（2）幼儿交流想象并大胆尝试表现手电筒照射的场景。

① 幼儿观察图片，猜测手电筒照在哪里。

教师："老师这里有一些场景的小角落，请你猜一猜这是手电筒照在哪里？"

（幼儿自由讨论，如照在公园里、马路上、超市货架上等）

② 幼儿自由想象，自己的手电筒会照射在哪里。

教师："假如给你有一个手电筒，你会照向哪里呢？你会看见什么？"

（3）幼儿了解绘画材料，尝试表现手电筒照射的场景（见图4-48～图4-50）。

图4-48 幼儿创作手电筒照到的地方活动现场（一）

图4-49 幼儿创作手电筒照到的地方活动现场（二）

图4-50 幼儿创作手电筒照到的地方活动现场（三）

教师："我们可以怎样表现出你看见的手电筒照射的场景呢？请小朋友们将想象的场景画在塑胶片上，手电筒是空白的，你可以给它添上好看的装饰。完成后让我们一起来看看会发生什么神奇的事情吧！"

教师："老师这里有一张黑色卡纸，就像黑夜一样，当手电筒照射过来时（将塑胶片和黑卡纸的三条边贴合，将手电筒的空白部分插进去），你会看见什么呢？"

（4）幼儿集体欣赏作品，交流创作体验。

① 教师将幼儿的作品集体展示出来（见图4-51）。

② 请小朋友围着作品看一看，猜一猜。

教师："请你猜一猜，这些图片上的手电筒分别照射在哪里？你是怎么知道的？"

③ 教师将幼儿作品装订成册放在益智区，供幼儿猜测和想象。

图4-51 幼儿作品《手电筒照到的地方》

（六）案例评析

该活动最新奇之处是教师利用手电筒让幼儿发现、感知明与暗的世界，满足幼儿的好奇心和探索的欲望。活动以猜谜游戏为导入，激发幼儿的兴趣，引出"手电筒"。幼儿通过自主游戏探索，感受手电筒照射物体的变化，猜测照射的场景，感受明暗对比。创作的材料、过程也是与众不同的，不断带给幼儿新的发现和惊喜。除了用塑胶片作画贴到黑色卡纸上表现手电筒照射的场景外，幼儿还可以直接在白色纸上绘画，给光照到的地方涂色，其余部分用黑色线描，也能达到明暗对比的效果。将幼儿作品装订成册放在益智区供幼儿继续猜测和想象，也是将幼儿的新经验进行巩固和延续的一种方式。

（陆宇）

⊙ 今天我值日

（一）设计意图

在幼儿园，每个小朋友都当过值日生，并引以为豪，他们还会经常在私下交流做值日生的感受。考虑到连环画的美术教学内容适合大班幼儿的年龄阶段，且幼儿积累了一定的阅读连环画的经验,因此教师设计了本次活动。根据幼儿日常做值日生的经验,引导幼儿学习采用连环画的方法表现自己在做值日生时的工作场景,培养其愿意为集体做事、为他人服务的意识,体验做值日生的自豪感、责任感。

(二)活动目标

(1) 回忆自己做值日生时的场景,知道值日生的工作内容。

(2) 通过经验回忆、图片观察、交流讨论等方式,学习采用连环画的方法表现自己做值日生时的工作场景。

(3) 愿意为集体做事,体验为他人服务的快乐,有做值日生的自豪感、责任感。

(三)活动准备

(1) 经验准备:幼儿有做值日生的经验。

(2) 材料准备:教师拍摄幼儿做值日生的场景照片,圆形铅画纸、底纸、蜡笔、水彩笔、胶棒。

(四)活动过程

(1) 导入部分,教师引入值日生话题。

① 教师出示班级幼儿在做值日生时的照片,引入话题(见图4-52)。

教师:"他们在做什么?他们为什么要做这些事情呢?你们做过值日生吗?你们喜欢做值日生吗?为什么?"

② 集体练习并演唱歌曲《值日生歌》。

教师:"前段时间我们刚刚学习了一首关于值日生的歌曲。我们一起来把这首歌唱一遍吧,做一个快乐的值日生!"

(2) 幼儿回忆及讨论值日生的日常工作。

① 回忆:自己在做值日生时的场景。

教师:"你在做值日生的时候,做了哪些事情?做这些事情时你有什么感觉?"

教师小结:"做值日生时我们会觉得很自豪、很开心,感觉自己真的长大了,变得很能干了,是大班的哥哥姐姐了!"

② 讨论:我喜欢的值日生工作。

教师:"你在做值日生时,最喜欢做的工作是什么?做这件工作的时候先要干什么,再干什么,最后还要干什么?工作完成后你的心情怎么样?"

教师:"值日生需要做的不仅是一件事情,一天当中还有很多事情等着值日生去完成,你还喜欢值日生的哪些工作呢?"

教师小结:"班级中有很多事情需要小朋友们来完成,能为班级做事、为大家服务是一件很快乐的事情。所以做值日时小朋友一定要认真、仔细,不能马马虎虎。"

(3) 幼儿交流想象，讨论表现值日生日常工作的绘画方法。

① 师幼谈话，引出连环画的绘画方式。

教师："就像刚才小朋友们所说的一样，在做值日生工作时，有的先做、有的后做，是有一定顺序的，我们可以采用什么样的绘画方式表现有顺序的画面内容呢？"

教师："小朋友看的连环画，是用一页一页的画面来讲故事的，你们想不想把你们做值日生的过程采用连环画的方式表现出来？"

② 幼儿采用连环画的方式表现值日生的日常工作。

教师："你想用几幅画面来表现你做值日生时的故事呢？你会怎样设计画面呢？几幅画面讲同一个故事，还是讲不同的故事？"

教师："其他小朋友们如何知道你所画场景的顺序呢？"（标上数字记号）

(4) 幼儿采用连环画的方式创作做值日生时的场景（见图4-53）。

① 教师交代创作的要求，和幼儿一起讨论创作时的注意事项。

教师："我们先在圆形铅画纸上设计做值日生时的场景，依据画纸的大小把场景的主要内容画得大一点儿、突出一点儿。对于画好的圆形铅画纸，我们要按顺序粘贴在淡色底纸上，画面可以略微交错一些，这样更美观。记住一定要在各场景的一边标上数字记号，这样我们才能按照你的顺序来阅读你做值日生的故事。"

图4-52 幼儿做值日生照片　　图4-53 幼儿创作做值日生时的场景

(5) 作品组合欣赏，幼儿交流创作体验（见图4-54、图4-55）。

① 教师将作品放在一起，幼儿看一看、说一说。

教师："互相猜一猜画面的内容是什么、图片中的小朋友在做什么事？"

图 4-54 幼儿作品《今天我值日》（一）

图 4-55 幼儿作品《今天我值日》（二）

教师："你最喜欢谁设计的值日故事？为什么？"（引导幼儿从构图的美感、内容的丰富等方面说明）

教师："在画连环画的过程中，你觉得什么地方最难？后来你克服这个困难了吗？是怎么克服的？"

② 教师将幼儿设计的连环画装订成册，放置于班级的一角，创设班级的值日生文化。

(五) 案例评析

该活动依据幼儿日常做值日生的经验而来，教师首先以幼儿做值日的图片导入活动，引导幼儿回忆讨论值日生的日常工作，过程中着重引导幼儿分享自己最喜欢的值日生工作、体验做值日生时的快乐心情，引发幼儿对该话题的情感共鸣。在幼儿创作过程中，教师不限定创作内容，鼓励幼儿自由发挥想象。这是幼儿首次接触连环画的创作，教师需带领幼儿理解什么是连环画、连环画是如何创作的等。组合作品时教师需要提醒幼儿注意摆放方式要有美感，组合结束后，教师可引导幼儿装饰画面空白部分，丰富画面。幼儿可以自行设计每幅连环画的形状，可以是圆形、椭圆形、爱心形、不规则形，以增加画面的趣味性。同时在画面内容的选择上，幼儿可以采用色彩装饰的方式表现，也可以采用黑白的线描画方式表现。同时，为了鼓励大班幼儿进行反思性学习，在评价环节中教师要引发幼儿思考"在画连环画的过程中，你觉得什么地方最难？后来你克服这个困难了吗？是怎么克服的？"等问题，引导幼儿反思自己的绘画过程，培养幼儿不怕困难、积极解决的品质。

（虞卫青）

⊙ 春天的线

（一）设计意图

春天的主题是每个幼儿园课程中都必不可少的内容。每到春天，幼儿园都会开展寻找春天的活动，在这个万物复苏的季节，幼儿眼中会看到丰富的色彩和形态各异的春天独有的线条。关于春天的摄影作品和绘画作品也比较多，这为幼儿园开展春天的主题美术活动提供了丰富的资源。采用水墨画的方式表现春天的线条，把具体的、复杂的春天景色简化为各种线条和点，对幼儿来说是一个特别的尝试。由此，教师设计了这次活动。

（二）活动目标

（1）欣赏吴冠中作品《春如线》，感受作品中线的变化与活力，以及点线结合的独特表现手法，体验作品传达的早春意境。

（2）运用水墨画的形式以及点线结合的手法，创作自己喜爱的早春美景。

（3）喜爱春天的大自然，体验发现、表达的乐趣。

（三）活动准备

（1）经验准备：通过散步、踏青等活动，引导幼儿发现早春季节大自然中各种美妙的线（如弯弯的柳条、蜿蜒曲折的爬山虎等）；幼儿已在前期活动中初步掌握水墨画的操作方法。

(2) 物质准备：选择师幼共同收集的摄影图片制作成PPT《春天的线》、选择吴冠中《春如线》部分作品制作成PPT《春如线》，供幼儿欣赏；班得瑞《春野》或其他优美、舒缓的乐曲；粗细不同的毛笔；调好浓淡不一的粉红、绿等颜料，深浅不同的墨；长宽幅度不一的宣纸；抹布、水桶等。

（四）活动重难点

(1) 活动重点：会采用点线结合的方法表现早春的自然景色。

(2) 活动难点：能在画面中表现线条的浓淡及粗细变化。

（五）活动过程

(1) 幼儿交流、分享在大自然中捕捉到的春天的线。教师引导幼儿结合散步或郊游时的所见所闻，回忆、交流自己的发现。

教师："春天到了，在春天的大自然中你看到过哪些春天的线？"

幼儿1："大树的树枝上有波浪线。"

幼儿2："春天的风是螺旋线。"

幼儿3："春天树叶的叶脉上有一条条的线。"

幼儿4："大树的树干上有纹路。"

……

教师："大家刚刚说的有的是春天的线，有的是在别的季节也会有的线，到底哪些线是属于春天的呢？"

(2) 结合幼儿的描述，教师播放《春天的线》PPT，引导幼儿欣赏，并鼓励幼儿运用语言及肢体动作表达对各种线条的认识。

教师："我们一起来看看，春天来了，在我们的大自然中，在我们的生活中都存在哪些线呢？在这片草地上有线吗？哪里是线？这些线是什么样子的？"（见图4-56）

图4-56 荠菜花的线

幼儿1:"荠菜花的花茎是线。"

幼儿2:"荠菜花的花茎有的高有的低。"

幼儿3:"旁边的小草有的长有的短。"

幼儿4:"草地上的线有的疏有的密。"

……

教师:"这是哪里的线?"

幼儿:"田野里的波浪线,一层一层的。"(见图4-57)

教师:"这其实是农民伯伯种的田,这是一种特别的田,它是一层一层递进下来的,很有层次,所以叫梯田。我们用小手来画一画。"

幼儿1:"桃花上有线,这个桃花我们幼儿园里也有。"(见图4-58)

幼儿2:"这个桃枝和我们之前看到的不一样。"

幼儿3:"而且这个桃枝有的粗有的细。"

图4-57　田野的线　　　　　　　图4-58　桃枝的线

教师:"很好,这个桃枝的线条有变化,从哪里看出来有变化?"

幼儿:"一个树干,到中间位置,会生出一个短的或长的,然后往上长,再长一个短的细的,然后上面长了一点儿树叶和花。"

教师:"简短一点儿怎么说?谁来帮他概括一下?"

幼儿:"从粗到细。"

教师:"对,由粗到细的线,非常好。"

……

教师:"刚才我们在大自然中找到许多春天的线,那这是什么线?"

幼儿:"风筝的线。"(见图4-59、图4-60)

教师:"这个风筝的线是什么线?"

幼儿1:"斜线。"

幼儿2:"绕圈圈的线。"

图4-59 风筝的线（一）　　　　图4-60 风筝的线（二）

幼儿3："大大的、长长的弧线。"

（3）欣赏吴冠中的作品集《春如线》，感知作品的表现手法及线的不同形态。

① 教师简单介绍吴冠中，导入欣赏主题。

教师："有一位大画家也很喜欢春天，他发现了许多春天美妙的线条，并且他创作了很多有关春天的画，让我们一起欣赏一下！今天我们要欣赏的就是《春如线》系列作品。"

② 幼儿欣赏图4-61、图4-62，初步感受线的方向和点线结合的画面效果。

图4-61 《春如线》作品集（一） 吴冠中　　　图4-62 《春如线》作品集（二） 吴冠中

教师："在这些画中，你看到了怎样的线？"

幼儿："风筝。"

教师："你们怎么知道这是风筝？"

幼儿1："因为它有一个正方形、一条线，有一些彩色，所以是风筝。"

幼儿2："很多树干和树枝，还有树杈的线条。"

教师："画面上除了线，还有什么？"

幼儿："点点，彩色的。"

教师:"大家在吴冠中的画中发现了不同的线,真厉害。你们一看到他的线条,就知道他画的是什么。而且他画的画和我们现实生活中看到的树或者风筝还不一样,他用的是复杂的还是简单的方法来表现的?"

幼儿1:"简单的方法。"

幼儿2:"我们生活中的风筝都是有图案的,他只用了几个大点点来表示,是简单的方法。"

教师:"非常好,他其实是用简单的方法来表现画面的,给人以无限的遐想空间。"

③ 幼儿欣赏图4-63,感受画面中线的粗细变化及画面布局的均衡。

教师:"这幅画中的线条又有什么特点呢?"

图4-63 《春如线》作品集(三) 吴冠中

幼儿1:"像刚才桃枝的线。"

幼儿2:"由粗到细,由深到浅。"

幼儿3:"由粗到细的线就像弹钢琴由低音到高音。"

幼儿4:"粗的地方有疏的感觉,细的地方很密。"

④ 幼儿欣赏图4-64,感受线的自由交错与速度。(教师可同时播放活泼、欢快的背景音乐,如巴赫《嬉戏曲》)

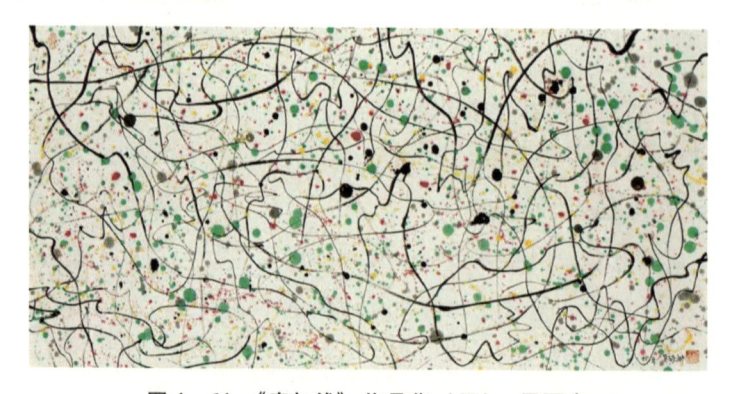

图4-64 《春如线》作品集(四) 吴冠中

教师:"你觉得这幅作品中的线和前面的有何不同(线条更加自由、流动、交错)?这些点、线交错的画面给你什么特别的感觉?你的心情怎样?"

⑤ 在背景音乐中,教师引导幼儿再次回顾吴冠中《春如线》作品集。

教师:"现在让我们在音乐的陪伴中,再次欣赏吴冠中《春如线》这一组作品。你在看他的作品的时候,跟着音乐去畅想一下你想表现的春天的美景是什么样的呢?你准备用什么样的线来表现呢?我们一起来欣赏,把心沉下来,再次感受吴冠中的作品。"

(4) 幼儿尝试运用水墨等材料创作表现春天的线。

① 教师提供绘画材料,幼儿自己探索如何表现线的粗细及深浅变化。

教师:"今天我们要用一种特殊的工具来画画。刚才我们在欣赏的时候,有小朋友就发现了吴冠中的画是水墨画,在画水墨画的时候,我们要用到哪些工具呢?你们有没有听过文房四宝?"

幼儿:"笔、墨、纸、砚。"

教师:"宣纸和普通的纸有什么不一样?请几个小朋友来摸一摸(软软的、薄薄的)。我把墨汁也带来了。墨汁是什么颜色的?"

幼儿:"黑色的。"

教师:"水加多了它是浓墨还是淡墨?"

幼儿:"淡墨。水加得少它就是淡墨。"

教师:"今天我给你们准备的既有浓墨也有淡墨。带盖子的是浓墨,不带盖子的是淡墨。"

教师:"现在,你们想不想试一试蘸上墨,画在纸上的感觉啊?现在,我这儿有浓墨、淡墨,分别请几位小朋友来试一试。"

教师小结:"我把笔侧过来,线条就粗了;我把笔立起来,线条就越来越细了。有小朋友一会儿想用浓墨一会儿想用淡墨,怎么办?从浓墨到淡墨,要先洗笔;从淡墨到浓墨,就不用洗笔了。其实,你们洗笔的水就是淡墨,是很淡的墨了。"

② 教师引导幼儿构思和交流自己的创作主题。

教师:"你愿意画出自己喜欢的春天线条吗?它们是怎样的?在你的画面中,除了各种美丽的线,还会有什么?"

③ 教师播放背景音乐,鼓励幼儿大胆创造。

教师:"当你的水墨部分表现完了,老师这里还提供了各种彩色的颜料。"

教师鼓励幼儿放开手脚,从画面整体来布局线条;引导幼儿探索运用粗细不同的毛笔,或者调整运笔力度等来表现线条的粗细;指导已经画完线条的幼儿让其在画面上滴洒彩墨。

(5) 幼儿交流和分享各自的作品与创作感受。

教师展示所有幼儿的作品（见图 4-65、图 4-66），幼儿交流、分享各自的作品与创作感受。教师鼓励幼儿向大家介绍自己的作品，并为作品取名。

图 4-65 幼儿作品《春天的线》（一）　　图 4-66 幼儿作品《春天的线》（二）

教师："你的作品表现的是怎样的春天美景？你想给作品取什么名字？除此之外，你还对哪幅作品感兴趣？说说你的理由。"

（六）案例评析

该活动完整地呈现了幼儿园绘画教学的基本环节。在感知体验环节，欣赏的层次很清晰，教师带领幼儿从春天的大自然中、生活中经常可以看到的线条着手，再到欣赏大师作品《春如线》。幼儿在不知不觉中会将他们在实际生活中观察到的线条与吴冠中的作品相联系，他们带着自己的经验再去欣赏吴冠中的作品，理解和体验会更加深刻。在这个环节，除了用眼睛看、用语言进行表达外，教师还注重让幼儿用自己的肢体语言去表达不同的线条状态。只有把幼儿的各种感官通道都打通来感知作品，他们对春天线条的体验才会更加深刻，他们才有可能把自己积累的视觉表象和经验迁移到后续的创作中。在探索与发现环节，教师重点要引导幼儿自己探索如何表现出自由自在的线条、粗细不同的线条与运笔的关系。在创作和表现环节，教师先通过提问帮助幼儿进行初步的构思后，幼儿用画笔大胆地表达自己眼中看到的春天的各种线条。在最后的欣赏环节，教师将自评和同伴互评相结合，先请幼儿介绍自己的作品、给自己的作品起名字，起名字其实也是基于幼儿对自己作品的总体感受；然后让幼儿说一说自己最喜欢的作品，尝试从画面的线条、颜色，从内容到形式对作品进行点评。此活动内容比较丰富，也可分为两次活动：第一次活动，教师结合师生在大自然中收集到的各种"春天的线"图片，引导幼儿分享和交流，感受春天的线的丰富与美好；第二次活动，教师先让幼儿重点欣赏吴冠中的作品《春如线》，再引导幼儿进行创作。欣赏的重点也可以其中一两幅图为主。活动结束后教师可以继续引导幼儿在美工区探索用不同的材料及表现方式（如用柳条等自然物压印等）创作春天的线，作为活动的延伸。

（夏涓）

单元回顾

⊙ 单元小结

本单元主要讨论了以下3个问题：
(1) 学前儿童绘画能力的发展。
(2) 学前儿童绘画教学的目标。
(3) 学前儿童绘画教学活动的基本环节与组织实施。

学前儿童绘画能力的发展经历了3个阶段：涂鸦阶段（1.5~3.5岁）、象征阶段（3.5~5岁）、图式阶段（5~7岁）。随着学前儿童手眼协调能力和认知能力的发展，涂鸦阶段又经历了4个小阶段：未控制的涂鸦、有控制的涂鸦、圆形涂鸦和命名涂鸦。象征阶段，在造型方面，幼儿对物的造型表现为"实物的替代物"，让我们感觉"既像又不像"；对人的造型是一种"蝌蚪人"的造型特点。在颜色的认识上，此阶段的儿童已经能够认识主要色相，辨色能力提高很快，而且对颜色有了比较明显的个人偏好。在颜色的使用上，象征阶段早期的幼儿在颜色的使用上不受物体固有色的限制，到了中后期，幼儿开始能够逐步按照物体的固有色进行着色。象征阶段早期幼儿只是将自认为与主题有关的物体共同放在一个画面上，所有表现的形象只是随意出现在画面的任何一个位置，视觉上让人感觉到有些乱，称为凌乱式构图；到了象征阶段后期，随着幼儿空间知觉的发展，在幼儿的画上我们开始能看到基底线。图式阶段，幼儿不仅能够用较为流畅的线条来描绘人或物的基本轮廓，而且注重细节的描绘，这是该阶段幼儿在造型上最突出的特点。在颜色的认识上，这个阶段的幼儿对色彩的感受越来越精细，在色彩的明度、饱和度等方面的辨别能力有了较大的进步。在颜色的使用上，幼儿会使用物体的固有色着色，开始学习使用暖色、冷色和对比色等配色方法进行绘画。图式期的儿童画彩色丰富，有时画面中会出现主色调使整个作品色调和谐。这个阶段幼儿所作的画，画面越来越丰富，画面形象数量增加，形象之间排列方式的变化使得这个阶段的幼儿作品呈现出多样化的构图方式。除了并列式构图、基线式构图以外，还有多层并列式构图和主题式构图。在整个学前阶段，幼儿在绘画中呈现出一些独特的表现形式：夸张、拟人、透明画法（或X光线画法）、最佳视觉面。

学前儿童绘画教学的目标可以定位为：①喜欢绘画活动，能够体验绘画创作的乐趣；②通过对绘画知识和技能的学习，提升绘画表现能力；③能大胆表达自己的情感和想法，按自己的意愿作画；④养成良好的绘画习惯。根据学前儿童绘画能力发展的特点，结合学前儿童绘画教育总目标，我们就可以制定出学前儿童绘画教学的年龄阶段目标。

学前儿童绘画教学包括五个基本环节：导入与激趣环节，教师通过一定的导入方式，使幼儿尽快进入适宜唤醒状态。常见的导入方式有直观形象导入、情境导入、语言导入、游戏导入等。导入环节时间不宜太长，教师要根据绘画教学的内容、本班幼儿的经验和兴趣选择最适宜的导入方式。感知与体验环节，是幼儿对自然、社会生活中美的事物和艺术作品的欣赏、感受，获得内在体验，吸收和拓展相关经验，积累视觉语言和符号的过程。探索与发现环节主要是幼儿对美术操作技法或各种工具和材料特性及使用方法的探究与尝试。教师要为幼儿提供与操作材料充分接触与使用的机会，一般应以幼儿的自主探究、自我发现为主。创作与表现环节是幼儿在对大量艺术作品的感知与体验以及对艺术材料特性、相关操作技法等认识、掌握的基础上，将自己的经验、想法或情绪情感用艺术的手段表达出来。创作与表现环节一般包括构思、操作两个阶段。欣赏与评价环节是绘画教学的最后一个环节，是幼儿对自己和同伴作品欣赏、评价的过程。欣赏与评价环节的实施要点包括：教师要为幼儿的作品创设情境式的作品展示空间；从评价的内容上来说，作品评价与过程评价相结合；从评价的方式上来说，采取幼儿自述、教师引导、同伴欣赏等相结合的方式进行具体评价。

⊙ 拓展阅读

[1] 李甦. 探索儿童的绘画世界 [M]. 上海：华东师范大学出版社，2017.

[2] 史密斯，福齐纳，肯尼迪，等. 教孩子画画 [M]. 贾茜茜，译. 长沙：湖南美术出版社，2008.

⊙ 巩固与练习

一、名词解释

1. "蝌蚪人"
2. 透明画法
3. 展开式构图

二、简答题

1. 简述在幼儿绘画中经常出现夸张表现形式的原因。

2. 在幼儿园美术教学中，教师组织欣赏与评价环节要注意什么？

三、论述题

1. 谈谈处于图式阶段的幼儿在绘画时，造型、色彩、构图方面表现出哪些特点；作为一名准幼儿园教师，了解这些特点对我们的教育教学有什么价值？

2. 根据《3—6岁儿童学习与发展指南》的要求，谈谈在儿童进行艺术表现和创作时教师应如何支持"幼儿喜欢进行艺术活动并能大胆表现"。

3. 谈谈你对学前儿童绘画教学目标的理解。

四、案例分析题

父亲节快到了，幼儿园邀请爸爸们来幼儿园和孩子一起进行一次亲子美术活动。中班的小朋友们在欣赏、介绍了爸爸们的照片后开始画自己的爸爸。皮皮第一个画好了，爸爸一看，眉头紧皱，责备地说："你这画的是什么？乌漆麻黑的一团！"皮皮兴奋的小脸一下变得伤心和失望，委屈地说："爸爸在抽烟，呛死人了，我看不清楚爸爸……"

问题与思考：

1. 请从儿童美术本质、儿童绘画能力发展的角度对案例中幼儿的绘画作品进行分析。

2. 如果你是老师，你会怎么做？说说你的理由。

五、实践题

选择一个适宜的内容或从以下内容中选择其一，按照规范的格式撰写活动设计，并分组进行模拟试教。

1. 小班绘画活动：美味的甜甜圈。

2. 中班绘画活动：各种各样的鱼。

3. 大班绘画活动：我的自画像。

第五单元 学前儿童手工教学活动

导 言

晓莹在幼儿园实习时,发现中班幼儿在美工区十分热衷于玩超轻彩泥。于是,晓莹拿起制作海绵宝宝的范例图,准备按照范例步骤教授给他们。然而,幼儿似乎并不感兴趣,还嘟囔着"我不会",晓莹为此感到疑惑。只见幼儿每人拿了一块彩泥后,一会儿揉,一会儿搓,一会儿压,不一会儿做出了"蛋糕""饼干""糖葫芦",还玩起了小吃店的游戏。晓莹见状立刻加入游戏,扮演顾客买了一块"蛋糕",并提出"蛋糕"上如果能再加些"水果"就好了。希希听后,又团了一些红色的小圆球放在"蛋糕"上,称为"草莓蛋糕",原本单调的"蛋糕"加入红色圆球的装饰后也变得更加美观。

你认为上述案例中晓莹的做法适宜吗?幼儿园手工活动对学前儿童有何价值?教师应如何引导学前儿童开展手工活动?相信通过这一单元内容的学习,大家对这些问题会有自己的见解。

学习目标

1. 记忆与理解:学前儿童手工能力的发展阶段;不同年龄阶段学前儿童手工教学活动的目标。

2. 理解与应用:学前儿童手工教学活动的设计、基本环节与实施要点。

3. 应用与创造:应用所学理论,尝试设计并组织不同类型的学前儿童手工教学活动。

思维导图

- 学前儿童手工教学活动
  - 学前儿童手工能力的发展
    - 玩耍阶段（2~4岁）
    - 直觉表现阶段（4~5岁）
    - 样式化表现阶段（5~7岁）
  - 学前儿童手工教学目标
    - 学前儿童手工教学的目标
    - 学前儿童手工教学的年龄阶段目标
  - 学前儿童手工教学活动的基本环节与组织实施
    - 学前儿童手工教学活动的基本环节
    - 学前儿童手工教学活动的实施要点
  - 学前儿童手工教学活动的案例与分析
    - 小班手工教学活动的案例与分析
    - 中班手工教学活动的案例与分析
    - 大班手工教学活动的案例与分析

第一节　学前儿童手工能力的发展

手工活动是学前儿童探索世界的一种方式，是学前儿童美术活动的重要组成部分。学前儿童手工能力的发展虽存在一定的个体差异，但从总体的发展方向上看具有一定的规律性。结合已有相关研究，我们将学前儿童手工能力的发展分为以下3个阶段：玩耍阶段（2~4岁）、直觉表现阶段（4~5岁）、样式化表现阶段（5~7岁）。

一、玩耍阶段（2~4岁）

2~4岁的儿童由于认知水平有限，手部肌肉、骨骼发育尚不完善，他们对于手工工具和材料的性质、功用认识不足，也不能灵活地操作材料，他们对于材料的探索处于玩耍阶段。

在玩耍阶段初期，幼儿没有明确的活动目的，只是以纯粹的玩耍为中心，乐此不疲地摆弄工具和材料，享受自主探究带来的愉悦过程。例如，在泥塑活动中，幼儿喜欢用手挤压黏土、拍打黏土，享受黏土的触感和黏土造型的变化（见图5-1）。在纸工活动中，幼儿热衷于将纸撕成碎片、长条，满足于听撕纸发出的声响，他们喜欢将碎纸片抛撒、落下，欣赏纸片在空中飞舞的情景，也喜欢摆弄胶棒粘粘贴贴并乐在其中（见图5-2）。

图5-1　幼儿作品《新年鱼》　　图5-2　幼儿作品《撕贴蜗牛》

在玩耍阶段后期，随着幼儿认知及手部动作的发展，他们对于工具和材料有了一定的认识和使用经验，玩耍的水平有所提升。例如，在泥塑活动中，幼儿逐渐学会用手掌力量把黏土压扁，双手配合团出圆球，用指尖挖洞；在纸工活动中，幼儿逐渐学会通过手指的合作捏住纸张撕成碎片，能使用安全剪刀随意地剪出不规则的纸条或纸片，并给偶然形成的造型命名。另外，粘贴活动也是这一阶段幼儿感兴趣的内容之一，他们对胶棒感到好奇，喜欢将撕下来或者剪下来的纸片到处乱贴，体验撕贴的乐趣。

在这一阶段，家长及教师应理解、尊重幼儿对工具和材料的探索行为，不能因为幼儿无目的摆弄材料而恼怒和训斥幼儿，在态度上应给予其充分的鼓励和支持。同时，教师要为幼儿提供充分的探索时间和空间、适宜的操作材料及安全的工具，并引导幼儿正确地使用这些工具和材料，满足其艺术探究的欲望。

二、直觉表现阶段（4~5岁）

4~5岁幼儿的认知能力及手部精细动作逐渐发展，表现出较强的创作欲望，往往在手工创作之前，具有一定的创作意图，并且愿意通过动手操作实现自己的想法，我们将这一阶段称为直觉表现阶段。

在泥塑活动中，幼儿学会使用简单的工具和材料，能双手合作塑造物体的基本部分和主要特征，熟练掌握团圆、搓长、压扁等泥塑技能，并将制作好的部分组合成物体的基本形象，表达自己的创作意图。如图5-3所示，幼儿将搓出的长条、圆球压扁做成企鹅的头、身体、眼睛、嘴巴、脚掌，并将它们组合成企鹅的立体形象。幼儿在这一阶段完成的手工作品同绘画作品一样，呈现出一定的夸张性，如幼儿为了让自己制作的车子不倒，就将车轮做得特别大。

在纸工活动中，幼儿已经掌握剪刀、胶水的使用方法，撕纸、折纸、粘贴的能力均有所提升。幼儿能用剪刀目测剪（撕）出直线和弧线，能将单张纸进行简单的折叠，能将实物图片、几何图形、自然物等进行组合拼贴。如图5-4所示，幼儿利用双手配合撕出了不同形状的纸条，并将它们组合成长颈鹿的造型，添画了长颈鹿的五官和花纹。但是从整体上来说，该阶段幼儿的纸工作品仍较为粗糙，折叠不工整、撕剪的轮廓不光滑是常见现象，拟人的创作手法在手工作品中也常有体现。

在综合材料制作活动中，幼儿开始探究生活中多种多样的美工材料、废旧材料及自然材料等，能初步运用剪、折、撕、贴等多种手工技能按照自己的创作意图完成简单的作品。如图5-5、图5-6和图5-7所示，幼儿综合采用了油泥、纸板、纽扣、彩色泡沫、雪糕棒、羽毛、干花等材料进行组合拼贴，制作了美丽的小鱼、帆船和小女孩。

图 5-3 幼儿作品《企鹅》　　　　图 5-4 幼儿作品《长颈鹿》

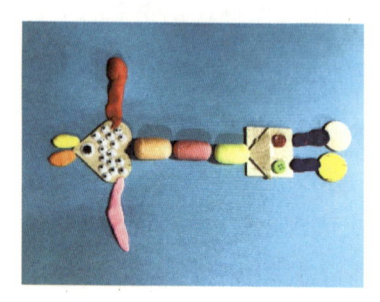

图 5-5 幼儿作品《五彩鱼》　图 5-6 幼儿作品《帆船》　图 5-7 幼儿作品《女孩与花》

在这一阶段，家长和教师应鼓励幼儿大胆使用不同的美工工具和材料表达自己的创作意图，乐于倾听幼儿的创作意愿，在幼儿遇到材料使用等方面的困难时及时予以指导和帮助，提升幼儿对手工活动的兴趣、自信心及成就感。另外，这一阶段成人也要重视对幼儿手工操作习惯的培养，帮助他们形成爱惜工具和材料、注重卫生等优良品质。

三、样式化表现阶段（5~7岁）

5~7岁的幼儿随着手部精细动作、手眼协调能力的不断提高，熟练掌握了多种工具和材料的使用方法，创作的目的性更加明确，合作能力有所提升，愿意付出努力将作品完成到满意为止。他们已不满足于仅运用一两种技能制作简单的形象，而是希望能使用多种工具和材料制作出他们喜欢的、较为复杂的形象，并将这些形象组合成具有一定情节的场面。

在泥塑活动中，幼儿能灵活运用各种基本泥塑技能，逐步掌握拉泥、雕塑等较为复杂的技能。他们已能制作出具有一定特征和细节的物体，学会使用吸管、牙签、豆子等辅助材料对作品进行精细加工和装饰。如图 5-8 所示，幼儿在制作印第安人泥工面具时,能关注印第安人面部五官的细节特征和头饰的不同造型,色彩丰富,制作手法更加成熟。另外,幼儿还能通过分工合作,将制作的物体组成一定的生活情景和故事画面,如《快乐的野餐》《三只小猪》等。如图 5-9 所示,幼儿合作制作了"蓝精灵"的故事场景,制作的作品显得更加圆润、光滑,表情、动作刻画得栩栩如生,整体更加美观、立体,有情境感。

图 5-8　幼儿作品《有趣的印第安人》

图 5-9　幼儿作品《可爱的蓝精灵》

在纸工活动中,幼儿的手与纸张的配合不断协调,能自如地使用剪刀,剪出的图形边缘较为光滑,还可以将剪出的形状进行组合拼贴。幼儿折纸的技能大大提升,能按照图示折叠较为复杂的作品,并在折叠后剪出各种造型的窗花、印染等不同的图案,体验折、剪给纸张带来的变化(见图 5-10)。幼儿对一些特殊纸张的探索也更为深入,如硬纸板、锡纸、牛皮纸等,幼儿可以通过分组合作的形式制作富有情节的立体纸工作品(见图 5-11)。

图 5-10　幼儿作品《快乐的舞会》

图 5-11　幼儿作品《原始人》

在综合材料制作活动中,幼儿能通过折、剪、粘贴、连接、组合等技能对自然材料和废旧材料进行有目的的制作,并运用木片、绳线、纽扣、花草等多种材料对作品的细节进行装饰(见图 5-12、图 5-13)。幼儿希望得到伙伴和教师的帮助,以合作完成较为复杂的创作。

图 5-12　幼儿作品《有趣的脸》　　　　图 5-13　幼儿作品《树叶与花》

在这一阶段，家长及教师应尽可能多地为幼儿提供材料或者引导他们去发现生活中可以利用的工具和材料，提醒他们安全地使用这些工具和材料，鼓励他们充分利用现有的工具和材料去实现自己的创意。同时，教师也应该鼓励幼儿通过相互合作来完成一些复杂的手工作品，培养其不怕困难、有耐心等优良品质。

综上所述，学前儿童手工能力的发展阶段按照其目的性、创作技法和作品效果的特点，可总结如下：在玩耍阶段，手工创作不具有目的性，幼儿初步掌握拍打、撕拉等创作技法，作品效果较为凌乱；在直觉表现阶段，手工创作有一定的目的性，幼儿掌握了团、搓、捏、折叠、粘贴等创作技法，作品效果较为稚拙、粗糙；在样式化表现阶段，手工创作有明确的目的性，幼儿掌握了拉、雕塑、剪、连接、弯曲、组装等更为复杂的创作技法，作品效果更加精细。

学前儿童手工能力发展阶段的比较

第二节　学前儿童手工教学目标

学前儿童手工教学活动是教师引导幼儿发挥自己的想象力和创造力，直接用双手或操作简单工具，对具有可塑性的各种形态（如点状、线状、面状、块状）的物质材料进行加工、改造，制作出占有一定空间的、可视的、可触摸的、多种艺术形象的教育活动。

我们在制定学前儿童手工教学目标时应遵循学前儿童美术教育的总目标，充分考虑学前儿童手工能力发展的不同年龄阶段特点，科学地制定学前儿童手工教学的目标以及学前儿童手工教学的年龄阶段目标。

一、学前儿童手工教学的目标

手工活动具有操作性、探索性、游戏性等特点，是幼儿非常喜欢的一类活动。相较于绘画活动而言，手工活动更加需要多种感官的相互配合，幼儿通过手工创作表达自己的情感和生活体验，利用手工作品美化周围环境，尝试为游戏活动制作场景和道具。手工活动不仅能提高幼儿手部动作的灵活性、精确性及手眼协调能力，而且能培养其想象力与创造力，使幼儿形成耐心细致、不怕困难等优良品质。基于此，我们认为学前儿童手工教育的目标可以定位为以下几点。

（一）喜欢手工活动，体验手工创作的乐趣

手工活动具有较强的游戏性和操作性，可以带给幼儿快乐和满足的情绪情感体验，使幼儿萌发热爱自然、热爱生活的积极情感。幼儿早期对于色彩鲜亮、造型奇特的物质材料具有与生俱来的亲切感，能够用自己的视觉、触觉器官去感受。学前儿童拿起纸张、黏土以及其他可以造型的工具、材料时，往往不假思索，立即进入自己的想象天地。因此，培养学前儿童对手工活动的兴趣，使其乐此不疲地主动参与到手工活动中来是手工教学的首要目标。

（二）学会使用不同的手工工具和材料，掌握手工制作的基本方法

由于学前儿童的语言表达能力不足以描述他们内心丰富的情感，所以，幼儿自发地选择了生活中及自然界多样化的工具、材料来表达自己的所思所想。手工活动以各种美术操作材料为媒介，吸引幼儿去探索、发现和动手操作。起初，他们将陌生的材料当作玩具，随意地挥舞、摆弄，体验材料变化的乐趣，感受材料的不同属性。随后，在成人的指导与帮助下，在愉快而专注的操作过程中，他们逐渐掌握了撕、折、剪、贴、连接、穿孔、打结等基本技能和使用剪刀、胶带等工具的基本方法，能自如地选用不同的工具和材料实现自身的创作意图，甚至通过合作完成一些具有挑战性的任务。技能的提升激发了幼儿进一步探索的兴趣，使其获得成就感与自信心。但值得注意的是，成人不能剥夺幼儿自由探究工具和材料的权利，也不应

过早、过多地进行干预，更不能将对手工技能的掌握作为评价幼儿艺术表现的唯一标准。

（三）能大胆塑造和制作多种平面和立体的手工作品，美化周围环境和进行游戏活动

手工制作既是幼儿表达自己的思想和情感、探索事物的一种方式，也是幼儿身心健康成长的一条重要途径。手工活动同绘画活动一样，都属于表现创造性操作活动，注重幼儿自由、大胆地表达，鼓励幼儿以自己喜欢的方式综合使用多种手工工具和材料进行创作。幼儿手工创作的过程经历了由简单到复杂、由平面到立体的转变，每次能力的跨越都让幼儿感到兴奋与满足。教师要努力为幼儿提供创造与表达的时间与空间，鼓励幼儿与同伴分享、诉说自己的手工创意，帮助幼儿体验用手工作品装饰教室、布置走廊、美化幼儿园环境的艺术效果，支持幼儿合作制作玩具，为幼儿艺术创作能力的发展建立"支架"，激发幼儿的艺术潜能。

（四）养成良好的手工操作习惯和个性品质

良好的手工操作习惯是指幼儿取放、使用手工工具和材料的习惯，如胶棒用完以后要盖上盖子，使用剪刀时不把剪刀尖对着别人，撕完的碎纸片要及时清理，用完的纸张要放回到原来的位置上等。这些操作习惯是在一点一滴中养成的，教师需在幼儿从事手工活动初期便有意识地加以提醒，并做好正面示范，在其同伴中树立良好的榜样，对操作习惯良好的幼儿及时表扬。另外，手工活动包括计划、构思、设计、制作、装饰、思考、调整等一系列复杂的心理过程和外显活动，在此过程中，幼儿的计划性、条理性、合作性、细致性等良好的个性品质可以得到锻炼与提高，认真观察、有意注意的行为习惯也可以得到培养。[1]

二、学前儿童手工教学的年龄阶段目标

（一）小班手工教学活动目标

（1）喜欢参加手工活动，愿意大胆探索、操作各种手工活动的材料，从中获得快乐的情感体验。

（2）初步掌握手工工具的基本使用方法，养成良好的手工工具使用习惯。

（3）初步学习手工活动的基本技能，在泥工活动中学习分泥、搓长、团圆、压

---

[1] 边霞. 幼儿园美工活动的价值与实施要求［J］. 家教世界·现代幼教，2013（2）：12-13.

扁等技能；在纸工活动中学习撕纸、剪纸条和简单的折纸、染纸的技能；在粘贴活动中学习粘贴的基本技能。

（二）中班手工教学活动目标

（1）愿意尝试更多的手工工具和材料，能自由、大胆地创作，表达自己的想法和感受。

（2）学习基本的折纸技能，能折出简单的物象；能撕出或剪出简单物体的轮廓；在浸染的基础上，学习点染和浸染相结合的方法进行染纸。

（3）学习泥塑的基本技能，能表现常见物体的基本结构和主要特征。

（4）初步学习利用身边的废旧材料和自然材料进行玩具的制作。

（三）大班手工教学活动目标

（1）喜欢自由地选择、使用手工工具和材料，创造性地表达自己的想法。

（2）能综合运用折的技能折出更为复杂的物象，尝试进行组合折叠，并能将折纸活动更多地与绘画、粘贴活动相结合；能采用目测的方法撕出、剪出物体的轮廓用以制作平面或立体的物象；进一步采用点染与浸染相结合的方法布置和装饰生活环境。

（3）能综合运用泥工的技能塑造出较为复杂的物象，能表现其主要特征和细节。

（4）能综合运用手工的技能，对身边的废旧物品、自然材料进行加工和改造后制作出玩具、装饰品、演出服装等用以布置和装饰周围环境。

学前儿童手工教学年龄阶段目标的确立充分考虑到幼儿认知发展、动作发展的水平。从小班到大班，目标涉及的内容更多、更广、更深，要求也在不断提高。例如在小班，在操作工具和材料方面提出的要求是"初步掌握手工工具的基本使用方法"，而到了大班提出的要求则是"喜欢自由地选择、使用手工工具和材料"，虽然要求在逐渐提高，但是这也符合了幼儿的年龄特点和可能达到的发展水平。

第三节 学前儿童手工教学活动的基本环节与组织实施

学前儿童手工教育实施的主要途径是幼儿园手工教学活动。幼儿园手工教学活动的组织包括哪几个环节？实施手工教学活动时要注意哪些方面？这是本节将要和大家一起分享的内容。

一、学前儿童手工教学活动的基本环节

学前儿童手工教学活动应从幼儿的身心发展特点、经验、兴趣与需要出发，为幼儿提供有趣的、便于操作的、易于出效果的手工操作材料，将绘画和手工活动密切结合，并辅以必要的作品欣赏与情境创设，使幼儿在看看、试试、想想、说说、做做、画画、玩玩的过程中，对各种材料进行操作、探索、加工与装饰，制作出富有美感和创意的美工作品，并在手工操作活动过程中积累视觉审美经验，陶冶生活情趣，发展想象力和创造力，锻炼手、脑、眼的协调能力，提升解决问题的能力，体验创造的乐趣和由此带来的成就感。学前儿童手工教学活动主要包括以下5个基本环节。

（一）导入与激趣

同绘画活动一样，手工活动也需要设计一个精彩的导入环节，激发幼儿的参与兴趣，为后续的学习奠定基础。导入的方式与绘画活动类似，如直观形象导入、情境导入、故事导入、游戏导入等。例如，在中班"可爱的乌龟"折纸活动中，教师在导入环节出示了真实的乌龟，吸引了幼儿的注意力。在小班"搓元宵"泥工活动中，教师在导入环节播放了歌曲《闹元宵》，在教室中营造了元宵节的喜庆氛围，幼儿搓元宵的热情立即被调动起来。在中班"漂亮的拖鞋"活动中，教师事先收集

了很多不同样式的拖鞋，在导入环节设计了拖鞋商店的情境，以店员的角色带领幼儿参观"拖鞋商店"，使幼儿在买拖鞋的游戏情境中感受拖鞋的多样与变化，为接下来的创作激发了灵感。

（二）感知与体验

感知与体验环节在手工活动中强调幼儿通过视觉、听觉、触觉、运动觉及言语知觉等多种方式对自然、社会生活中美的事物和艺术作品进行欣赏、感受，产生情感共鸣，加深对审美对象的理解和感悟，其实施方式与绘画活动类似。

（三）探索与发现

探索与发现环节主要是对手工操作技法或各种工具和材料特性及使用方法的探究与尝试，这种探索有时可以在个别幼儿尝试、大家集体讨论总结的过程中进行，有时可以是每个幼儿自主探究和尝试，也有时可以在教师的直接指导下进行。

（四）创作与表现

加登纳曾提出，"差不多每一个孩子到了4~7岁时，在有合适环境的鼓励下，都是极富于创造性的。对于所有的孩子来说，这个阶段正是最自由的阶段"[①]。学前儿童手工活动的创作与表现经历了构思与设计、制作与装饰两个阶段，幼儿的构思、设计与制作常常合而为一。

（五）欣赏与评价

对幼儿作品的欣赏与评价是手工活动不可或缺的一个环节，成功的评价可以使幼儿获得更多创造的喜悦感和成就感，也可以增强手工活动本身的趣味性和吸引力。

以上5个环节是一节完整的手工集体教学活动比较典型的组织实施过程。在具体的幼儿园手工教学中，教师还需要根据具体的活动内容、操作使用的工具和材料，以及本班幼儿已有的基础和特点进行教学的设计和组织，环节的顺序和内容可以适当地调整、改变甚至合并。例如，在制作皮影戏时，幼儿未了解过皮影戏的制作材料和技法，教师可以请手工艺人进入教室，现场讲解皮影戏的工具、材料及制作方法，本次活动便从对皮影戏工具和材料的探索及发现环节开始，在探索与发现中导入活动，激发幼儿的参与兴趣。

---

① 加登纳. 艺术与人的发展［M］. 兰金仁，译. 北京：光明日报出版社，1988：332－333.

二、学前儿童手工教学活动的实施要点

(一) 导入与激趣环节的实施要点

导入与激趣环节在学前儿童手工教学活动中是首要环节,起到激发幼儿兴趣、引入活动的重要作用,这一环节主要存在以下两个问题:第一,导入时间过长,幼儿无法集中注意力,使得活动无法正常开展;第二,导入内容与教学主题无关,幼儿就会失去兴趣。因此,这一环节的实施要点如下。

1. 导入时间不宜过长

由于学前儿童注意力维持的时间较短,导入与激趣环节不宜占据过长的教学时间,通常 2~3 分钟即可,切忌喧宾夺主。教学时间安排如果比例失常,就会导致整个手工活动头重脚轻,幼儿无法长时间集中注意力,从而影响后续环节的正常开展。新手教师尤其要注意这一点,充分利用导入与激趣环节的有限时间,尽可能采用简短而巧妙的方式调动幼儿对活动主题的兴趣。

2. 避免无关导入

导入与激趣环节应结合具体的活动内容和幼儿的兴趣、经验选取适宜的导入方法,注意避免选择与教学主题无关、枯燥无味的内容导入,灌输式、填鸭式的讲授也往往无法激起幼儿的参与兴趣;相反,游戏化、生活化、情景体验等方式则更能吸引幼儿的注意。比如,教师习惯以手指游戏"五只小猴荡秋千"作为手工活动的导入与激趣环节,不管制作的内容是否与手指游戏中的猴子、鳄鱼、秋千等内容相关,都套用这一导入形式,这便属于不加思考的无关导入,不仅占用了宝贵的教学时间,而且无法激起幼儿对活动主题的兴趣和探索欲望。

(二) 感知与体验环节的实施要点

感知与体验环节在学前儿童手工教学活动中主要存在以下两个问题:第一,感知与体验的作品样式单一,不具有典型性,与操作主题不匹配;第二,感知与体验的途径单一,不是全方位的。因此,这一环节的实施要点如下。

1. 提供具有典型性、多样化、审美性的感知作品

感知与体验环节主要是帮助幼儿仔细观察,丰富表象经验,以便将其中蕴含的艺术语言、符号吸收内化到自己的头脑中,甚至迁移运用到自己的操作活动中。教师提供给幼儿感知与体验的作品既要有典型性,有利于幼儿掌握某一事物的基本结

构,又要有多样性,有利于幼儿开阔眼界,培养幼儿的想象力和发散性思维。感知的作品可以是经典的大师作品,也可以是充满童趣的儿童作品;可以是平面的图片,也可以是立体的实物造型;可以是视觉图像,也可以是动画、视频、音频等多媒体资源。例如,在泥工活动"鸭子"中,教师可以先请幼儿欣赏一幅鸭子的图片,让幼儿一目了然地了解鸭子的基本结构:头、身体、尾部、鸭蹼,然后让幼儿欣赏各种各样的鸭子图片、鸭子的动态视频,让幼儿感知鸭子种类的多样性,模仿体验鸭子吃食、游泳、走路的样子。

2. 调动幼儿多种感官参与体验

手工活动为幼儿提供多样化的参与途径非常重要,参与的途径不是单一的,而是全方位的,不仅有视觉、听觉的参与,而且有运动觉、言语知觉等各方面的参与。比如,在手工制作京剧脸谱活动中,教师先出示形态各异的京剧脸谱,让幼儿在看一看、说一说、摸一摸、玩一玩、演一演的过程中感知京剧脸谱的多变与趣味,体会不同色彩、造型、图案的脸谱所蕴含的不同文化内涵,加深对京剧脸谱的感性认识。另外,多感官参与的体验不能局限在教室内和座位上,教师应为幼儿提供多维感知与体验的时间和空间。教师应理解和支持幼儿欣赏作品时自发地手舞足蹈,必要时满足幼儿坐着甚至躺着欣赏的需要,可以让幼儿投入大自然与周围环境中,去感受、发现和欣赏自然环境和人文景观中的美,带领幼儿参观美术馆、博物馆、艺术展览,增强幼儿的审美体验。

(三)探索与发现环节的实施要点

探索与发现环节在学前儿童手工教学活动中主要存在以下几个问题:第一,材料种类较少且不适宜幼儿使用,幼儿对手工材料的认识不足;第二,教师过度指导,幼儿缺乏对材料的主动探究;第三,刻板地加入本环节,幼儿无法自主使用材料。因此,这一环节的实施要点如下。

1. 提供种类丰富且适宜的材料

学前儿童手工教学活动在选择操作材料时应注意兼顾其艺术性、实用性,尽量为幼儿提供各种有趣的、具有美感的、便于操作的、易于出效果的、丰富多样的操作材料,如卡纸、瓦楞纸、宣纸、色纸、蜡光纸、刮画纸、锡箔纸、玻璃纸,以及纸条、纸绳等各种材质和形状的纸质材料,纸黏土、软陶泥等泥工材料,毛线、布、棉线、毛根、泡沫球、泡棉纸、小木棍、扇面、棉签、丝带、吸管等综合材料。幼儿园还可以为幼儿提供印有或画有相应表现物或自然场景底图的画纸,或带有各种动物、植物、日常用品、几何图形等轮廓的半成品材料。这些半成品材料在设计时同样应考虑到艺术性与美感，使用它们可以帮助幼儿降低手工操作的难度，提高幼儿参与活动的积极性，为幼儿作品的完成提供必要的支撑。

2. 为幼儿提供自主探究材料的机会

幼儿园常见的手工材料及其作用

手工活动需要借助一定的现成材料进行制作和装饰。这些现成的、统一材料的提供可能会使得手工作品缺乏个性，表现样式不够多样，在想象力和创造性方面受到限制。为了克服和避免这种刻板的手工操作带来的局限性，教师应注意尽量留给幼儿自由探索与发现的时间和空间，教师在指导幼儿使用材料时应注意对度的把握。一方面，教师应为幼儿提供接触和使用材料的机会，鼓励幼儿在拍打、揉捏、撕碎、粘贴的过程中了解工具和材料的特性及各种手工操作的技法。教师可通过提问的方式帮助幼儿逐渐明确操作意图，如幼儿在撕纸时，教师可以启发幼儿思考"你在做什么？""你想用它来做什么东西？""你想不想用纸来变魔术？"等，让幼儿意识到纸张可以通过撕撕贴贴变出不同的形象。当幼儿因生理问题造成操作材料使用困难时，教师应及时给予帮助，如幼儿会因手部肌肉力量的发展不足，使用剪刀时不够流畅、自如，教师耐心地指导可以降低幼儿的挫败感，使其实现自己的创作目标。另一方面，教师也不可过度干预幼儿探究材料的过程，避免采用过多示范讲解的方式将操作技能灌输给幼儿，使其失去探索操作的兴趣和自信心，不利于儿童想象力与创作力的发展。

> **小贴士**
>
> 在中班手工活动"好吃的冰激凌"中，幼儿在欣赏了各种各样的冰激凌后，教师并没有直接教授幼儿制作冰激凌的方法，而是先激发幼儿帮助店老板制作冰激凌的欲望，引发幼儿思考如何使用卡纸和超轻彩泥做出美味的冰激凌，幼儿在讨论、尝试过后，纷纷想要介绍自己的方法。有的幼儿说"我用卡纸剪出了三角形的蛋筒，用超轻彩泥搓了一个圆球放在蛋筒上"，有的幼儿说"我的办法更厉害，我用长方形卡纸卷成了蛋筒的形状，上面可以放很多彩泥做成的冰激凌球"……幼儿在自主探究中想出了不同的制作冰激凌的方法，最终的作品也变得形式多样、各有所长。试想如果教师明确规定了幼儿只能制作某一种样式的冰激凌，那么展示栏中将呈现千篇一律的冰激凌作品，幼儿的想象与创造也不复存在。探索与发现环节，不仅培养了幼儿的探索精神，激发了幼儿参与美术活动的兴趣，而且提升了幼儿解决问题的能力。

3. 根据工具和材料的难易程度决定幼儿是否参与探究

最后，教师还应注意，不是所有的操作活动都适宜幼儿自主探索与发现。当手工操作材料或技法的难度过大，如彩陶、皮影的制作等，幼儿无法通过探究习得时，教师可采取直接演示的方式，帮助幼儿较快地掌握操作方法，使其获得成就感，提高活动效率。

（四）创作与表现环节的实施要点

幼儿园在实践创作与表现环节时，常常出现以下问题：第一，教师忽视对幼儿构思的引导，缺乏对操作过程的说明；第二，手工表现形式单一，趣味性不足；第三，幼儿在创作时教师干预过多，幼儿缺乏创意。因此，这一环节的实施要点如下。

1. 创作之前明确交代操作要求

在创作之前，教师需要详细介绍今天手工创作需要用到的工具、材料以及相关的操作注意事项等，帮助幼儿进一步明确要构思、创作的主题。比如，在手工活动"剪窗花"中，幼儿在创作前，教师应提醒幼儿剪刀的正确使用方法和注意事项，避免发生安全事故；引导幼儿注意将剪完的碎纸片扔到垃圾桶里，养成良好的操作习惯；提示幼儿剪窗花的时候看清楚剪的位置，不要把窗花剪断了等。

2. 提倡多样化的表现形式

幼儿园手工活动有时会受到材料的限制，存在作品表现样式不够多样的问题。教师将手工与装饰、涂色、添画等绘画活动相结合，可以帮助幼儿创作出更加多元化的美工作品，增强活动的趣味性、创造性，激发幼儿个性化的表达。例如，同样是用棉签蘸水粉颜料以短斜线来表现小雨，把小雨画在白纸上，或印有池塘背景的底纸上，或画在印有四色池塘图案的扇面上，所产生的作品效果会不一样，活动的吸引力和趣味性也会有所不同。

3. 必要的指导与自主操作相结合

在学前儿童手工活动的实施过程中，一方面，教师需要适时进行必要的组织、引导、讲解、示范和总结；另一方面，教师要为幼儿提供自由探索、动手尝试、制作和表现的机会。幼儿手工活动的过程主要是探究性的，而非模仿性的，即使是一些必要的技能技巧，其获得途径也应是幼儿的自主尝试、探索和发现，在此基础上教师可以进行适时、适当的指导，而不是以简单示范和讲解的方式灌输给幼儿。因此，无论是纸工、泥工还是综合材料制作活动，都需要激发幼儿的创造力，关注和鼓励幼儿的主动探索和动手制作。教师的讲解和示范不能代替幼儿的主动探索和发现，教师的指导和帮助不能代替幼儿自己动手制作和装饰。

（五）欣赏与评价环节的实施要点

学前儿童手工教学活动在欣赏与评价环节往往遇到以下问题：第一，压缩甚至取消欣赏与评价的环节；第二，评价内容重结果轻过程，重技巧轻学习品质；第三，评价主体以教师为主。因此，这一环节的实施要点如下。

1. 重视欣赏与评价环节

在手工活动中，幼儿创作出的手工作品往往表现形式丰富，用途也多种多样。这些作品大多既有观赏价值又有使用价值，有的可以装饰和美化环境，有的可以直接在生活中使用，有的则可以作为玩具用来游戏。教师应充分利用这些作品所具有的既好看又好玩的多重价值，为幼儿提供欣赏、展示、评价及使用作品的机会和条件，引导幼儿相互交流、相互欣赏，共同游戏、共享快乐。

2. 注意评价的全面性和全程性

欣赏与评价环节既包括对幼儿手工作品的评价，也包括对手工活动过程的评价，教师应注意评价的全程性。对于幼儿的手工作品，教师应采取理解、尊重、接纳的态度，给予正面的鼓励与支持，对于不完美的地方以建议的口吻给出意见，如"如果小伞的伞柄粘得再结实些就好了，这样伞就不容易坏了"。在手工创作的过程中，教师的评价应关注幼儿在原有水平上的发展和提高，对幼儿的点滴进步给予鼓励和肯定，既要关注幼儿技能技巧的掌握情况，更要注重其在手工活动过程中的态度、习惯、专注和努力程度等方面的进步。

3. 注意评价主体的多样性

与绘画活动一样，手工活动的评价也采取多主体共同参与的形式，包含教师评价、幼儿自我评价、同伴互评等。多主体参与评价既可以使幼儿不断反思自身，向他人学习，又可以使幼儿不断改进自己的作品，养成精益求精的良好品质。

第四节 学前儿童手工教学活动的案例与分析

一、小班手工教学活动的案例与分析

⊙ 爆米花（纸工活动）

（一）设计意图

每个幼儿都有在童年时期对游乐园最深的记忆。在游乐园中，对幼儿影响最深的是什么呢？通过和幼儿交谈我们发现，幼儿在游乐园中最期待的就是坐上高大的摩天轮在空中旋转，吃着美味的爆米花。怎样将幼儿的喜好通过美工活动的方式呈现出来呢？本活动引导小班幼儿采用揉一揉、搓一搓、粘一粘、画一画的方法表现爆米花，引导幼儿把爆米花呈现在画纸上，带领幼儿将触觉、味觉、视觉等各种体验通过纸张呈现出来，留下幼儿心中快乐的瞬间。

（二）活动目标

（1）欣赏并感受爆米花的造型和色彩特点。

（2）学习将手揉纸采用撕和揉成团的方法表现爆米花。

（3）体验制作爆米花的乐趣和成就感。

（三）活动准备

（1）经验准备：每组幼儿将爆米花的盒子用水粉颜料进行了装饰，幼儿有使用胶棒的经验，在生活中吃过爆米花。

（2）物质准备：制作爆米花的视频、爆米花图片（见图5-14），好吃的爆米花（每组一份，用盒子装好），白色手揉纸，黄色、橙色颜料，水粉笔，爆米花盒子半成品，藏青色卡纸底板，胶棒。

小班泥工活动"多彩棒棒糖"案例与分析

图 5-14 爆米花图片

（四）活动过程

（1）教师通过谜语引出爆米花，激发幼儿的创作欲望。

教师："玉米想追求时髦，去理发店烫个头，结果会怎样呢？"（变成了爆米花）

（2）幼儿观看爆米花制作的视频，品尝爆米花的味道。

① 教师播放爆米花制作的小视频，幼儿感受玉米炸裂开来的奇妙变化过程。

教师："我们来看一看小玉米是怎么变成爆米花的？"

② 教师出示实物爆米花，幼儿观察与品尝爆米花。

教师："每粒爆米花长得都不一样，请你们看一看、尝一尝、说一说你的爆米花像什么？"

（3）幼儿尝试使用手揉纸制作爆米花。

教师："我也想要一盒爆米花，你能帮我制作一盒爆米花吗？"

① 教师出示白色手揉纸，幼儿探索怎样可以变成爆米花。

教师："有一个神奇的方法可以制作出美味的爆米花，请你来试一试和小伙伴一起制作一盒爆米花。"

② 幼儿每人一张手揉纸，自由操作体验将手揉纸搓成团的方法。

③ 幼儿分享制作爆米花的方法和经验。

教师将幼儿第一次尝试制作的爆米花呈现在面前并提问："你觉得谁的爆米花制作得又快又好？我们请他教一教他是用了什么好方法？"

④ 教师给出指导建议，重点关注幼儿在揉成团的过程中要先搓成团，再压紧，最后搓一搓，并集体练习。

教师一边念儿歌一边总结制作爆米花的方法。

爆米花，爆米花，

握握、压压、搓一搓，

噼里啪啦，砰！

（4）幼儿分组制作爆米花，教师观察指导（见图5-15～图5-17）。

图5-15 幼儿制作爆米花场景（一）

图5-16 幼儿制作爆米花场景（二）

图5-17 幼儿制作爆米花场景（三）

① 教师交代制作要求。

教师："每小组共同制作一盒爆米花，你可以根据自己的需要选择合适的手揉纸制作爆米花颗粒，将爆米花颗粒用胶棒粘贴在爆米花盒子中，最后使用黄色或橙色颜料给好吃的爆米花蘸上焦糖。"

② 教师指导：可提供大张手揉纸，让幼儿自己撕出合适大小的纸片，制作出大小不同的爆米花。

（5）开爆米花店，教师将幼儿的《爆米花》作品放在教室的一角进行欣赏与评价（见图5-18）。

图5-18 幼儿展示《爆米花》作品

① 教师鼓励幼儿感受爆米花在画面中不同的摆放呈现出的疏密构图，体验爆米花散落在周围时的趣味。

教师："请小朋友们来做小顾客，看一看你想买哪一盒爆米花？"

② 教师引导幼儿用完整的语言表述自己的想法。

教师："说一说你为什么想买这盒爆米花？"

（五）活动延伸

（1）幼儿将爆米花放在小吃店请爸爸妈妈们来选购。

（2）教师将活动材料投放在美工区，鼓励幼儿继续创作爆米花并装饰爆米花盒。

（六）案例评析

这是一个综合性的美工活动，需要幼儿运用不同的美术技能来表现，通过造型的组合来完成一幅完整的美术作品。教师可以提供食品爆米花，通过组合摆放爆米花，让幼儿感受不同的爆米花组合造型带来的不同画面效果。此活动的主要目标围绕揉成团和粘贴两项主要技能，教学目标明确。教师在指导的过程中应当注意小班幼儿的年龄特点，耐心地引导幼儿完成揉搓小纸团的步骤。在美工区中教师可以提供各种不同的材料（如锡纸、纸浆、纸黏土等），让幼儿继续探索爆米花的制作并完成爆米花盒的装饰。在角色游戏中教师可以鼓励幼儿运用这一美工技能，在游戏中制作爆米花，并将之当作食品丰富游戏情节与内容，将美工活动贯穿到幼儿的一日活动中。

（蒋宁）

⊙ 彩色森林（综合材料制作）

（一）设计意图

《3—6岁儿童学习与发展指南》提出："艺术是人类感受美、表现美和创造美的重要形式，也是表达自己对周围世界的认识和情绪态度的独特方式。每个幼儿心里都有一颗美的种子。"大自然是幼儿最初获取知识的丰富源泉，自然环境中的万事万物直观、具体，使幼儿在接触中懂得了这是什么、那是什么。每当进行户外运动时，幼儿都显得格外兴奋。我们班的小朋友最喜欢去捡掉在地上的树叶和树枝，对他们来说，仿佛不小心发现了宝藏。捡的次数多了，班级里的树枝和树叶多了起来，正好自然角也需要一些装饰，由此我们设计了一次既环保又有趣的美术活动。

（二）活动目标

（1）尝试用不同颜色的超轻黏土进行点状和块状的树枝装饰。

（2）掌握小块超轻黏土的揉、搓、捏、贴等技能，喜欢与同伴合作创作。

（3）喜欢自然界中美的事物，体验美术活动的乐趣。

（三）活动准备

（1）经验准备：幼儿用超轻黏土制作过糖葫芦、饼干等。

(2) 物质准备：硬纸板底框、一次性杯子（剪半）、双面胶，树枝若干、树叶若干，多种颜色的超轻黏土。

(四) 活动过程

(1) 教师设置情境，激发幼儿兴趣。

教师："今天森林里要举行一场派对，小动物们都忙着给树木装饰。可是森林里的树木实在是太多了，需要小朋友们来帮忙，你们愿意吗？"

(2) 教师拟人化地提出要求，鼓励幼儿大胆表现。

① 教师展示各种颜色的超轻黏土，提出彩色装饰要求。

教师："听，这是什么声音？（哭泣声）小兔子姐姐难过地说：'我的树上还没有颜色，我好想要一棵彩色的树呀。'小朋友们，你们怎样才能把小兔子的树变成彩色的呢？"（使用各种颜色的超轻黏土）

② 教师鼓励幼儿合作装饰。

教师："大河马爷爷来了，他说：'树太高太大了，一个人没办法完成。'我们可以怎么帮帮它呢？"（几个人一起完成）

③ 幼儿探索点状和块状装饰方法。

教师："小猪弟弟也来了，他说：'树爷爷年纪大了，身上不能被全部填满，这样他就不能呼吸了。'那应该怎么装饰呢？"

教师小结："大家一起合作，使用多种颜色进行一小块装饰。"

(3) 幼儿共同装饰（见图 5-19），教师鼓励幼儿大胆创作，并巡回指导。

(4) 师幼共同欣赏与评价。

① 师幼共同欣赏，感受作品的美（见图 5-20）。

教师："你们喜欢哪一幅作品呀？为什么呢？"

② 教师鼓励幼儿大胆参与美术活动。

教师："感谢小朋友们为森林派对准备了这么多好看的装饰树，树爷爷开心地笑了，邀请你们一起去参加森林派对，你们愿意吗？"

图 5-19　幼儿制作《彩色森林》　　　　图 5-20　小组作品展示

（五）活动延伸

（1）教师在美工区投放树枝、树叶、石头、超轻黏土等材料，引导幼儿继续装饰彩色森林。

（2）教师将制作好的作品投放在表演区，鼓励幼儿分角色表演彩色森林的故事。

（六）案例评析

《3—6岁儿童学习与发展指南》中艺术领域关于引导幼儿感受与体验有3个要点：一是为幼儿提供审美感受与体验的机会；二是尊重幼儿的独特感受；三是支持幼儿的审美情趣和爱好。在本次美术活动中，教师从日常生活着手，发现幼儿对捡树枝的兴趣浓厚，既充分让幼儿自由去发现、去探索、去感知，又帮助幼儿进行自然角材料的收集与自然角的装饰。

小班幼儿非常喜欢玩超轻黏土，对他们来说，可以把超轻黏土变成各式各样的物品并乐此不疲，但由于其精细动作发展水平不高，揉、搓、捏、压等精细动作对他们来说是一种挑战。在本次活动中，教师营造拟人化的情境和轻松的氛围，引导幼儿大胆尝试，幼儿的参与度一直很高，完成度也非常可喜。另外，小班幼儿往往以自我为中心，交往范围小，在活动中只关注自己，对别人做什么没有特别的反应。在本次活动中，教师引导幼儿合作完成一幅作品，在教师的引导下，幼儿开始关注别人的语言和行动，并做出简单的回应，社会交往能力在美工活动中有所提升。需要注意的是，为了对幼儿进行美感的熏陶，教师在提供给幼儿超轻黏土进行颜色配对时还需要多加注意，尽可能为幼儿提供和谐、美观的颜色进行搭配。

（罗恩琴）

二、中班手工教学活动的案例与分析

⊙ 树影盒子（纸工活动）

（一）设计意图

到了傍晚，幼儿园里的树在夕阳下呈现出的影子太美了，黑黑灰灰的，树的轮廓更加清晰了！幼儿要善于发现和关注美的事物，基于此，追随幼儿的美术体验和学习关键性经验，教师引导幼儿关注夕阳下树的影子，从颜色到造型，幼儿感受到大自然创造的美，于是教师提供了剪刀、黑色和灰色的纸，让幼儿画画、剪剪、贴贴，加入自己的想象和创造，生成了"树影"的手工活动，从简单的树影到有故事的树影，幼儿对树的造型美观察得越来越细致、描绘得越来越生动。

幼儿先是欣赏幼儿园里的树影，然后欣赏摄影作品中的树影，教师引导幼儿不断发现树的造型美，还尝试让幼儿用鞋盒作为工具探索树影的制作，既能帮助幼儿探索与发现空间布局的技巧，又可以让幼儿在完成作品后创作属于自己的"故事盒子"，让美术活动游戏化、延展化、趣味化、多元化，实现借助美术活动的平台丰富语言、社会、科学等领域的活动。

（二）活动目标

（1）欣赏夕阳下、夜晚下树影的造型，初步感知树的构造和前后遮挡的画面布局。

（2）采用影子游戏、图片欣赏、身体动作等多途径感知树影的美，大胆画、剪、拼摆树影，尝试在盒子里制作半立体造型的树影，表现前后遮挡关系。

（3）体验创造性地表现树影盒子的快乐和成就感。

（三）活动准备

（1）经验准备：幼儿有剪、拼贴树造型的经验。

（2）物质准备：树影图片，轻柔的音乐，教师制作的树影盒子成品2～3个、半成品1个，原木色盒盖（事先画好夕阳、夜晚背景色）幼儿人手一个，半成品黑色和灰色树干、树枝、树叶造型若干（幼儿自行剪的），幼儿自行剪的小动物图片若干，铅笔、剪刀、胶棒、双面胶、黑色和灰色纸幼儿人手一份，少量黄色的纸。

（四）活动过程

（1）幼儿玩影子游戏，感受影子的趣味。

教师："（户外）小朋友们，你们看！地上那个你动它也动的黑黑的东西是什么？（人的影子）我们玩踩影子的游戏，看看谁踩得最多？（玩游戏）"

教师小结："白天有阳光的时候能看到我们自己的影子，我们也能看到周围的树的影子呢！"

（2）幼儿欣赏图片，初步感知夕阳下、夜晚中树影的造型特征。

① 幼儿感知夕阳下树影的造型特征。

教师："夕阳落下时，我们看到了树的影子，你们看这是什么时候的树影？（见图5-21）（夕阳下的树影）这棵树是什么样子的？树干是什么样子的？树枝往哪里生长？叶子呢？（有的一片一片地长在树枝上，有的一团一团地聚在一起）"

② 幼儿感知夜晚中树影的特征。

教师："除了夕阳下能看到树影，还有什么时候能看到树影？（见图5-22）（夜晚的时候）这棵树是什么样子的？像什么？（大大的雨伞、大手掌）请你们用动作学一学。（请个别幼儿到讲台前面展示）"

图 5-21 树影图片（一）　　　　图 5-22 树影图片（二）

③ 幼儿体验树影平行排列的特点。

教师："这幅图上有几棵树？（见图 5-23）它们是什么样子的？3 棵树是怎么排队列的？请 3 个小朋友来学一学树的样子，排排队。"（引导幼儿表现树的平行排列）

④ 幼儿体验树影前后排列的特点。

教师："许多树在一起怎么排队列呢？（见图 5-24）（引导幼儿发现树木前后排列，互相部分遮挡）请几个小朋友合作表现有遮挡关系的树。"

图 5-23 树影图片（三）　　　　图 5-24 树影图片（四）

教师小结："树影的造型很特别，有的站得笔直，有的像跳舞的女孩子，有的像大雨伞；树影的排列也有变化，有的站成一排有间隔，有的站在一起前后簇拥、互相遮挡。"

(3) 幼儿探索表现树与树遮挡关系的半立体造型设计。

教师："（出示半成品《树影盒子》）小朋友们你们看，把树影装饰在盒子里可以做出一个'故事盒子'，现在后面的树影贴好了，要贴前面的树可以怎么贴呢？（引导幼儿观察盒子边缘宽宽的边）可以贴在盒沿上，（取一棵做好的'树'）谁来试一试？"（请幼儿讨论、个别探索）

教师："（总结幼儿探索的办法）将'树'的底部往上折一个宽宽的长方形，像一个小板凳，立起来贴在盒沿上，就表现出半遮挡的树，还可以用同样的方式把小

184

动物贴在盒沿上。"

(4) 幼儿操作，制作《树影盒子》（见图 5-25~图 5-28）。

教师重点指导：半立体的树、小动物。

教师根据幼儿的制作情况进行个别指导，如树的造型、树的排列等。

图 5-25 幼儿制作《树影盒子》（一）　　图 5-26 幼儿制作《树影盒子》（二）

图 5-27 幼儿制作《树影盒子》（三）　　图 5-28 幼儿制作《树影盒子》（四）

(5) 幼儿展示作品，互相欣赏（见图 5-29~图 5-32）。

教师："（布置作品的背景墙）请小朋友自己选一个地方布置。说说自己的树影是什么样的？是怎么排列的？有没有遮挡的树？可以给自己的《树影盒子》编一个故事讲给大家听。"

图 5-29 幼儿作品《树影盒子》（一）　　图 5-30 幼儿作品《树影盒子》（二）

图 5-31 幼儿作品《树影盒子》（三）　　图 5-32 幼儿作品《树影盒子》（四）

(五) 活动延伸

(1) 教师在美工区投放材料，引导幼儿继续制作《树影盒子》。

(2) 幼儿回家后将自己创编的《树影盒子》的故事讲给爸爸妈妈听。

(六) 案例评析

树影的选材来自幼儿的生活、来自幼儿每天可以看到的景色，这与幼儿的生活经验紧密联系，是基于幼儿视角的选材内容。如何挖掘树影与中班幼儿美术关键性经验的联结是整个活动的核心内容。

首先，幼儿的已有经验表现为：会初步画树的轮廓，会用剪刀沿轮廓大致剪下，会对树的造型进行简单的组合（如树干、树枝、树叶）。根据最近发展区理论和中班幼儿美术关键性经验，教师采用了如下教学策略：提供鞋盒创设一个新的手工制作方式，从传统的画纸平面创作转变为立体的空间布局创作，鼓励幼儿大胆探索"如何让平面的纸站起来"以及"如何在鞋盒边缘呈现近处的树影"。教师把这个问题抛给幼儿，使其在集体探索中寻找答案，当然答案是多元的，幼儿可以采用不同的方法解决问题。在本次活动中，教师为幼儿提供的"支架"是"折出一个面和鞋盒边缘黏合"，幼儿通过自己的尝试和努力均可以掌握这一技能，幼儿完成作品时体会到了成就感。

其次，鞋盒的载体给幼儿创设了一个可以施展的空间，教师提供了动物造型的纸片用来和树影作伴，有了动物，这个树影空间就充满了情趣，幼儿更加积极地去表现动物和树影盒子的内容。

最后，教师根据幼儿的愿望，鼓励他们把自己做的《树影盒子》创编成故事说给大家听，锻炼了其语言表达能力。

（居君）

⊙ 用泥来捏桥（泥工活动）

(一) 设计意图

使用泥塑的方法捏制桥的立体造型对本班幼儿来说是首次尝试，操作方法和技能有一定的难度。因此，本次活动的重难点在于帮助幼儿认识紫砂泥这种新材料，促进幼儿迁移油泥造型的已有经验，学会采用搓、压、切的基本操作方法制作桥的栅栏、桥墩、桥面等部分，合作对桥进行全方位的立体表现。

(二) 活动目标

(1) 掌握泥塑的基本操作方法，会用搓、压、切的方法制作桥的栅栏、桥墩、桥面等部分。

（2）以小组的形式，合作对桥进行全方位的立体表现。

（3）乐于参与泥塑活动，在活动中体验动手操作的乐趣。

（三）活动准备

（1）经验准备：幼儿已经掌握桥的基本结构，会用油泥制作简单的立体桥造型。

（2）物质准备：各种桥的图片（幻灯片）、普通白色 A4 纸（每人 1 张）、粗头勾线笔（每人 1 支）、紫砂泥（每人 1 块）、刻刀（每组 2 个）、水粉笔中号（每组 2 支）、纸杯（每组 2 个）、抹布（每组 2 块）、彩色吸管（每组 10 根）、剪刀（每组 2 把）、垫板（每人 1 个）、去尖牙签若干。

（四）活动过程

（1）教师出示各种桥的图片，幼儿欣赏、表达、认知桥的造型美、护栏美。

① 幼儿欣赏各种桥的图片，感受桥的造型美与护栏美。

教师："小朋友们你们看，这是什么桥？它看起来像什么？它的护栏是什么样子的？你们觉得美吗？"

② 教师引导幼儿用身体体验桥的形态。

教师："让我们一起晃动身体，感受歪歪扭扭的小桥。这座桥可以怎么用身体来表现呢？"

（2）教师介绍泥塑材料和泥塑的基本方法。

① 教师出示泥塑材料，激发幼儿创作的兴趣。

教师："小朋友们你们看，老师今天带来了一种好玩的材料，是什么呀？泥巴能干什么呢？"

教师："泥巴可以捏出很多好玩的东西，今天我们就来捏一座美丽的小桥，你们想要试一试吗？"

② 师幼讨论泥塑的基本方法。

教师："我们怎样用泥巴来造一座桥呢？我们一起来想一想、做一做。"

教师："桥可以分为哪几个部分？（引桥、桥面、桥墩、栅栏）怎样用泥巴来做引桥和桥面呢？（用压和切割的方法）桥墩可以用什么方法来做？（用搓和捏的方法）栅栏应该用什么方法做呢？（用搓的方法）桥墩和桥面怎样连接起来呢？（用牙签插在中间连接）"

教师："看看这些是什么材料？它们可以用来做什么？"（吸管可以用来做栅栏和装饰，刻刀可以用来雕刻花纹等）

③ 教师示范泥塑方法，请个别幼儿示范操作。

教师："我按照大家说的方法做一做，你们先认真观察老师是怎么做的，等会儿我请小朋友也来试一试。"

（3）幼儿分组设计、制作泥塑桥，教师观察指导。

① 幼儿构思、设计泥塑桥，思考所需制作材料。

教师："你想捏一座什么样的桥？它是什么样子的？请你们发挥自己的想象，把你设计的桥画在画纸上，想一想它需要哪些材料来完成？"

② 幼儿分组合作制作泥塑桥，教师观察指导。

教师："请每个小组选出你们最喜欢的桥的设计图，然后大家分工捏制。商量一下谁负责捏桥面，谁负责做桥墩，谁负责做栅栏。你们遇到困难时可以寻求老师的帮助。"

（4）幼儿分享与评价小组泥塑桥作品（见图5-33～图5-35）。

① 教师引导小组成员介绍自己的泥塑桥作品。

教师："你们小组捏制了一座什么桥？它由哪些部分组成？分别是由谁负责捏制的？你们能给它取一个好听的名字吗？"

② 教师请全班幼儿欣赏、评价泥塑桥作品。

教师："我们一起来欣赏一下你们合作完成的泥塑桥。你最喜欢哪个小组捏制的泥塑桥？说一说你为什么喜欢它？它和别的桥有什么不一样？"

图5-33 幼儿泥塑桥作品（一）

图5-34 幼儿泥塑桥作品（二）

图5-35 幼儿泥塑桥作品（三）

（五）活动延伸

（1）教师在美工区投放多种美工材料，鼓励幼儿继续装饰泥塑桥。

（2）幼儿回家以后与父母一起制作更多精美的泥塑桥。

（六）案例评析

在本次泥塑活动中，教师主要采取了身体体验、示范操作、小组合作的教学方法与策略。在欣赏过程中，教师请幼儿利用身体造型体验桥的形态；在认识材料与制作方法时，教师示范与幼儿示范相结合；在具体制作过程中，教师采用幼儿全体设计、小组合作的方式进行，教师可以参与幼儿的制作，适当地给予操作方法上的帮助，鼓励幼儿大胆探索新材料。

该活动是幼儿初次探索泥塑方法进行立体表现，可以多进行几次，帮助幼儿在熟悉材料的基础上更好地进行造型表现；教师示范应把握好"度"，既要引导和讲解必要的泥塑技能，又不能过于严格规定，要留给幼儿一定的探索空间，鼓励幼儿大胆尝试捏泥的新方法，教师也可以提供泥塑基本操作方法的示意图，带给幼儿更加直观的印象；在分享与评价环节，教师注意将个别小组的成功经验提升为全体幼儿的有益经验。

（史文婷）

⊙树叶大战隐形水（综合材料制作）

（一）活动目标

（1）欣赏各种各样的树叶，感受树叶的形状、颜色、大小不同的特点和美。

（2）通过组合、粘贴的方式，在已有形的材料上用树叶进行动物头像的想象和创作。

（3）大胆尝试，体验借形想象和创意的快乐。

（二）活动准备

（1）经验准备：幼儿会折纸"东西南北"、了解各种动物的造型特征。

（2）物质准备：折好的大小不同、颜色不同的"东西南北"贴在主题墙上，并用布及动物图片遮盖；颜色和形状不同的树叶，芸豆、黑豆等豆子，点胶，黑色勾线笔；操作背景音乐、游戏背景音乐。

（三）活动过程

（1）教师通过情境导入活动，激发幼儿参与兴趣。

教师："快过年啦，森林里有许多小动物想和我们一起过新年，你们想知道都有谁吗？让我们一起去看看吧。（播放背景音乐）哇，这片森林好漂亮，你们找到了哪些小动物?"

教师:"哎呀,不好,小女巫撒隐形药水啦,快保护好自己的脸和身体。"(播放紧张的背景音乐和小巫婆用水喷动物的图片)

教师(拿出折纸示范):"好紧张啊!大家还好吗?快坐下休息一会儿。"(引导幼儿回头看)

教师:"哎呀,你们还认得出它们吗?知道它们是谁吗?它们就是刚才那些住在森林里的小动物,调皮的小女巫把隐形药水洒在它们的身上,你看他们现在脸上就剩下一张嘴能看见,其他什么也看不见,怪不得小朋友们认不出它们了。"

教师:"你们猜猜它是什么动物呀?为什么这么猜呢?它的耳朵是什么样的?它还有什么特征呢?"(请不同的幼儿表达自己的猜想,鼓励幼儿有不同的猜想)

教师:"你们都好厉害,今天我想请你们帮助小动物打败隐形药水,把小动物的样子再变出来,你们愿意帮助它们吗?"

(2)幼儿观察树叶的特征,欣赏树叶的美。

① 幼儿寻找树叶。

教师:"我们怎么帮助小动物呢?现在我们在森林里,就用森林里有的东西吧。森林里有什么东西可以用呢?"

教师(出示树叶):"我们就请树叶来帮助小动物吧!让我们到森林里仔细地看一看、找一找有哪些树叶可以用。"

② 幼儿欣赏树叶,感知树叶大小、形状、颜色的不同。

教师:"你发现了什么样的树叶?它是什么形状、什么颜色的?谁还发现了不一样的树叶?"

③ 幼儿尝试用树叶摆出点、线、面。

教师:"这片树叶可以做小动物的什么部位呢?你可以摆出它的样子吗?这片树叶还能有什么别的用处吗?"

(3)幼儿大胆创作,教师观察指导。

① 教师提出创作要求。

教师出示不同大小的折纸"东西南北"并向幼儿求助:"小朋友们,刚才你们讨论得很棒,真会动脑筋,请你们帮帮森林里所有的小动物,把它们再变回来吧。"

② 教师出示辅助材料(各种豆子)和点胶,重点介绍点胶的使用方法。

③ 幼儿挑选底板,进行创作。

④ 教师观察指导。

(4)师幼分享和评价幼儿的创意作品(见图5-36~图5-43)。

教师:"完成作品的小朋友可以跟随音乐和创意出的小动物一起在森林里玩一

玩。请幼儿介绍自己的创意作品。"

图 5-36　幼儿树叶动物作品（一）　　图 5-37　幼儿树叶动物作品（二）

图 5-38　幼儿树叶动物作品（三）　　图 5-39　幼儿树叶动物作品（四）

图 5-40　幼儿树叶动物作品（五）　　图 5-41　幼儿树叶动物作品（六）

图 5-42　幼儿树叶动物作品（七）　　图 5-43　幼儿树叶动物作品（八）

教师:"你帮助的是哪只小动物,说说你是怎么帮助它的?"

(四) 活动延伸

(1) 幼儿回家后将自己制作的动物展示给爸爸妈妈看,讲一讲动物的故事。

(2) 教师将材料投放到美工区,请幼儿继续制作更多不同的小动物。

(五) 案例评析

本活动充分体现了游戏化的美术教学设计。

(1) 美术教学内容游戏化。中班幼儿对鲜艳的色彩、自然物和可爱的动物非常感兴趣,他们喜欢绘画各种各样的动物,用多种生活材料和自然材料进行拼摆,根据幼儿的这一特点和当时的秋季特征,活动内容定位于以各种树叶为主要材料,表现各种动物头部造型的创意手工,达成了从多种途径收集、选择适宜的游戏化的美术教学内容、形式、题材,然后进行整理、筛选、加工,使美术教学内容成为一种游戏的目标。

(2) 美术教学过程游戏化。活动中教师首先以在森林场景中寻找小动物为导入,激发幼儿对动物的兴趣;然后出现的小巫女和隐形药水将活动导入一个关于折纸造型"东西南北"的发散性想象中,帮助幼儿回忆和巩固对多种动物头部造型和局部特征的了解;接着欣赏秋天形状、颜色、大小不同的树叶,通过借形想象、组合想象等多种方式尝试表现动物的头部造型;最后通过合作将折纸"东西南北"和树叶组合,配以辅材进行表现。比如,有的幼儿通过两片大大的玉兰树叶表现小动物的大眼睛,有的幼儿用松针叶作为触角,还有的幼儿将相同的树叶围绕一圈来表现狮子脸部的鬃毛⋯⋯在情境的转换、小组讨论和个别交流中,层层递进的活动逐步促进目标的达成。通过多种游戏情境,教师创造性地根据教学内容设计、运用多种游戏方法,将游戏融于美术教学过程之中。

(3) 教学评价游戏化。教师除了用语言表述造型设计思路、表现方法、材料选择等之外,还可以请幼儿带着作品进入情境中进行表演,让幼儿获得成功感和满足感,同时通过观察同伴作品使自己的创意和表现技法得以提升。

(缪颖)

大班纸工活动"手拉手,上学去"案例与分析

三、大班手工教学活动的案例与分析

⊙ 神奇的印第安人(泥工活动)

(一) 设计意图

"有趣的脸"是系列陶艺活动,幼儿先认识自己的五官,然后发现每个人的五官都是不同的立体构造,能用陶泥进行立体创作,最后能在

已有经验的基础上进行创意表现。

在几次活动后，幼儿发现对立体脸的塑造在颜色、泥的延展性等制约下明显不如在平面纸上画的"面具"那样夸张、诙谐、有张力。于是，幼儿提出需要一些其他材料进行补充。在大家的努力下，丰富的废旧材料进入了我们的陶艺课堂，幼儿大胆地进行尝试。经过他们小手的摆弄，五颜六色的毛根弯曲后成了时尚的发型，大红大绿的鸡毛成为装饰发夹，夹衣服的木夹子成了"小男孩"的耳朵，丰富多彩的瓶盖成了头上的帽子……幼儿的这种创意来源于生活又再现生活，大胆、自信，没有丝毫矫揉造作，泥巴的质朴与废旧物的浑然一体，真可谓"稚拙中见生动，平淡中见乐趣"。因此，让幼儿把自然物品与陶泥进行结合，不仅是一种艺术创造活动，而且是培养幼儿创新实践能力的有效途径。当制作完成的第一个神奇的"脸"进入幼儿视线中时，一位能干的小女孩说："这个脸真有趣，我也想做一个！"很多幼儿的兴趣一下子被激发出来，在幼儿热切的期盼下，教师和他们进行了一场印第安人的探秘活动。

（二）活动目标

（1）初步接触浮雕脸谱的立体感，并学习采用手捏、刻画、堆贴的方法大胆地进行创作。

（2）能够采用多种材料进行装饰，创造性地塑造可爱、有趣的印第安人形象。

（3）对不同文明及文化产生兴趣和关注，乐于表达、表现。

（三）活动准备

（1）经验准备：幼儿对用陶泥制作立体脸有初步的能力，并对印第安文化产生探索的欲望和兴趣。

（2）物质准备：陶泥等主要材料，印第安人图片若干，羽毛、毛根、亮片、树枝、树叶等辅助材料。

（四）活动过程

（1）教师谈话导入，幼儿回忆经历。

教师："这两天，小朋友们对印第安人的生活作了一些研究，谁能来说说印第安人是怎么生活的？他们跟我们一样吗？哪里不一样？"（幼儿自由讲述）

（2）幼儿欣赏印第安人图片（见图5-44~图5-47），观察其脸部夸张的表情和面部、头上的装饰。

① 教师出示欣赏图片，引导幼儿观察印第安人的面部特征。

教师："你们觉得这些脸和我们的脸一样吗？看上去感觉怎么样？"

小结："原来他们因为要捕捉猎物，所以故意把自己打扮成凶狠的样子。我们一起学一学他们的样子。"

图 5-44　印第安人图片（一）　　　　　图 5-45　印第安人图片（二）

图 5-46　印第安人图片（三）　　　　　图 5-47　印第安人图片（四）

② 教师出示欣赏图片，引导幼儿观察印第安人头上丰富的装饰。

教师："你最喜欢哪个印第安人呢？为什么？找一找他们的脸上和头上都装饰了些什么？"

教师小结："印第安人的脸上会有不一样的表情，他们的眼睛、嘴巴都比较大，头上和脖子上插满了羽毛、挂满了各种动物的牙齿，他们有的看起来很凶，有的看起来很滑稽，那是因为他们要打猎，所以表情自然而然就和凶猛的动物有点儿像，虽然看起来很夸张，甚至还有点儿恐怖，但是这也是他们保护自己的一种方法呢！"

(3) 幼儿熟悉材料，为装饰做准备。

教师："为了今天的活动我们大家准备了很多丰富的材料，那谁来说说，你为自己找了哪些材料？它们可以怎么用？"

幼儿进一步熟悉材料，说说这些材料可以用来装饰的地方。

(4) 教师交代制作要求，幼儿创作，教师指导。

① 教师引导幼儿构思、讲述如何制作印第安人。

教师："小朋友都学会了制作脸，那请小朋友说一说，如果让你用陶泥制作一个印第安人的脸，你会怎么做呢？幼儿根据已有的经验讲述制作脸的过程。"

② 教师出示材料，激发幼儿的创作兴趣。

教师："看！今天除了小朋友自己准备的材料，老师还准备了一个大大的'百宝箱'呢！如果在制作的过程中有需要材料的小朋友可以来我这里找一下，或许会有你想要的哦！"

③ 教师交代制作要求。

教师："等会儿我们制作好印第安人的脸以后，就可以用各种各样的材料进行装饰，我们比一比谁的印第安人打扮得最漂亮！"

教师："现在就请所有的小朋友闭上眼睛好好想一想，你想设计什么样的印第安人呢？准备好了就开始吧！"

④ 幼儿自由创作，教师巡回指导。

(5) 教师展示、欣赏幼儿作品。

教师："看！小朋友们的手可真巧，快来看看你最喜欢哪个小朋友的作品，最喜欢它哪里？"（幼儿自由欣赏）

教师小结："老师觉得今天我们小朋友做得都很棒，老师真为你们高兴，你们开心吗？"

(6) 结束活动。

教师："你们知道吗？印第安人开心的时候会围在一起跳舞、庆祝呢！让我们也跟着好听的音乐，一起来跳舞吧！"

（五）活动延伸

(1) 教师将材料投放到美工区，请幼儿继续制作并装饰"神奇的印第安人"。

(2) 教师将晾干的泥工作品做成面具，在表演区开展"神奇的印第安人"表演游戏。

（六）案例评析

有人说，"让幼儿一只手承接生活的原汁，另一只手紧握创造的火把"，这是幼儿体验到了对知识的向往，体验到了生活和知识的力量。本活动来源于幼儿的对话，是幼儿由衷的兴趣和愿望，教师引导幼儿通过视、听、感等多层次的体验萌发创造激情，鼓励幼儿主动思考、探索和创造。

多给幼儿尝试新的绘画工具、材料，是保持幼儿玩泥兴趣最有效的方法之一，同时也能够激发他们的探索欲望、满足他们的好奇心。为了加强幼儿对多种玩泥形式的认识，我让幼儿先后尝试了泥版印章、泥板刻画、玩泥浆、结合废旧材料创作、泥条拼画等，每种尝试都有不同的玩法和效果，给幼儿带来了喜悦，也使他们的思维越来越灵活，创造性也得到了提高。

在活动组织过程中我发现教师的辅助功能必不可少，且一定要及时、适时。幼儿需要技术指导时，教师绝不能袖手旁观，与幼儿通过各种渠道一起探索泥塑的表现技巧至关重要。

（冯燕芬）

⊙ 树叶画（大班综合材料制作）

（一）活动目标

（1）欣赏树叶画作品，感受其独特美感。

（2）了解树叶画的创作过程，尝试用形状、颜色各异的树叶创作树叶画。

（3）在活动过程中体验创作树叶画的乐趣。

（二）活动准备

（1）经验准备：幼儿对不同的树叶有初步的认识。

（2）物质准备：树叶画作品，白色卡纸，胶水，大量形状和颜色各异的树叶，彩色水彩笔，剪刀。

（三）活动过程

（1）教师在保证幼儿安全的情况下带领幼儿在幼儿园里捡落叶。

① 教师提前收集多种落叶，并向幼儿展示，以便吸引幼儿的注意力，激发幼儿的兴趣。

教师："小朋友们快看，老师手里拿着的是什么呀？没错，是树叶。那么，谁能来分享一下，你平时都见过什么树叶，那些树叶都长什么样子？"

② 教师带领幼儿一起去捡树叶。

教师："秋天来了，小朋友们有没有发现，大树下面多了好多的落叶！刚刚给大家看的叶子都是老师今天在大树下捡的。可是老师现在还需要好多好多不同的树叶，想要小朋友们帮老师一个忙，有没有小朋友愿意帮老师一起去捡落叶呢？"

（2）教师让幼儿欣赏树叶画作品，通过师幼共同探索，幼儿了解创作过程，初步感受《树叶画》的特征。

教师："大家知道老师为什么要收集这么多树叶吗？因为我们今天要创作《树叶画》！小朋友们快看，这些用树叶组合、拼贴而成的画，就叫《树叶画》！"

① 教师展示《树叶画》作品，引导幼儿观察《树叶画》作品的形象。

教师："你们看，树叶都变成了什么？"（驴子、老鼠、金鱼、青蛙）

② 教师带领幼儿欣赏第一幅《树叶画》（见图 5-48），感知树叶的颜色、形状、构图特点。

教师："我们来看看第一幅画。你们觉得这像什么呀？有什么特点？"

教师小结:"这是一头驴子,它站立着,头朝向我们,眼睛正视前方。它的耳朵、四肢很修长,脸尖尖的,还有条长长的尾巴。"

教师:"这幅画中有几种树叶?它们是什么颜色?又有什么样的形状呢?"

教师小结:"这幅画中有9种树叶。从形状上看,有的呈圆形,有的呈椭圆形,有的一端圆、另一端尖。从颜色上看,有的是黄色,有的是绿色,有的是棕色。"

教师:"这些形状、颜色各异的叶子是怎样拼贴成一头驴子的呢?"

教师小结:"细而长的两端尖的树叶适合作为驴子的耳朵和四肢,椭圆形或者一端圆、另一端尖的叶子适合用来表示驴子的脑袋和拼接成身体躯干。必要时还可以将树叶修剪成自己想要的形状,如驴子半圆形的鼻子、圆形的脚等。同时,还可以借用彩笔加以修饰,如驴子的尾巴和眼睛。"

教师:"请想一想,这幅画带给你什么样的感觉?你喜欢这幅《树叶画》吗?为什么?"

③ 教师引导幼儿欣赏、讨论第二幅、第三幅、第四幅树叶画(见图 5-49~图 5-51)。

图 5-48 树叶画欣赏作品(一)　　　图 5-49 树叶画欣赏作品(二)

图 5-50 树叶画欣赏作品(三)　　　图 5-51 树叶画欣赏作品(四)

教师:"你们看,树叶又变成了什么?你找到了几种树叶?这些树叶又是如何拼出小动物的呢?"

（3）幼儿动手创作《树叶画》，教师在一旁观察指导。

教师："老师给小朋友们准备了纸笔，接下来请各位小画家用刚刚捡来的树叶，创作一幅属于自己的《树叶画》吧！"

教师小结："小朋友们有没有发现，刚刚我们一起欣赏的作品，创作的都是一些小动物。那么，请转动你们的头脑，想一想除了小动物，我们还可以用树叶创作什么呢？用树叶点缀背景，会让画面更好看哦！"

（4）教师和幼儿一起展示作品、欣赏评价。

教师："你创作的是什么形象？你选取了哪些树叶来组合你的画面？你是怎样组合这些树叶的？你最喜欢哪个小朋友的画？为什么？"

（四）活动延伸

（1）幼儿回家后与父母一同捡拾不同的树叶，共同制作一幅《树叶全家福》。

（2）教师将材料投放到美工区，鼓励幼儿用树叶粘贴出更多不同的动物、人物造型。

（五）案例评析

这是一个与手工相关的美术教育活动。该活动的目标明确：在作品欣赏中对《树叶画》形成初步的了解和认识；为形状、色彩之间的组合搭配积累经验，能够尝试独立创作自己的作品；能够大胆地表达与创作，并在创作中收获快乐。活动内容和过程是在活动目标的基础上设计和制定的，包括通过师幼共同探索了解《树叶画》的创作过程、幼儿独立思考尝试与教师在旁观察指导的有机统一等。

本案例重视发挥幼儿的主体性，教师鼓励幼儿积极思考、大胆尝试。为了让幼儿更好、更直观地认识和理解《树叶画》的特征及其创作过程，教师以其中一个作品为例，引导幼儿进行欣赏。在活动过程中，教师重视与幼儿的互动，教师有层次地提问，不断启发幼儿，并鼓励幼儿大胆表达，以达到循循善诱、逐渐深入的效果。这样，师幼共同探索、教师总结提升的过程环环推进，有利于教师和幼儿一步步朝着目标靠近。

在独立创作过程中，幼儿可以尽情创作自己喜爱的形象，通过尝试和探索，感受不同树叶的组合拼贴带来的惊奇效果，并运用自己各种潜在的和现实的能力，使自己处于主动创造的中心。该活动不仅能给幼儿带来一次很好的审美体验，而且能让幼儿收获极大的快乐、获得满足感。

（易思源、王任梅）

单 元 回 顾

⊙ 单元小结

本单元主要讨论了以下3个问题：
(1) 学前儿童手工能力的发展。
(2) 学前儿童手工教学目标。
(3) 学前儿童手工教学活动的基本环节与组织实施。

学前儿童手工能力的发展分为以下3个阶段：玩耍阶段（2~4岁）、直觉表现阶段（4~5岁）、样式化表现阶段（5~7岁）。2~4岁的幼儿由于认知水平有限，手部肌肉、骨骼发育尚不完善，他们对于手工工具和材料的性质、功用认识不足，也不能灵活地操作材料，幼儿没有明确的活动目的，只是以纯粹的玩耍为中心，享受自主探究的愉悦过程。直觉表现阶段的幼儿认知能力及手部精细动作逐渐发展，表现出较强的创作欲望，往往在手工创作之前，具有一定的创作意图，并且愿意通过动作操作实现自己的想法，该阶段幼儿的手工作品仍较为粗糙，折叠不工整、撕剪的轮廓不光滑是常见现象。样式化表现阶段的幼儿随着手部精细动作、手眼协调能力的不断提高，熟练掌握了多种工具和材料的使用方法，创作的目的性更加明确，合作能力有所提升，愿意付出努力将作品完成到满意为止，他们已不能满足于仅用一两种技能制作简单的形象，而是希望能用多种工具和材料制作出他们喜欢的、较为复杂的形象，并将这些形象组合成具有一定情节的场面，作品更加圆润、成熟、美观。

学前儿童手工教学的目标可以定位为：喜欢手工活动，体验手工创作的乐趣；学会使用不同的手工工具和材料，掌握手工制作的基本方法；能大胆塑造和制作多种平面和立体的手工作品，美化周围环境和进行游戏活动；养成良好的手工操作习惯和个性品质。根据学前儿童手工能力发展的特点，结合学前儿童手工教育总目标，我们可以制定出学前儿童手工教学的年龄阶段目标。

学前儿童手工教学包括5个基本环节：一是导入与激趣环节，导入的方式与绘画活动类似，如直观形象导入、情境导入、故事导入、游戏导入等，应结合具体的活动内容和幼儿的兴趣、经验选取适宜的导入方法。二是感知与体验环节，在手工活动中强调幼儿通过视觉、听觉、触觉、运动觉及言语知觉等多种方式对自然、社会生活中美的事物和艺术作品进行欣赏、感受，产生情感共鸣，加深对审美对象的理解和感悟，实施时应注意提供典型性、多样化、审美性的感知作品，调动幼儿多种感官参与体验。三是探索与发现环节，即对手工操作技法或各种工具和材料特性及使用方法的探究与尝试，实施时应注意为幼儿提供种类丰富且适宜的材料，为幼儿提供自主探究材料的机会，根据工具和材料的难易程度决定幼儿是否参与探究。四是创作与表现环节，注意创作之前要明确交代操作要求，提倡多样化的表现形式，必要的指导与自主操作相结合。五是欣赏与评价环节，实施时应加强对这一环节的重视，注意评价的全面性和全程性，注意评价主体的多样性。

⊙ 拓展阅读

［1］边霞．幼儿园美术教育与活动设计［M］．2版．北京：高等教育出版社，2016．

［2］孔起英．幼儿园美术领域教育精要：关键经验与活动指导［M］．北京：教育科学出版社，2015．

⊙ 巩固与练习

一、名词解释

1. 学前儿童手工教学活动
2. 直觉表现阶段
3. 样式化表现阶段

二、简答题

1. 简述小班幼儿手工能力发展的特点。
2. 简述学前儿童手工教学活动的基本环节。
3. 在幼儿园手工教学中，感知与体验环节的实施要点有哪些？

三、论述题

1. 谈谈处于样式化表现阶段的幼儿在手工制作中表现出哪些特点？作为一名准幼儿园教师，了解这些特点对教育教学有什么价值？

2. 根据《3—6岁儿童学习与发展指南》的要求，谈谈教师应如何支持与指导幼儿开展手工创作？

四、案例分析题

在一次手工活动中，教师拿出小朋友从家中带来的蜗牛请他们观察，随后教师又展示了小蜗牛的纸工范例作品，并对幼儿说："今天老师带蜗牛出来散步，蜗牛可高兴了！"教师边说边示范蜗牛的制作方法，接着请幼儿动手做一做小蜗牛，并要求幼儿在画面上添画背景来构建作品的情节。幼儿开始按照教师的范例制作蜗牛。教师发现阳阳在画面上涂了一块褐色，教师感到不解并用指责的语气说："阳阳，你这是做什么？你的小蜗牛呢？""老师，我的小蜗牛躲到石头下面去了。""为什么小蜗牛要躲到石头下面去？"教师继续追问。"因为小朋友们老是要去抓它、摇它，所以我叫它躲起来。"教师听后十分不耐烦，催促他尽快按照范例完成蜗牛的制作。

问题与思考：

1. 请结合案例谈谈教师在手工活动中的指导策略如何？
2. 如果你是教师，会如何引导阳阳？

五、实践题

从以下内容中选择其一，按照规范的格式撰写学前儿童手工活动教案，并分组进行模拟试教。

1. 小班泥工活动："冰糖葫芦"。
2. 中班折纸活动："企鹅"。
3. 大班综合材料制作活动："家用电器"。

第六单元 学前儿童美术欣赏教学活动

导言

　　小方从学前教育专业毕业后在幼儿园工作一年了，她发现自己工作的幼儿园的美术教学活动一直以绘画和手工活动为主，很少开展欣赏活动，有的班级甚至从不开展，美术欣赏活动在幼儿园美术教育中似乎成了可有可无的部分。究其原因，主要有两方面：一方面，幼儿园里的一些教师认为美术欣赏活动对学前儿童不重要，学前儿童也不具备欣赏和理解艺术作品的能力；另一方面，即使一些教师认识到美术欣赏活动对学前儿童美术素养养成的重要作用，也往往会因为自己不知道如何欣赏艺术作品，不知道如何组织美术欣赏活动而选择放弃。

　　因此，作为一名未来的幼儿教师，应该了解学前儿童美术欣赏能力的发展特点、理解学前儿童美术欣赏教学目标，掌握学前儿童美术欣赏活动的基本环节与实施要点。通过本单元内容的学习，你将对学前儿童美术欣赏教学有所了解，并从中得到一些启发。

学习目标

　　1. 记忆与理解：学前儿童美术欣赏能力的发展阶段；学前儿童美术欣赏教学目标。
　　2. 理解与应用：学前儿童美术欣赏教学活动设计、基本环节与实施要点。
　　3. 应用与创造：应用所学理论，尝试设计并组织幼儿园美术欣赏教学活动。

思维导图

- 学前儿童美术欣赏教学活动
  - 学前儿童美术欣赏能力的发展
    - 本能直觉阶段（0~2岁）
    - 主观的审美感知阶段（2~7岁）
  - 学前儿童美术欣赏教学目标
    - 学前儿童美术欣赏教学的目标
    - 学前儿童美术欣赏教学的年龄阶段目标
  - 学前儿童美术欣赏教学活动的基本环节与组织实施
    - 学前儿童美术欣赏教学活动的基本环节
    - 学前儿童美术欣赏教学活动的实施要点
  - 学前儿童美术欣赏教学活动的案例与分析
    - 小班美术欣赏教学活动的案例与分析
    - 中班美术欣赏教学活动的案例与分析
    - 大班美术欣赏教学活动的案例与分析

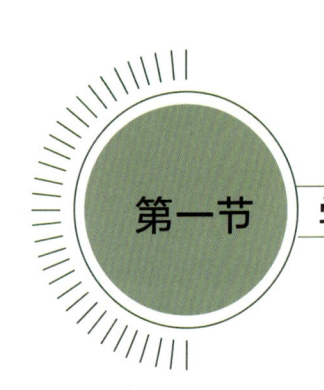

第一节 学前儿童美术欣赏能力的发展

美术是一种视觉艺术，学前儿童美术欣赏能力的发展与其自身视觉能力的发展是密切联系在一起的。根据国内外已有学者的研究，学前儿童美术欣赏能力的发展可以划分为本能直觉阶段（0~2岁）、主观的审美感知阶段（2~7岁）。

一、本能直觉阶段（0~2岁）

在这一时期，儿童的欣赏行为主要表现为形式审美要素的直觉敏感性和注意的选择性，是纯表面的和本能直觉的，主要通过视觉、听觉、运动觉的协调活动进行信息的相互交换。此时，儿童对形状、色彩等基本形式要素的视觉偏爱，只是由生理机能组织决定的，是一种本能的快感，没有真正独立的美感反应。

视觉是婴儿的一种重要感觉能力，婴儿在不能开口说话、行动、通过手口认识事物之前，只能通过视觉注意、识别、定位物体来感受和学习新事物。科学研究显示，婴儿从出生时就有明显的视觉偏好，他们的眼睛会追随自己喜欢的事物。

对颜色的直觉感知案例

（一）对颜色的直觉感知

新生儿已经有初步感受各种颜色的能力，但由于其视力只有成人的1/30~1/10，所以更偏爱鲜明的对比色。"在只能模糊地看到物体的情况下，物体的颜色反差越大，新生儿越能辨认出物体的主要形状和轮廓。黑白色的对比强度最大，所以新生儿更喜欢追视黑白色。"[1] 一般认为，婴儿约从第4个月开始对颜色有分化性反应，他们对颜色的感知能力已接近成人水平。波长较长的暖色（红、橙、黄）比波长较短的冷色（蓝、紫）更容易引

---

[1] 冯夏婷. 透视0—3岁婴幼儿心理世界：给教师和家长的心理学建议 [M]. 北京：中国轻工业出版社，2016：20.

起婴儿的喜爱，红色的物体特别能够引起婴儿的兴奋。冯小梅用"去习惯化"的方法测定婴儿的颜色视觉分辨能力，发现80%出生8分钟至13天的新生儿就能分辨红圆和灰圆。斯塔普利斯用"视觉偏爱法"测试婴儿早期的视觉偏好，他给婴儿呈现2个亮度相等的圆盘（一个是彩色的，另一个是灰色的），测量儿童注视的时间，结果显示，出生3个月的婴儿注视彩色圆盘的时间几乎是注视灰色圆盘的2倍。

（二）对形状的直觉感知

婴儿似乎天生对复杂的图形有所偏爱。发展心理学家范茨做过一个经典的测试，他制作了一个观察箱，婴儿可以躺在观察箱里看到上方成对的刺激，研究者可以通过观察婴儿眼睛里反射的物体来判断他正在看什么。实验结果表明，婴儿对不同刺激的特定颜色、形状和结构有偏好，喜欢曲线胜过直线、喜欢三维图形胜过二维图形、喜欢人脸图案胜过非人脸图案。

（三）对深度的直觉感知

婴儿很早就具有深度知觉。美国心理学家吉布森和沃尔克的"视觉悬崖"实验表明，6~14个月的婴儿害怕高，即使母亲在旁边呼唤也不会爬过透明玻璃。

总之，婴儿在出生不久就已经对颜色和形状两个基本要素具有一定的审美感知能力。虽然儿童这些最初的反应只是一些本能反应，但为以后其接受更高层次的美术欣赏活动做好了心理准备。

二、主观的审美感知阶段（2~7岁）

随着儿童认知能力的发展和生活经验的丰富，2岁以上的儿童感知和理解美术作品不再仅仅是一种生理的、直觉的反应，而是表现出以下特点。

（一）关注作品的内容多于形式

当2岁以上的儿童面对一件美术作品时，他们首先感知的是美术作品的内容，很少能有意识地注意作品的形式审美特征，这表明儿童还没有完全形成一种真正意义上的审美态度，对待美术作品只是一种"求实"的态度。这个阶段的儿童，对美术作品内容的感知仅仅局限于画面上画了什么。无论是抽象作品，还是具象作品，儿童对其内容的关注总是多于对形式的关注。例如，儿童在欣赏莱顿《缠线》时说:"画里面有两个人,手里拿着毛线团,后面还有很漂亮的云朵!"在欣赏马蒂斯《克里奥尔的舞者》(见图6-1)时说:"画里面有花、草,还有一个人他是不是在跳舞!""我发现有很多花,上面看起来像个人,还穿着裙子呢!"

图6-1 《克里奥尔的舞者》 马蒂斯

此外,儿童对作品内容的把握往往是浅表层次上的感知和理解,还不能深入地感知和理解美术作品所蕴含的意义。例如,儿童在欣赏《缠线》时说:"我觉得她们很厉害,绕了好大的一个毛线球!她们是外国人,眼睛和我们的不一样,头发也不一样!我要画很大、很多的毛线球,比她们还厉害!"

(二)初步关注作品的形式审美特征

在成人的引导下,2岁以上的儿童已经开始初步关注作品的形式审美特征,具备感知、理解作品形式审美特征的初步能力。

1. 对线条与形状的感知

在对线条与形状的感知方面,儿童受其具体形象思维的影响,倾向于把线条与形状和具体的形象联系起来进行谈论。例如,儿童在欣赏毕加索《哭泣的女人》时说:"有很多尖尖角,好像有很多刀子。"儿童在欣赏康定斯基《圆之舞》(见图6-2)时又说:"它们很像我们的眼睛圆圆的!有大的有小的圆形!"

幼儿还能感受到线条和形状所表现的情感。从下面这段师幼对话[①]中,我们可以发现,幼儿在欣赏《哭泣的女人》和《梦》时,能通过线条感受到作品表达的不同情感。

教师:"我们来比较一下,这两幅画的线条有什么不一样?"

幼儿1:"这幅画(《梦》)线条很对称,很规则。"

---

① 边霞. 幼儿园生态式艺术教育的理论与实践[M]. 杭州:浙江教育出版社,2017:170.

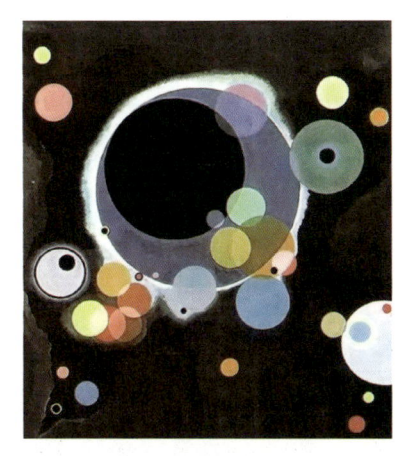

图 6-2　康定斯基《圆之舞》

幼儿2："《梦》的线条很简单，觉得很自在。这幅画（《哭泣的女人》）的线条很难受。"

幼儿3："它（《哭泣的女人》）线条很多，很乱，太乱了！"

教师："《梦》用的都是曲线，那《哭泣的女人》呢？"

幼儿1："斜线、直线，还有折线。"

幼儿2："线很多，很乱。我自己也很乱。我的心很乱。画家的心也很乱。"

教师："这种线给你什么感觉呢？"

幼儿1："我觉得很难受。"

幼儿2："我很疼。"

幼儿3："有很多尖尖角，好像有很多刀子。"

2. **对色彩的感知**

幼儿对色彩的视觉效果感受性最强，色彩的情感效果和象征效果感受性相对较弱。例如，幼儿在欣赏希施金《橡树·傍晚》（见图 6-3）时，能敏锐地感受到阳光照射下树叶的色彩视觉效果，并且会自觉地探索色彩的生成问题[①]。

教师："阳光照在树上是什么样子的？"

幼儿："有的树叶颜色淡，有的树叶颜色深。"

教师："为什么会有深浅的变化呢？"

幼儿1："有些地方是阳光照射的。"

幼儿2："我觉得很多很多阳光把树叶照得有的地方颜色深，有的地方颜色淡。"

教师："你们都觉得在这幅画上看到了阳光，阳光照在树干上，树干有变化，

---

① 边霞. 幼儿园生态式艺术教育理论与实践［M］. 杭州：浙江教育出版社，2017：114.

阳光照在树叶上，树叶有变化。"

幼儿："颜色很鲜艳，黄色，不像一般的大树。"

教师："阳光照到树干上有什么变化？"

幼儿1："树干变成像菠萝一样的黄色。"

幼儿2："我才不同意你的意见呢，是我们调出来的黄。"

幼儿3："对，我们自己调过的。"

幼儿4："是金黄色。"

图6-3 希施金《橡树·傍晚》

在该阶段，幼儿对色彩情感效果的感知从萌芽状态逐渐向情感联想阶段发展，如从下面的一段欣赏《梦》时的师幼对话①中，我们能够发现幼儿能感受到不同色彩的情感效果。

教师："红颜色给你什么样的感觉？"

幼儿1："很舒服，很快活。"

幼儿2："很温暖。我感觉我变暖和了。"

幼儿3："我也是。"

教师："想一想，如果把沙发的颜色换成黑色的呢？"（出示换成黑色沙发的《梦》）

幼儿1："觉得很可怕。"

幼儿2："后面背景全是黑的了，不好看。"

幼儿3："一点儿也不温暖了。"

---

① 边霞. 幼儿园生态式艺术教育理论与实践［M］. 杭州：浙江教育出版社，2017：168.

在色彩象征效果感受方面，幼儿的感受甚为微弱，随着年龄的增长，幼儿的这一能力将逐渐发展完善。

3. 对空间构图的感知

随着幼儿空间认知能力的不断发展，大多数幼儿具备了感知美术作品空间深度的能力。这种能力随着年龄增长而不断发展，但在很大程度上仍然受到内容的影响。例如，幼儿在欣赏《林中雨滴》（见图 6-4）时，认为画中的大树"一些小，一些大""远处的小、暗""近处的树占了画面一半的地方""近处的颜色很深，远处的颜色淡"。由此可见，幼儿已经能感知作品的空间构图。

图 6-4 希施金《林中雨滴》

4. 对情感表现性的感知

实验证明，"幼儿对表现各种情绪情感的作品都有着浓厚的兴趣，不管是正面的还是负面的，只要作品有着强烈的情感表现性，他们都能给出种种适宜的描述和猜测，敏锐地把握住作品的主要感觉。有时其把握之准确和到位的程度，远远超出了成人的预料，令人不得不为之叹服"[1]。例如，在欣赏马蒂斯《红色的房间》（见图 6-5）时，幼儿感觉"很舒适""很快乐""很热闹"；在欣赏毕加索《哭泣的女人》时，幼儿感觉"很伤心""很难受""不舒服"。我们再来看看下面这段欣赏蒙克《呐喊》（见图 6-6）时的师幼对话[2]。

教师："看这一幅画（《呐喊》），它给你什么感觉？"

幼儿1："啊！"

---

[1] 边霞. 幼儿园生态式艺术教育的理论与实践［M］. 杭州：浙江教育出版社，2017：163.

[2] 同[1]161-162.

幼儿2:"让我不高兴!"

幼儿3:"鬼!"

教师:"还有什么感觉?"

幼儿1:"很恐怖!"

幼儿2:"很好玩!"

幼儿3:"他在叹气!"

幼儿4:"这个人走在桥上,很痛苦!"

幼儿5:"他好像要跌下来了,说'喂,快来救救我呀!'他很害怕!"

幼儿6:"他很伤心、很难过、很害怕!"

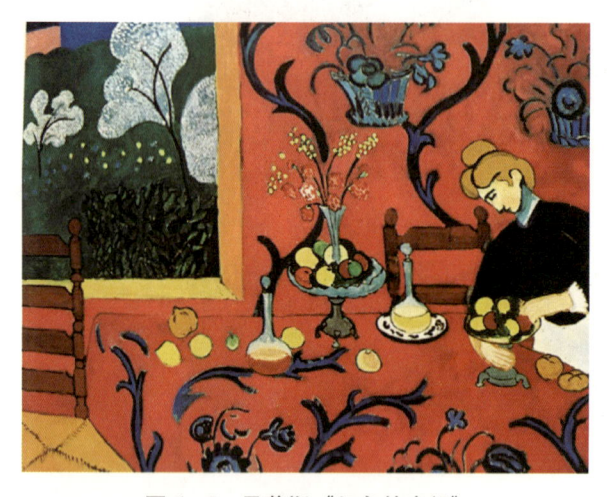

图 6-5 马蒂斯《红色的房间》　　图 6-6 蒙克《呐喊》

当教师有意识地引导幼儿对美术作品的情感表现性进行感知时,大多数幼儿能够根据作品的内容及作品的形式美特征,结合自己的情感偏好、想象因素等,较好地感知和解释作品的情感表现性。

(三)幼儿对美术作品的审美偏爱特点

幼儿对美术作品的审美偏爱是指幼儿对美术作品的优先关注或选择的心理倾向,在某种程度上它决定着幼儿审美活动的指向性和选择性。在学龄前,幼儿的审美偏爱呈现出一定的一致性和稳定性的特征。在作品风格方面,幼儿最偏爱夸张、拟人、具象风格的美术作品。"尽管儿童更喜欢内容真实的画作,但是当两幅画都能够反映现实时,儿童更喜欢线条灵动、概括事物主要特征、神似胜于形似的作品,如大部分儿童都不太喜欢严格按照真实人物比例绘制的肖像画。其中,线条造型影响较大,儿童偏爱的画作大多线条柔和、流畅,造型清晰、生动。儿童能够敏锐地捕捉线条所塑造的形象并且在线条表现出的韵味中获得审美体验。"[1] 在作品色彩方面，幼儿偏爱色彩鲜艳、明亮且和谐的美术作品，如他们喜欢某幅画，可能是因为其"五颜六色的，很漂亮"，而画面色彩单调、暗沉、不和谐的作品则得不到幼儿的偏爱。在作品题材方面，幼儿最偏爱以自己能够理解的、熟悉的事物为题材的美术作品。同时，所呈现的事物种类多样、内容丰富的画作也受到幼儿的偏爱。在观察和欣赏作品时，幼儿倾向于寻找和指认画面中自己认识的事物，如画面背景中的窗帘、桌子、花瓶等事物。

> **小贴士**
>
> 幼儿的美术审美偏爱心理处于一种动态发展、不断变化的过程。这种偏爱一开始是由生物特性影响决定的，但随着年龄的增长，这种偏爱会受到外界的影响，同时个人的性格特征与社会文化的影响因素在这种偏好中的作用越来越大。因此，教师需要始终以幼儿为中心，根据幼儿审美偏爱的年龄特征，选择适宜的素材并合理地引导其欣赏美的艺术作品。

第二节 学前儿童美术欣赏教学目标

一、学前儿童美术欣赏教学的目标

学前儿童美术欣赏教学活动是指教师引导幼儿欣赏美术作品、自然景物和生活中美好的事物，激发其审美兴趣，丰富其审美经验，培养其审美情感、审美评价能

---

[1] 杨彦捷，赵静蕾.5—6岁儿童对绘画作品的审美偏爱特点及教育建议［J］.教育导刊（下半月），2019（9）：46-50.

力和审美创造能力的一种教育活动。

学前儿童美术欣赏教学的目标是学前儿童美术教育总目标在欣赏领域的进一步展开与具体要求的体现，主要包括以下4方面。

（一）喜欢环境、生活和艺术中的美，体验欣赏活动的乐趣

《幼儿园教育指导纲要（试行）》在艺术领域的目标中指出幼儿"能初步感受并喜爱环境、生活和艺术中的美"，教师要"引导幼儿接触周围环境和生活中美好的人、事、物，丰富他们的感性经验和审美情趣，激发他们表现美、创造美的情趣"。《3—6岁儿童学习与发展指南》也指出"每个幼儿的心里都有一颗美的种子。幼儿艺术领域的学习关键在于充分创造条件和机会，在大自然和社会文化生活中萌发幼儿对美的感受和体验，丰富其想象力和创造力，引导幼儿学会用心灵去感受和发现美，用自己的方式去表现和创造美"。艺术领域"感受与欣赏"的目标包括两方面：其一是"喜欢自然界与生活中美的事物"；其二是"喜欢欣赏多种多样的艺术形式和作品"。由此可见，学前儿童美术欣赏教学最基本的目标就是要激发幼儿对欣赏的兴趣，有了兴趣，幼儿才能用心去感受和发现美。幼儿要对欣赏产生兴趣，就要让其在欣赏活动中感受到乐趣，然后就会积极投入欣赏中。

（二）感受周围环境和美术作品中的形式美，并产生相应的情感与想象

形式美就是指作品中的色彩、线条、构图、造型等形式语言和对称、均衡、节奏、韵律、变化、统一等构成原理的应用所形成的美感。任何美术作品都是这些基本元素以不同方式组合而成的，从而表现出不同的美。例如，京剧脸谱上的不同颜色、不同图案代表了人物的不同性格，红色脸象征着正义、耿直（见图6-7），黑色脸象征着严肃、威武有力、豪爽，蓝色脸象征着刚直、桀骜不驯（见图6-8），等等。"只有当人们对这些层面恰当地理解了以后，他们的情感生活才会受到影响。随着欣赏成熟起来之后，他与较多的经验熟悉了，于是就有了较细腻的情感。这样，他便能与创作者的兴趣及含义发生共鸣。"[1]所以，感受形式美是提高幼儿欣赏能力的必经之路。教师应适当地教给幼儿一定的美术欣赏基本艺术语言与形式美的原理，以帮助幼儿加深对作品的情感体验。

---

[1] 加登纳. 艺术与人的发展[M]. 兰金仁，译. 北京：光明日报出版社，1988：420.

图 6-7　京剧脸谱（一）　　　　图 6-8　京剧脸谱（二）

（三）了解作品基本的背景知识，理解美术作品所蕴含的意义

在美术欣赏活动中，教师应以适当的方式引导幼儿初步了解艺术家生平、作品创作背景以及创作者个人的创作动机等，丰富幼儿的艺术知识，促进其深入理解美术作品所蕴含的意义。例如，欣赏剪纸《年年有余》（见图 6-9）时，教师要介绍中国剪纸的一些背景知识，引导幼儿感受剪纸作品中喜庆、祥和、欢乐的氛围，理解人们生活富足美满的寓意。

图 6-9　剪纸《年年有余》

（四）积极与他人交流和评价美术作品，能用多种方式表达自己对作品的感受和联想

学前儿童由于受其心理发展、艺术知识与经验、生活经验等条件的限制，缺乏

自主而适当的评价能力。因此，在美术欣赏教学活动中，教师需要有意识地引导儿童评价美术作品，鼓励儿童大胆表达自己的观点，激发儿童用语言、动作、表情、表演等多种方式表达自己的审美感受。

二、学前儿童美术欣赏教学的年龄阶段目标

不同年龄阶段儿童的认知和能力发展水平、生活经验具有差异性，因此不同年龄阶段的学前儿童美术欣赏教学活动的具体目标也有所不同。

（一）小班美术欣赏教学活动目标

（1）喜欢欣赏大自然、日常生活、艺术作品中的美。
（2）积极参与美术欣赏活动，体验美术欣赏活动的乐趣。
（3）能集中注意力欣赏，养成良好的欣赏习惯。
（4）掌握简单的美术语言，能简单叙述和谈论对美术作品的感受。
（5）初步运用动作、表情等表现自己的审美体验。

（二）中班美术欣赏教学活动目标

（1）喜欢并能发现大自然、日常生活、艺术作品中蕴含的美。
（2）初步了解美术作品的内容、主题以及表现风格。
（3）通过欣赏产生与作品相一致的感受和情感。
（4）感受作品的内容美和造型、色彩上的形式美。
（5）能对作品做出简单的评价，说出自己喜欢或不喜欢的理由。
（6）喜欢欣赏自己和同伴的作品，能初步讲述作品中的美。

（三）大班美术欣赏教学活动目标

（1）理解作品简单的背景知识，知道美术作品是画家思想情感的表现。
（2）喜欢欣赏不同风格、不同类型的美术作品。
（3）进一步感受到作品中的内容美和形式美，了解作品的表现手法，理解作者的创作意图。
（4）尝试运用画家创作的技巧和元素进行美术创作活动。
（5）能用语言、动作、表情等表达自己对作品的感受和联想。

第三节 学前儿童美术欣赏教学活动的基本环节与组织实施

一、学前儿童美术欣赏教学活动的基本环节

借鉴美国"以学科为基础的美术教育"（discipline-based art education，DBAE）的观点，学前儿童美术欣赏教育可包括美学、美术批评、美术史和美术创作4方面。教师通过引导幼儿观察和体验艺术作品的美，开阔和丰富幼儿的眼界，使他们对艺术作品产生情感和兴趣；让幼儿了解与作品相关的背景、历史和文化知识，使他们进一步加深对作品的印象和理解；引导幼儿探究艺术家的创作形式、媒介和技巧，给幼儿提供模仿和创造的条件，发挥他们的想象力和创造力。由此，一个具有一定结构化的学前儿童美术欣赏教学活动应该包括整体感受、自由表达，要素识别、形式分析，回到整体、加深理解，心理回忆、创作构思，自主创作、大胆表现，展示作品、相互评价6个基本环节。

（一）整体感受，自由表达

一般来说，美术欣赏活动的第一个环节是教师引导幼儿整体感受作品，自由表达对美术作品的第一印象，使幼儿产生初步的审美愉悦。在这一环节，教师可以用"请你们来看看这幅画""今天我们要欣赏一幅很特别的画"等简单的话语引出作品，然后给予幼儿充分的时间用语言、表情、动作等尽情自由地表达对作品的感觉或想法，对幼儿的感受和表现不评判、不指正。例如，在欣赏吴冠中《花草地》（见图6-10）时，教师刚一出示这幅作品，幼儿就从椅子上站起来，一边拍手跳一边情不自禁地欢呼："哇，好漂亮啊！"显然，幼儿被作品中鲜明变化的色彩、跳跃欢快的笔触吸引，产生了初步的审美愉悦感。又如欣赏马蒂斯《舞蹈》（见图6-11）

时，幼儿第一眼看见作品就说："啊，脚丫子""他们很奇怪"……这种最原初、最真实的整体感受激活了幼儿潜在的欣赏能力，激发了幼儿深入欣赏作品的兴趣。

图 6-10 《花草地》吴冠中　　　　图 6-11 《舞蹈》马蒂斯

（二）要素识别，形式关系分析

幼儿对美术作品进行整体感受之后，教师就应引导幼儿对作品进行局部深入的欣赏，即要素识别与形式关系分析。美术作品中的要素指点、线、形、色等美学元素，形式关系指要素之间形成的审美形式，包括造型、色彩、构图及其所表现的对称、均衡、节奏、韵律、统一、夸张、变形等。形式关系分析就是讨论作品中的这些审美形式，了解其表达的情感和蕴含的美学意味。例如，欣赏米罗《人投鸟一石子》（见图 6-12），谈到线条时，幼儿认为"这些线条的作用是把颜色和形状分开来""这些线条让人觉得很舒服，因为曲线很多""我觉得很轻松"；谈到作品夸张、变形的表现手法时，幼儿认为"很有趣""有点儿滑稽，很好玩""很奇怪，怎么会是这样""很有意思，我喜欢"。在实际的欣赏活动中，要素识别与形式关系分析常常交织在一起，因为幼儿在识别要素的同时，往往伴随着对作品形式美的感受。

（三）回到整体，加深理解

这一环节再次回到对作品进行整体感受，但与第一次整体感受不同的是，它建立在幼儿对作品的形式要素及其关系的深入感受与讨论之上，因此更加深刻和全面。教师在这一环节会介绍作品的创作背景、解释作品所蕴含的意义、创作者个人特有的情感表达方式，以及一些约定俗成的具有象征意味的符号含义等。例如，教师在引导幼儿分析了莫奈《睡莲》（见图 6-13）的形式要素之后说："莫奈这样的画和我们平时看到的那些画各有各的优点，都很好看，老师也都很喜欢。其实莫奈完全画得出和真的一样的睡莲，但他觉得还是画成现在这样的睡莲更能表现水中荡漾的

图 6-12 《人投鸟一石子》米罗

天空、花草、树的倒影和阳光的强烈,更能表现他对大自然的美好感觉和印象。莫奈的这种画,属于印象派绘画。"

教师可以通过提问引导幼儿对作品进行整体感受,如提问幼儿"你对这幅画的感觉是什么""请你为这幅画起个名字""这幅画讲了一个什么故事"等。下面以欣赏米罗《荷兰的室内》(见图 6-14)为例,看看在"回到整体,加深理解"这一环节师幼的一段对话①:

教师:"白色的确突出,使整个画面显得更加明亮了,这么多的颜色在一起,再加上很多曲线,你有什么样的感觉呢?"

幼儿 1:"感觉它们在跳舞。"

图 6-13 《睡莲》莫奈   图 6-14 《荷兰的室内》米罗

---

① 边霞. 幼儿园生态式艺术教育的理论与实践 [M]. 杭州:浙江教育出版社,2017:229.

幼儿2:"它们好像在蹦蹦床上一样,跳来跳去。"

幼儿3:"好像在水上漂来漂去。"

幼儿4:"感觉蹦蹦跳跳、吵吵闹闹的。"

幼儿5:"小狗好像在跑。"

幼儿6:"感觉它们像发疯了一样。"

教师:"你们的感觉真好!这幅画很热闹,也很好看。画中的东西虽然我们不能完全确定是什么,但它们简单而有趣,自由自在,让我们感觉快乐而且充满了快感,非常热闹。你觉得这幅画画的是什么地方?"

幼儿1:"是马戏团。"

幼儿2:"是房间。"

教师:"你为什么感觉是在房间里?"

幼儿1:"有地毯、墙壁和房顶。"

幼儿2:"我也觉得是在房间里,它们在跳舞。"

教师:"这的确是在房间里。直线除了和曲线形成对比,还用来表现房间里的线条,好让我们看出来,这幅画画的是在一个房间里发生的故事。你能说一说房间里发生了什么故事吗?"

从上面这段对话中我们可以看到,理解美术作品所蕴含的意义,必须在整体与部分的辩证运动中进行,通过部分理解整体,根据整体理解部分,这是一个循环往复的过程。从前面3个活动环节也可以看出,在教师的引导下,幼儿对美术作品的欣赏经历了一个"整体—部分—整体"的过程。

(四)心理回忆,创作构思

这一环节最大的特点就是承上启下,承上体现在幼儿对已欣赏的作品进行心理回忆,启下体现在幼儿对自己将要创作的作品进行构思。它既是欣赏活动的结束,也是创作活动的开始。需要说明的是,并不是每次欣赏活动都需要创作,美术欣赏活动可以是只欣赏不创作,也可以在欣赏后安排幼儿进行创作,这要依据具体的欣赏内容而定。

心理回忆与创作构思相互联系,幼儿心理回忆的内容取决于创作的内容和形式。欣赏后的创作与绘画活动和手工活动的美术创作稍有不同,欣赏活动中的创作或学习、借鉴画家的作画方式和表现手法,或用自己的绘画语言描绘作品所表现、传达的情感等。因此,如果幼儿是要学习画家的表现手法,那么教师可以引导幼儿回忆作品的表现手法。例如,欣赏了米罗《人投鸟一石子》之后,教师可以引导幼儿回忆想象夸张的变脸,构思如何运用绘画、撕贴、黏土塑造等不同的表现方式制作夸张、变形的面具。如果幼儿将要创作的内容是传达情感，那么教师可以引导幼儿回忆作品表现的情感。例如，欣赏了毕加索《格尔尼卡》（见图6-15）之后，教师可以引导幼儿思考自己伤心与害怕的事，并构思用黑、白、灰3种颜色进行创作（见图6-16）。

图6-15 《格尔尼卡》毕加索

图6-16 幼儿作品

（五）自主创作，大胆表现

教师应结合作品的审美特征和表现手法、幼儿的创作内容和需求尽可能提供多样化的、具有表现力的工具和材料，使儿童能够自由地运用工具和材料进行创作。例如，在欣赏了波洛克《秋之韵律》（见图6-17）之后，教师提供了刷子、稀释后的颜料、皮球，水粉笔、稀释后的颜料，旧水粉笔、干颜料，各种树叶、枝条，稀释后的颜料、废旧材料，稀释后的颜料、一大桶稀释颜料（可直接用手、脚作画）6组材料，选择同一种材料的儿童组成一个小组，大家分工合作，在一张2开的铅画纸上共同完成一幅作品。需要注意的是工具和材料的多样性固然重要，但并不是工具和材料越多越好，过多的材料反而会干扰幼儿创作。

图6-17 《秋之韵律》波洛克

在此环节，教师还要为幼儿创设宽松自由的创作环境，播放适宜的音乐，能有效激发幼儿的创作兴趣与灵感。例如，在欣赏波洛克作品之后的创作环节，教师播放欢快而富有节奏的音乐，幼儿在音乐声中有的在用力地喷刷，有的在拍打或滚动涂满颜料的皮球，有的用棕树叶和柳树枝条蘸上颜料，有的和着音乐一下一下地拍打铺在地上的纸，有的干脆脱掉鞋袜，从颜料桶里直接跳到画纸上，印出一串串五颜六色的脚印和手印……教师应支持幼儿的大胆创作，不要强调"保持安静""不要把衣服弄脏了"。

（六）展示作品，相互评价

创作之后的评价是不可缺少的一个环节，主要是对幼儿的作品进行赏析。它是整个活动必要和重要的一部分，是另外一种欣赏活动。在评价之前教师需要展示每个幼儿的作品。幼儿作品的展示要富有艺术性。例如，在欣赏活动《春如线》最后的作品展示环节，教师用藤蔓和草绳等自然物装饰展板，试图营造富有艺术化和自然情调的环境氛围，衬托幼儿的作品主题，潜移默化地提升幼儿的审美情趣。

作品评价应以幼儿的自我介绍及幼儿间的互相评说和欣赏为主，充分发挥幼儿的主体性，采取多种方式来进行。教师可以提问"你最喜欢谁的作品？为什么？"这样便于幼儿把对名作的欣赏经验迁移到对同伴和自己作品的欣赏中，也能够使幼儿产生自豪感。

需要指出的是，以上所列的6个环节只是一个完整的美术欣赏活动中一种比较典型的组织实施过程，在幼儿园美术欣赏活动的具体教育情境中，教师还需要根据具体的欣赏内容和本班幼儿已有的基础和特点，进行灵活多样的活动设计和组织实施。

二、学前儿童美术欣赏教学活动的实施要点

（一）教师要提高自己的美术素养

教师要对艺术的形式有一定的理解与欣赏能力，必须理解线条、形状、色彩、构图等形式语言可能具有的象征意义。在每次欣赏活动之前，教师要对作品的背景知识、形式特征、表现手法、创作者的生平等资料进行查阅学习，并产生自己的理解。在信息化时代，教师提升自身美术素养的方式也是多元化的，可以通过阅读纸质书或电子书、学习线上线下课程、观看线上线下艺术展等方式，还可以自己创作作品，丰富自己的欣赏经验。此外，经常开展美术欣赏教学活动，以平等、尊重的态度与儿童共同讨论和感受作品，向儿童学习，在对话中探讨作品的形式美感及其传达的情绪、情感、含义、意义等，教师也会受到儿童的影响，从儿童那里获得启示，从而在活动中切实感受和提升自己的艺术感受力。

（二）营造与作品相匹配的审美情境

在美术欣赏活动过程中，教师要营造一种审美情境，创造与作品情感基调相适应的场景，包括教师的语气、语调、情感态度和周围环境的布置。例如，在欣赏莫奈《睡莲》时，教师在出示作品前说："我们看过了这么美丽的睡莲，大家也画过这些美丽的睡莲。有一位画家也特别喜欢睡莲，他的名字叫莫奈。莫奈每天在睡莲池边散步，看到睡莲的叶子、花，注意到水的波动、太阳的光芒，还有岸上的树、花，天上的云在水中的倒影。""他看到这么美丽的睡莲和水，非常喜欢，就把它们画了下来。他画了多幅各种各样美丽的睡莲，有的画不太大，有的画很大，快有我们教室的一面墙那么大了。"然后当教师出示莫奈的作品时，幼儿会激动、惊奇地发出"哇"的赞叹声。

又如，以欣赏希施金《橡树·傍晚》为例，在形式分析之后，教师带领幼儿再

次整体感受作品,在乐曲《清晨》的音乐声中,教师有感情地引导幼儿一块儿走进画家笔下的这片橡树林:"让我们放松自己,用你的身心去呼吸这林中清新的空气,感受这温暖的阳光。去吧,去拥抱这些古老的橡树,和它们说些悄悄话……听!微风正吹过树梢,吹得枝叶婆娑、光影摇曳,不时传来一阵阵'簌簌、沙沙'的声音,好像有无数的小精灵在林间穿梭……"教师引导幼儿进入美好意境,激发幼儿对美丽大自然的热爱和向往。

(三)针对作品的审美特征进行提问

绘画、雕塑、建筑艺术及自然景物等都具有不同的审美特征。因此,教师应紧扣不同的审美特征、形式要素进行提问,让幼儿真正理解这些形式语言与形式美原理的内涵。教师可以"你看到了哪些颜色""线条是什么样的""这些图案有什么特点"等为线索进行提问,引导幼儿发现作品的点、线、形、色等要素。例如,在欣赏《睡莲》时,教师针对作品色彩的审美特征来进行提问:"你们的感觉很好,这幅画的确有池水波光粼粼的感觉,有令人愉悦的阳光的感觉。画家是用哪些颜色来表现这些感觉的呢?""画家为什么要用这么多颜色来表现水呢?""画家为什么要这样画呢?这样画有什么优点呢?"我们再来看看在米罗《荷兰的室内》欣赏活动中关于线条的一段师幼对话[①]:

教师:"看来小朋友对抽象画有了很多了解。我们来看一下,米罗的这幅画中用的最多的是什么线条?"

全体幼儿:"曲线。"

教师:"这些弯弯曲曲的线条给你什么样的感觉?"

幼儿1:"软软的,很舒服。"

幼儿2:"好像在波浪上游泳。"

幼儿3:"好像在动。"

教师:"这些曲线使画面好像动了起来,显得很轻松、很热闹。除了曲线,画面中还用了一些直线,找一找它们在哪里,画家为什么要用这些直线?"

幼儿:"因为曲线太多,太乱了,要让它平静一点儿吧。"

教师:"是的,直线和曲线形成了对比,曲线使画面热闹万分,直线能帮助它们稍微'平静'一点儿。"

从上面这段师幼对话中我们可以看出,通过教师的引导,幼儿虽然不能用高深的理论和专业术语进行分析,但用简单的话语形象生动地道出了作品中线条的特点。

---

① 边霞.幼儿园生态式艺术教育的理论与实践[M].杭州:浙江教育出版社,2017:243.

(四)尊重幼儿真实的审美感受

教师应正确对待幼儿对作品的真实感受,幼儿会把他们所看到的、感受到的和体悟到的东西汇集在一起,情不自禁地用表情、姿态、动作和声音表现出来。这是一件好事,说明幼儿对作品感兴趣,审美思维活跃。教师应支持、鼓励和激发幼儿的表现欲,给他们一定的时间来表达自己的感受,还可以和幼儿一起做出真实的反应,拉近与幼儿之间的距离,千万不能制止、阻拦甚至训斥幼儿"不遵守纪律""常规习惯差",否则会挫伤幼儿的积极性,妨碍幼儿良好情绪体验和审美心境的形成。

此外,教师要鼓励幼儿根据自己的体验和理解,充分发挥想象力、创造力,敢于发表自己的见解。教师不要强加给幼儿固定的、统一的标准,要允许幼儿有自己的理解,甚至不拘泥于作者原有的创作意图。例如,在欣赏《忧愁的国王》时,有的幼儿感觉很高兴,有的幼儿感觉很难过,这是幼儿从各自的经验和视角,用各自的眼睛去观察、用心去体验的结果。幼儿敢于和能够说出不同的感觉,这是值得教师为他们高兴的事情。

(五)引导幼儿多通道感受作品

教师应给予幼儿足够的时间进行欣赏,除了引导幼儿用语言描述自己的感受和想法外,还应鼓励幼儿用动作、表情等进行表达。例如,在欣赏李可染《牧牛图》(见图 6-18、图 6-19)时,教师除了让幼儿用语言描述画面的内容外,还让幼儿模仿作品中牧童骑牛的场景(见图 6-20、图 6-21)。又如,在欣赏《呐喊》时,教师让幼儿模仿画中的人物双手抱头,感受主人公的情绪。

图 6-18 《牧牛图》(一) 李可染   图 6-19 《牧牛图》(二) 李可染

图 6-20　幼儿模仿牧童骑牛场景（一）　　　图 6-21　幼儿模仿牧童骑牛场景（二）

（六）通过创作丰富幼儿的欣赏经验

为了帮助幼儿更好地欣赏作品，教师可以让幼儿在欣赏前通过创作来积累与作品相关的欣赏经验。这种由自己的创作而获得的欣赏经验有助于幼儿对艺术语言与形式美原理的理解。例如，学习线条的变化时，教师可以先让幼儿体验不同动态的线条，再让他们欣赏梵高《星月夜》中所用的线条是怎样运动的。又如，教师可以先让幼儿用彩色纸剪贴出各种几何形状，再让他们欣赏蒙德里安的作品。

第四节　学前儿童美术欣赏教学活动的案例与分析

小班美术欣赏活动"有趣的石头"案例与分析

一、小班美术欣赏教学活动的案例与分析

○ 有趣的格子王国[①]

（一）设计意图

《红、黄、蓝的构成》是荷兰著名画家蒙德里安的代表作品，其不

[①] 边霞. 幼儿园美术教育活动设计与案例分析［M］. 杭州：浙江教育出版社，2017.

对称的平衡风格、色块大小的对比、三原色的搭配给人一种有节奏的动态美。我们班级活动室主体环境的设计元素正是红、黄、蓝三原色的组合和搭配，具有视觉冲击力。线条和色块是幼儿最能直接感受到的元素。当然，对于小班幼儿来说，活动并没有从美术欣赏活动的角度去定位，活动的名称也没有使用"红、黄、蓝的构成"，而是选择了更适合小班幼儿年龄特点、更能激发小班幼儿兴趣的"有趣的格子王国"。

（二）活动目标

（1）初步欣赏蒙德里安的作品《红、黄、蓝的构成》，感受直线与红、黄、蓝色块搭配的独特美。

（2）尝试用油画棒画直线，并在空格处用棉签进行水粉填色。

（3）体验在游戏情境中创作的快乐。

（三）活动准备

（1）经验准备：幼儿已有使用油画棒的经验；在美工区玩过用棉签进行水粉涂鸦的游戏。

（2）物质准备：蒙德里安《红、黄、蓝的构成》及相关作品（见图6-22~图6-24）的PPT，正方形白色底纸，黑色油画棒，红、黄、蓝三色颜料，棉签，护衣，擦手毛巾等。

图6-22 《红、黄、蓝的构成》（一） 蒙德里安

图6-23 《红、黄、蓝的构成》（二） 蒙德里安

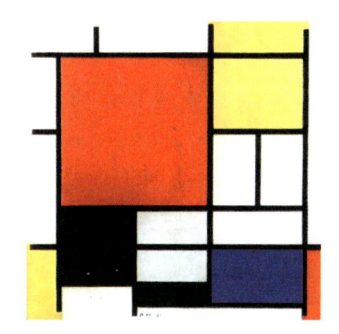

图6-24 《红黄蓝与黑的构成》 蒙德里安

(四) 活动设计

(1) 教师情境导入，激发幼儿兴趣。

① 教师创设情境：去"格子王国"玩一玩。

教师："有一个有趣的王国，我们一起去玩一玩！"

② 教师出示蒙德里安《红、黄、蓝的构成》，请幼儿说一说看到了什么。

③ 教师请幼儿大胆表达自己的感受。

教师："你喜欢格子王国吗？为什么？你有什么感觉？"

(2) 幼儿进一步欣赏大师作品，感受直线与色块组合搭配的独特之美。

① 教师引导幼儿发现画面中直直的"马路"与红、黄、蓝的"房子"。

教师请幼儿指一指、说一说"马路"和"房子"分别在哪里、是什么样子的，并用小手画一画。

② 幼儿欣赏蒙德里安相关作品的 PPT，感知线条和色块的变化。

教师："格子王国真有趣，又变样子了！你们看到了什么？哪里变了？"

(3) 幼儿探索画直线及在格子里涂色的方法。

① 教师出示空白底图，引起幼儿探索的兴趣。

教师："红点点和好朋友住在街对面，他们想手拉手去格子王国玩一玩，谁来帮帮他们？"（请个别幼儿连一连直线）

② 教师在"为格子王国刷房子"的情境中为幼儿示范如何在格子里涂色。

(4) 幼儿创作，教师巡回指导。

① 教师介绍绘画材料，提出绘画要求。

② 教师提醒幼儿画直线时用点儿劲儿，涂颜色时尽量涂在格子线内。

(5) 教师展示幼儿作品，让幼儿体验成功的快乐。

① 教师引导幼儿找一找自己的作品在哪里。

② 教师鼓励幼儿说一说还喜欢谁的作品。

(五) 活动延伸

(1) 在幼儿画直线熟练后，教师可提供没有圆点的空白纸，供幼儿自由地画直线。

(2) 活动结束后，幼儿可继续欣赏蒙德里安的其他作品，并用不同的美术形式表现。

(六) 活动实施过程与分析

教师和幼儿一起盘腿坐在地上。

教师："我们面前有什么呢？有一个有趣的格子王国，我们一起去玩一玩吧！"（教师出示正方形空白底纸）

教师：" 请小朋友闭上眼睛，想一想格子王国有哪些有趣的事情，睁开眼睛后你们看到了什么？"（教师出示作品1）

幼儿：" 看到了红色、蓝色、黄色。"

教师：" 除了红色、蓝色、黄色，还有什么颜色？"

幼儿：" 白色、黑色。"

教师：" 黑色是什么？"

幼儿：" 线。"

教师：" 格子王国里有红格子、蓝格子、黄格子，还有黑黑的线。"

（活动开始，教师首先创设了"格子王国"的游戏情境，然后制造神秘的氛围，通过变魔术的方式将正方形空白底纸换成了作品《红、黄、蓝的构成》，给幼儿带来了意外的惊喜）

教师：" 黑黑的线是长长的'马路'，黑黑的'马路'在哪里？"

（教师变魔术，将作品竖了起来，幼儿顿时眼前一亮）

教师：" 你们看到的是什么？"

幼儿：" 红颜色的'房子'。"

教师：" 为什么？"

幼儿：" 因为红颜色的'房子'太大了。"

教师：" 还有什么颜色的'房子'？它们有什么不一样？"

幼儿1：" 还有蓝颜色的'房子'、黄颜色的'房子'。"

幼儿2：" 红颜色的'房子'大，黄颜色的'房子'小。"

教师先把作品《红、黄、蓝的构成》放在地上让幼儿观看，之后，她将作品竖起来挂在墙上，让幼儿可以从另一个视角欣赏和感受作品（见图6-25）。幼儿看到了"房子"的颜色、大小，眼睛一亮首先看到了大大的"红房子"，这种感觉是不错的。

图6-25 《有趣的格子画》活动场景（一）

教师:"我们再到格子王国去看一看。你们看到了什么?哪里变了?"(教师出示作品2)

幼儿1:"红色的'房子'变位置了,黑色的'房子'也变位置了。"

幼儿2:"'马路'变了。"

教师:"有几座黄色的'房子'?像什么?"

幼儿1:"3座。"

幼儿2:"连在一起,一家的。"

幼儿3:"像方形的饼干。"

教师:"有什么变化?"(教师出示作品3)

幼儿1:"'房子'有点儿小。"

幼儿2:"红色的'房子'变小了。"

幼儿3:"有的单独住,有的住在一起。"

幼儿4:"好多好多格子。"(教师出示作品4)

幼儿5:"有的'马路'从上往下,有的从左往右。"(幼儿用动作表示)

师幼共同欣赏蒙德里安的其他相关作品,感受作品中线条和色块的变化,观察"房子"的位置、大小及"马路"的变化,进一步感知作品所体现的组合美和不对称美,如"有的单独住,有的住在一起"。在欣赏的时候,幼儿情不自禁地用动作来表达自己对作品的感受与理解。

接下来,教师创设了如下游戏情境:小红、小蓝、小黄想到格子王国去玩,小红和好朋友住在街对面,他们想手拉手去格子王国玩一玩,于是他们手拉手变成了长长的马路。教师用黑色油画棒将两个相对的红色点连接起来,然后请小朋友上来尝试连一连直线,并将一间房子变成红房子(见图6-26)。幼儿在涂色的时候,教师即兴唱起了《我是一个粉刷匠》,为幼儿进入情境创设了良好的氛围。教师请幼儿先帮点点们手拉手,然后每个人粉刷3座房子,并提醒幼儿手拉手的时候都是拉得紧紧的,尽量不要把颜色涂到房子外面去。

教师将幼儿作品挂在墙上,与蒙德里安《红、黄、蓝的构成》并置,请幼儿自由地说一说:"你最喜欢谁的作品?为什么?"(见图6-27)

(七)案例评析

在活动"有趣的格子王国"中,教师首先通过创设"格子王国"游戏情境导入,激发幼儿的兴趣,然后采用变魔术的方式让幼儿欣赏了蒙德里安《红、黄、蓝的构成》及相关作品,每幅作品的呈现都给幼儿带来变化和惊喜。在欣赏完作品之后,师幼共同探索画直线及在格子里涂色的方法,教师给予幼儿自主探索的空间。在创作与表现环节,幼儿像小小粉刷匠一样大胆而自由地表现。最后,师幼共同欣

图 6-26 《有趣的格子画》活动场景（二）

图 6-27 《有趣的格子画》活动场景（三）

赏幼儿作品，体验作品的美感和成功的喜悦。

该活动的设计与实施体现了以下几个特点：

作品的选择适合小班幼儿的欣赏水平，且富有层次性。蒙德里安《红、黄、蓝的构成》体现了不对称的均衡美、线条与色块的组合美以及色块颜色、大小对比的节奏美，适合不同年龄阶段的幼儿欣赏。不同年龄阶段的幼儿在欣赏这类抽象艺术作品时所体现的艺术直觉相似，然而感受和理解的深度不同。小班幼儿在已有班级主体环境的熏陶和感染下，对于红、黄、蓝三原色的组合和搭配已有所感受和体验，能够直接感受到线条和色块所体现出来的美感和情趣。在欣赏完《红、黄、蓝的构成》之后，师幼共同欣赏了蒙德里安的其他相关作品，幼儿感受到了作品中线条和

229

色块的变化美。

在整个活动实施过程中，游戏情境贯穿始终，非常契合小班幼儿艺术欣赏的特点。在这一活动中，教师没有把活动定位为纯粹的美术欣赏活动，活动名称也没有使用"红、黄、蓝的构成"，而是选择了"有趣的格子王国"这一富有童话色彩的名称，让幼儿在有趣的游戏情境中去感受作品的组合美、变化美。因此，幼儿的欣赏热情和作画兴致都非常高昂，艺术兴趣自然而然地得到了培养。

教师比较关注幼儿在活动过程中的自主探索与主动建构。在探索与发现环节，教师创设了游戏情境，与幼儿一起探索画直线及在格子里涂色的方法。她首先给予幼儿技术方面的支持，然后请幼儿尝试连线和粉刷房子。在幼儿粉刷的时候，教师唱起了《我是一个粉刷匠》，使幼儿更能很好地投入活动，体现了教师的教育机智和实践智慧。在创作与表现环节，幼儿非常自由，像小小粉刷匠一样大胆地进行创作与表达。

最后的评价环节体现了教师对幼儿作品的尊重和认可。首先，教师非常用心地将幼儿的作品镶嵌在黑色底纸上，为幼儿的作品表框，使得幼儿的作品更加具有视觉冲击力和美感，并将幼儿的作品和大师的作品展示在同一面墙上，让幼儿的作品与大师的作品进行"对话"，从而增强了幼儿对自己作品的成就感和自豪感。

（朱建华、王任梅）

二、中班美术欣赏教学活动的案例与分析

⊙ 青花瓷盘

（一）活动目标

（1）欣赏青花瓷，感受青花瓷色彩的独特、图案的不同。

（2）尝试用不同的图案创作自己喜欢的青花瓷盘。

（3）喜欢青花瓷，激发幼儿对中国传统艺术的喜爱之情。

（二）活动重难点

（1）重点：感受青花瓷的独特色彩及美丽的图案。

（2）难点：用不同的图案装饰盘子。

（三）活动准备

（1）经验准备：幼儿已有装饰图案的经验。

（2）物质准备：青花瓷图片，半成品纸盘，不同粗细的蓝色马克笔，胶棒，青色装饰图案一组，背景音乐，大半成品青花瓷盘背景。

(四) 活动过程

（1）幼儿欣赏青花瓷，感受青花瓷图案的独特美。

① 幼儿欣赏青花瓷图案。

教师："小朋友们，老师带来了两张图片，请大家欣赏一下，这两样物品在色彩上有什么相同的地方？（白的底色，蓝色的图案）白底蓝花的颜色搭配给你什么样的感觉？"

教师小结："古代人把蓝色叫作青色、蓝花叫作'青花'，所以这种白底青花的瓷器叫作'青花瓷'，青花瓷是我国特有的工艺品，古时候的人们设计并制作了很多精美的青花瓷工艺品。"

② 幼儿欣赏生活中的青花物品。

教师："小朋友们发现了许多精美、古朴、典雅的青花物品，现代的设计师也很厉害，还把青花图案装饰在许多地方，你们见过吗？"

幼儿回忆自己见过的青花图案。

（2）幼儿欣赏青花瓷盘实物，激发创作欲望。

教师："原来在生活中有这么多青花图案，老师带来一个青花瓷盘，你看到上面有什么样的图案呢？"

（教师出示纸盘，激发幼儿的创作欲望）

教师："如果请你做一个小小设计师，你会在盘子上设计什么样的图案呢？"（请幼儿自由说一说）

（3）幼儿欣赏青花瓷盘，感受青花瓷盘不同的图案，欣赏花纹独特的美。

教师："我们再来看一看古代精美的青花瓷盘上都有哪些图案。"

① 幼儿欣赏青花图案。

教师："你看到了什么（见图6-28)？"（《童子图》；娃娃：天真、朝气，表示有福气）

图6-28 青花瓷《童子图》

教师:"你看到了什么(见图6-29、图6-30)?"(松树:表示长命百岁;蝙蝠:表示福气)

图6-29 青花瓷《福禄寿图》(局部)(一)　　图6-30 青花瓷《福禄寿图》(局部)(二)

教师小结:"古时候的青花图案,把大家熟悉的花草、动物、人物等各种美好的事物都印在了瓷器上,不仅美观,而且寄托了人们对美好事物的向往之情。美丽的青花瓷盘不仅可以丰富人们的生活,而且把美好的祝福带给大家。"

② 幼儿共同欣赏幼儿创作的青花瓷盘作品。

教师:"有一些小朋友非常能干,自己设计了精美的青花瓷盘,看看他们都用了什么样的线条和图案装饰盘子?"(有不同的线条、留白对比强烈)

教师:"看了这么多好看的图案,你准备怎样装饰你的盘子呢?按什么样的顺序呢?(从中间到周围、从周围到中间等)把周围的点、线、面结合起来,你的青花瓷盘会更加精美、图案会更加丰富。"

(幼儿自由说说自己的装饰想法)

(4) 幼儿自由选择不同底色的纸盘,采用绘画方式设计青花瓷盘。

教师的指导建议如下:

首先,在装饰中出现大面积空白时,引导幼儿可以转动盘子调整方向进行绘画。

其次,在装饰纸盘时,指导幼儿可以采用不同粗细的笔进行绘画(先用粗头的笔画轮廓,再用细头的笔画细节)。

(5) 作品组合欣赏,交流创作体验。

① 教师将作品贴在背景青花瓷盘上。

② 教师请幼儿围着作品看一看、说一说。

教师:"每个小小设计师都很有想法,也很认真,在欣赏了大家的作品后,你最喜欢哪个青花瓷盘?说一说你的理由?以后你们还想把青花图案设计到哪里呢?"

教师小结:"美丽的青花图案不仅美观,而且有美好的寓意,说明我们是非常热爱生活、向往美好未来的。今天回家后你也可以找一找家中的青花图案哟！"

（五）活动延伸

（1）区域活动：在区域中，幼儿尝试在白T恤、白书包、白纸扇等物品上进行青花装饰，形成新的青花物品，练习绘画青花图案。

（2）延伸活动：教师组织亲子活动，在陶土工坊进行盘子的制作，让幼儿尝试在白色瓷器上装饰青花，最终做成青花瓷展。

（六）案例评析

中国文化之所以博大精深、源远流长，是因为一代又一代人的传承。中班下学期的幼儿，也尝试着接触和认知中国传统文化，不过幼儿对传统文化的理解是具象和浅易的，所以幼儿可以经常跟着父母去博物馆参观，去艺术工坊里或来到老艺人身边进行探索，把最直观的作品看在眼里、记在心里、学在手里！

在"青花瓷盘"活动中，幼儿可以在近距离感受精美白底青花纹样的基础上，结合生活中接触到的青花纹样，大胆表达自己的发现与感受，互相分享、交流经验。与此同时，幼儿能欣赏中国传统青花瓷上的各种花纹，了解古代人民创作图案时的深远寓意，就如同一场跨时空的文化交流。有了足够的经验后，幼儿可以不拘泥于传统的图案，而是加上自己的美好愿望进行创作，充分表达自己内心对于白底青花的理解与感受。在歌曲《青花瓷》的氛围渲染下，幼儿真正融入宁静、悠远的创作之中，就仿佛他们自己也是那些精心设计的匠人，怀揣着对青花瓷的热爱，一步步走进青花纹样的世界。最后，教师将幼儿的作品进行组合与布置，一大片青花瓷盘底纹，震撼人心，这就是中华传统文化的魅力所在！

（朱思凡）

⊙我是小小波洛克[①]

（一）设计意图

用笔、抹布、小拖把、刷子等生活物品蘸上颜料在画纸上任意地滴、刷、洒、拖、滚、甩、绕……这种自由、不拘一格、游戏化、情趣化的创作方式是幼儿美术活动中不常见的，但这种方式最贴近幼儿的天性，能满足他们在游戏中培养和发展艺术直觉的需要。美国画家波洛克，就是这样一位利用多种工具和材料自由作画的行动绘画大师。本活动通过引导幼儿了解和欣赏波洛克的独特创作方式和作品，支持和鼓励幼儿学习波洛克尝试用树叶和树枝滴、洒、拖、甩、绕等方式自由创作，

[①] 边霞. 幼儿园美术教育活动设计与案例分析 [M]. 杭州：浙江教育出版社，2017.

让幼儿在开放的情境中去尝试、去发现、去体验、去探究。

（二）活动目标

（1）欣赏波洛克的作品，感受其独特的作画方式。

（2）初步尝试用树叶和树枝通过滴、洒、拖、甩、绕等方式进行自由创作。

（3）体验在开放的情境中大胆作画的快乐。

（三）活动准备

（1）经验准备：幼儿已尝试用刷子、毛笔、小拖把等工具作画。

（2）物质准备：PPT课件（波洛克作品及其作画过程）树叶、树枝等作画工具若干，整开的铅画纸若干，红、黄、蓝、绿、白、粉、紫颜色颜料若干，背景音乐。

（四）活动过程

（1）师幼跟着音乐舞动，共同体验快乐的情绪。

① 教师播放背景音乐。

教师："这是一段动听的音乐，我们跟着音乐一起来跳舞吧。"

② 教师引发幼儿听音乐作画的兴趣。

教师："刚才听音乐跳舞的时候你心里有什么样的感觉？听音乐的时候，我们除了跳舞还可以干什么？"

（2）幼儿欣赏波洛克的作品，感受独特的作画方式。

① 教师引导幼儿欣赏并感受波洛克的作品。

教师："外国有一位画家，他叫波洛克，他可以一边听音乐一边画画。小朋友们想看看他的画吗？"（见图6-31）

教师："你看到了什么？请跟身边的朋友说一说。"

教师："看到这幅画你有什么感觉？"

教师小结："这幅画在每个人眼里看到的含义都不相同，心里的感觉也不一样，真特别呀！"

② 教师引导幼儿了解并感受波洛克作画方式的独特之处。

教师："请你来猜一猜这幅画是用什么画的？"

教师："我们来看看画家波洛克是用什么工具画的？怎么画的？（见图6-32）（用笔蘸颜料滴在纸上画的）我们一起学一学。"

教师："我们再来看看在这幅图（见图6-33）中波洛克又是怎么画的？（用笔蘸颜料洒在纸上画的）我们也来学一学。"

教师："在这幅图（见图6-34）中，最后波洛克又使用了什么方法作画呢？（用笔蘸颜料甩在纸上画出的）小朋友也来试一试，好吗？"

图 6-31　波洛克作品

图 6-32　波洛克正在创作（一）

图 6-33　波洛克正在创作（二）

图 6-34　波洛克正在创作（三）

（3）教师介绍作画工具，鼓励幼儿大胆讨论、尝试各种作画方式。

教师："今天老师给你们准备了很特别的作画工具——树叶、树枝，怎样利用它们来作画呢？你可以和同伴轻声讨论、交流一下。"

教师："谁来说说自己的想法？"（甩、滴、洒、拖等）

教师："还有谁有和别人不一样的方法？"

教师："谁想上来试一试？"

（4）在背景音乐中幼儿自由创作，教师巡回指导。

教师："那我们都来学做一个小小波洛克，一边听着动听的音乐一边画画吧。"

教师："作画时，我们要注意什么呢？"

教师指导重点：引导幼儿尝试用树叶和树枝自由创作，鼓励幼儿积极探索并尝试采用滴、洒、拖、甩、绕等方式作画。

（5）师幼共同欣赏和评价幼儿作品，交流各自创作的感受。

① 师幼共同欣赏所有作品。

教师："小朋友今天玩得高兴吗？看了大家的画你有什么感觉？"

② 教师鼓励幼儿向大家介绍自己的作品。

教师："谁来说说你是用什么画的？怎么画的？"

（五）活动过程实录

教师："这是一段动听的音乐，我们跟着音乐一起来跳舞吧。"

（教师播放音乐，师幼跟着音乐舞动，共同体验快乐的情绪，调动幼儿的积极性）

教师："刚才我们听着音乐跳舞的时候，你是什么样的心情？"

幼儿1："高兴。"

幼儿2："兴奋。"

幼儿3："有趣。"

幼儿4："好玩。"

幼儿5："激动。"

（音乐能够调动幼儿的情绪，引发幼儿使用肢体动作表现快乐的感受）

教师："听音乐的时候，我们除了跳舞还可以干什么？"

幼儿1："唱歌。"

幼儿2："跳舞。"

幼儿3："玩游戏。"

教师："外国有一位画家，他叫波洛克，他可以一边听音乐一边画画。想看看他的画吗？"

（教师播放PPT，欣赏图片，开拓幼儿思路）

教师："你看到了什么？请和旁边的小朋友说一说。"（教师引导幼儿欣赏波洛克别具一格的作品）

幼儿1："我看到了飞机。"

幼儿2："我看到了池塘。"

幼儿3："我看到了小河。"

幼儿4："我看到了好多线。"

教师："这些线是什么样子的？"

幼儿1："我看到弯弯曲曲像波浪一样的线。"

幼儿2："我看到的线长长的。"

（幼儿欣赏波洛克的作品，极具形式感的画面深深地吸引了幼儿，他们表现出了良好的艺术直觉，对色彩、线条等形式要素非常敏感。教师顺应幼儿的想象，自然地将幼儿欣赏的重点引导到形式要素上，为之后幼儿的创作奠定了基础）

教师："看到这幅画你有什么样的感觉？"

幼儿1："我觉得像船翻了一样。"

幼儿2："有动漫城市的感觉。"

幼儿3："有宇宙的感觉。"

教师："这幅画每个人看到的都不一样，心里的感觉也不一样，真特别呀！"

教师："请你来猜一猜这幅画是用什么画的？"（教师引导幼儿了解并感受波洛克作画方式的独特之处）

幼儿1："用毛笔蘸颜料画出来的。"

幼儿2："用排笔刷出来的。"

幼儿3："用抹布画出来的。"

幼儿4："用小拖把蘸颜料拖出来的。"

教师："我们来看看这幅图中波洛克是用什么画的？怎么画的？"

幼儿："用笔蘸颜料滴在纸上画的。"

教师："我们一起学一学。"（幼儿尝试模仿波洛克滴画的作画方式）

教师："我们再来看看这幅图中波洛克又是怎么画的？"

幼儿："用笔蘸颜料洒在纸上画的。"

教师："我们也来学一学。"（幼儿尝试模仿波洛克洒的作画方式）

教师："那么这幅画中的波洛克用的是什么方法呢？"

幼儿："用笔蘸颜料甩在纸上画出的。"

教师："你会吗？"（幼儿尝试模仿波洛克甩的作画方式）

（在猜测、了解和学习波洛克作画方式的过程中，幼儿被画家的作画方式深深地吸引了，有惊奇的眼神，有夸张的惊叹声，调动了创作的激情）

教师："今天老师给你们准备了很特别的作画工具——树叶、树枝，利用它们可以怎样画画？你可以和同伴轻声讨论、交流一下。"

教师："谁来说说你的想法？"

幼儿1："可以用小树枝甩着画。"

幼儿2："可以用树叶蘸颜料滴着画。"

教师："还有谁会用和别人不一样的方法？"

幼儿1："还可以用树叶蘸好颜料拖着画。"

幼儿2："还可以用树叶这样绕着画。"

教师："谁想上来试一试？"（请个别幼儿尝试采用滴、洒、拖、甩、绕等作画方式进行创作）

教师："那我们都来学做一个小小波洛克，一边听着动听的音乐一边画画吧。"（见图6-35）

（教师引导幼儿尝试用树叶和树枝自由创作，鼓励幼儿采用滴、洒、拖、甩、绕等作画方式大胆作画。在创作阶段，教师为幼儿准备了丰富的材料：各种树枝、树叶、颜料、黑色卡纸等，在创作之前，教师先介绍了各种材料，并且请小朋友想

图 6-35 "小小波洛克"活动现场

一想自己想用什么方法作画,然后,小朋友们开始利用各种材料自由表现与创作)

完成作品后,小朋友共同欣赏与评价作品(见图 6-36~图 6-38)。"你们今天玩得高兴吗?看了大家的画你有什么感觉?"教师请幼儿介绍自己的作品,"谁来说说你用什么画的?是怎么画的?"

图 6-36 幼儿作品(一)

图 6-37 幼儿作品(二)

图 6-38　幼儿作品（三）

（六）案例评析

波洛克独特的创作方式和作品深深吸引了幼儿，作品没有确定的主题，一切都是随性而为，展示的是画家的从容和自由。本节活动在欣赏画家波洛克独特的创作方式和作品的基础上，在适宜的音乐情境氛围下，教师鼓励幼儿大胆地用肢体动作表现出快乐的心情，用树叶和树枝蘸颜料在画纸上通过滴、洒、拖、甩、绕等方式进行表达。这是一个动态的生命体验过程。这种动态的生命体验过程有助于激发幼儿参与美术活动的热情与灵感，引导他们进行富有创造力的美术活动，并在美术创作的过程中获得必要的技能技巧。

（周倩倩）

三、大班美术欣赏教学活动的案例与分析

⊙哈里昆的狂欢

（一）活动目标

（1）欣赏米罗超现实主义作品《哈里昆的狂欢》（见图 6-39），感知由线条、形状及各种色块组合表现出的自由、轻快、无拘无束的狂欢画面。

（2）通过欣赏、想象、探索，运用想象组合的方式，添画表现画面中的线条、色块所表达的舞者们的热情与活力。

（3）感受画家作品的丰富想象力，体验利用综合材料进行想象创造的乐趣。

（二）活动准备

（1）经验准备：幼儿欣赏并表现过抽象作品。

（2）物质准备：米罗《哈里昆的狂欢》作品及分解图（见图 6-40～图 6-45）（制作成 PPT 课件），《钟声圆舞曲》音乐，各色水粉颜料，水粉笔，8 开画纸（幼

图 6-39 《哈里昆的狂欢》米罗

儿事先涂好渐变底色），彩色的形状规则和不规则的纸（大小圆形、粗细不同的波浪形、三角形、粗细长方形、花形、星形等），黑色勾线笔，胶棒。

图 6-40 《哈里昆的狂欢》分解图（一） 　　图 6-41 《哈里昆的狂欢》分解图（二）

图 6-42 《哈里昆的狂欢》分解图（三）

图 6-43 《哈里昆的狂欢》分解图（四）　　图 6-44 《哈里昆的狂欢》分解图（五）

图 6-45 《哈里昆的狂欢》分解图（六）

（三）活动过程

（1）幼儿欣赏米罗超现实主义作品《哈里昆的狂欢》，初步感知画面中变形的人、动物的表演样态。

① 幼儿做游戏"变变变"。

教师："我们来玩一个变变变的游戏，我说一二三，请你变成一个小精灵（游戏 2~3 次）。"

教师："刚才小朋友变出了各种小精灵，我准备了一幅神秘的图画，上面也有许多变形的小精灵，就藏在你们的座位底下，你们一会儿取出来看一看、说一说，有哪些特别的小精灵，它们在干什么？"

② 幼儿欣赏作品，初步感受画面的"狂欢"场景。

教师："把你们的图画藏回去吧。你们看，这幅神秘的图画我这里也有一幅呢，谁来说一说你看到了哪些小精灵？它在表演什么？你是怎么看出来的？"

教师小结："原来啊，一个舞会正在进行，各种古怪的精灵尽兴地表演着，画面弥漫着'狂欢'的气氛，就连梯子也跳动了起来。有骑独轮车演奏的小丑，还有变魔术的蜜蜂，一个叼着烟斗、翘胡子的老人心情似乎不是很好，他默默地注视着周围的一切，但这并没有影响整个狂欢的热闹氛围，所有事物好像都活了过来，甚至那些没有生命的物体也在画家的画笔下充满了热情与活力。"

③ 幼儿了解画家用线、形、色块组合表现抽象的画面效果。

教师："刚才我们看到画面上的各种动物、精灵在表演，那画家是怎么画这些表演的动物和精灵的？和我们平时画的一样吗？哪里不一样？有哪些形状、哪些颜色？它们是怎么组合在一起的？"

教师小结：（结合形状、颜色）"画家用简单的直线、波浪线、米字线等线条，以及圆形、三角形、花形、星形等形状，还有红、黄、蓝、绿、黑、白、灰等不同色块创造了不同的表演者，让人们看了画面可以有无限的想象，这种画就是抽象画。"

④ 幼儿了解画家及画名，理解画家的创作风格。

教师："你们知道画这幅画的画家是谁吗？虽然你们认识很多大画家，但是今天我带你们再认识一位画家，他是西班牙画家米罗，他从小热爱大自然，喜欢画画，他特别喜欢用一些线条、一些形状、一些非常简单的颜色在画面上平涂成一个个色块，来表现一个想象中的世界。"

教师："米罗这幅画里所有的一切都是幻想出来的场景，但是让我们觉得比日常所见更为真实。"

教师："请你们给这幅画起个好听的名字吧！"

教师小结："这幅画的名字叫《哈里昆的狂欢》，是米罗在1925年举办的画展上受到大家喜欢的作品之一，以后我们可以欣赏他更多的画。"

（2）幼儿交流想象，探索用想象组合添画的方式表现狂欢场景。

幼儿讨论想象中的狂欢场景。

教师："你们心中的狂欢是什么样子的？说给大家听听。"

（教师提供各种造型纸片，引发幼儿讨论并尝试进行探索制作）

教师："我们可以用什么来表现画面中的线条和形状呢？你们看，我这里有许多各种奇特形状的纸片，如果想表现各种奇特的舞蹈的人和动物，该怎么办呢？请小朋友来试一试、做一做。"

教师小结："我们可以用各种色块组合成造型，组合成一个舞者，再给他添画上五官或肢体，就能完成一幅狂欢的画面。"

（3）幼儿采用想象组合添画的方式表现热闹的狂欢舞会（见图6-46~图6-49）。

教师指导建议如下：

首先，幼儿将各种形状的纸进行拼摆组合，并粘贴在有背景色的画面上。

图 6-46 创作《哈里昆的狂欢》
活动现场（一）

图 6-47 创作《哈里昆的狂欢》
活动现场（二）

图 6-48 创作《哈里昆的狂欢》
活动现场（三）

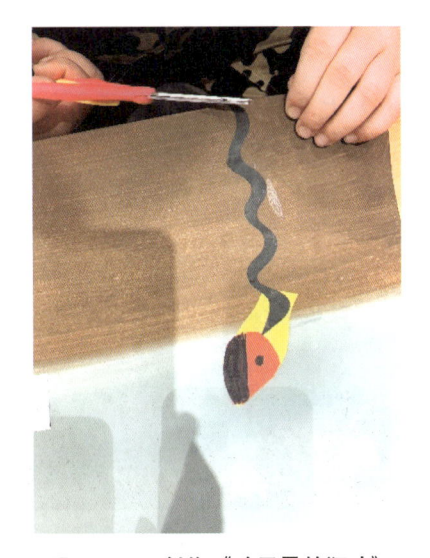

图 6-49 创作《哈里昆的狂欢》
活动现场（四）

其次，幼儿用黑色勾线笔进行添画，完成细节部分的内容，表现出各种动物、人物的狂欢抽象画面。

(4) 作品组合欣赏，交流创作体验。

① 教师将幼儿作品组合在一起，布置在背景设计为舞台场景的画面上。

② 教师请幼儿围着作品看一看、说一说。

教师："说说自己是用什么方法设计了心目中的狂欢舞会场景的？和大家一起

分享一下自己的设计方法。"

教师:"大家一起选一选,选出自己最喜欢的画,并给它起个特别的名字。"

③ 幼儿做情境游戏"我们的狂欢舞会"。

教师:"你们想不想也变成小精灵,开一个狂欢舞会呢?"

教师:"让我们来变成一个小精灵,我说小精灵变,你就站到前面来变成一个精灵,变好就不动了,'你是什么小精灵',(等幼儿全部站上来)小精灵一起来跳舞,音乐一停就要停下来哦。"(幼儿听音乐舞蹈)

(四) 活动延伸

(1) 教学活动:模仿米罗的抽象作品,幼儿可以广泛运用多种材料进行表现,如平面表现:用水粉材料在油画布上创作、用各种异型纸片纸条进行拼贴组合;立体表现:彩色铜丝、麻绳、纸绳、塑料玩具、瓶盖、皮球、纸盒、纸卷芯等,用于立体装帧塑形,将平面立体化,应该别有一番趣味。

(2) 区域活动:在区域活动中,教师继续巩固对线条、形状、色块的组合运用,增加毛线、锡纸、油漆笔等材料,内容可以是米罗的其他抽象作品的引入和创意制作。

(3) 户外活动:教师利用自主游戏的户外材料进行大胆的立体装帧艺术设计,如轮胎、纸箱、积木、胶带、绳子等,丰富幼儿对大型装置艺术的感受与表达。

幼儿作品见图 6-50 ~ 图 6-53。

图 6-50 幼儿作品(一)

图 6-51 幼儿作品(二)

图 6-52 幼儿作品(三)

图 6-53 幼儿作品(四)

（五）案例评析

在活动设计的导入部分，教师利用游戏"变变变"来让幼儿主动参与，追随活动本身的元素"小精灵"，幼儿的情绪迅速被调动，变换着自己最奇特的造型来装扮小精灵。然后教师引入作品《哈里昆的狂欢》，让幼儿继续寻找画面中的小精灵，前后衔接自然灵动，把幼儿吸引到对作品的欣赏中，同时也突出了纷繁复杂画面的欣赏重点"神秘的元素——小精灵"。这部分的设计充分体现了游戏化的导入，让幼儿走进对艺术作品的欣赏，教师自然、紧密地抓住了幼儿的探究心理，激发了幼儿对画面一探究竟的欲望。

在活动的欣赏环节，教师充分调动了幼儿的感官体验，在猜一猜、说一说、演一演中感知各种特别的精灵所做的特别的事情。在结束部分，幼儿又变成了小精灵，这一次小精灵们要像画面中的精灵一样开狂欢舞会，于是幼儿跟着音乐快乐地舞动起来。首尾呼应的设计，体现了一个完整活动的尽善尽美，"小精灵"的"任务"又引出幼儿对身体动作的体验，与随之而来的艺术创作完美地结合起来。这个活动很好地体现了以一个游戏主题贯穿全部活动的设计方式。

采用游戏化的方法进行的美术欣赏活动，使幼儿产生了愉悦的情感体验，结合欣赏部分分解元素的各种"小精灵"狂欢表演的想象，激发了幼儿对艺术活动的创造和大胆设计，幼儿运用画面中米罗元素的奇异色块和图案，不断超越现实，完成了一幅幅生动有趣的"狂欢"画面！

（居君）

⊙ 有趣的面具

（一）活动目标

（1）欣赏毕加索的立体主义作品，初步感受其人物脸部夸张变形的绘画风格。

（2）采用变脸游戏、欣赏、比较、想象的方法，大胆设计具有立体风格的有趣的面具。

（3）体验在对面具进行拼摆、变形、涂色过程中获得的快乐与成就感。

（二）活动重难点

（1）活动重点：欣赏并感受毕加索立体变形的创作手法，尝试设计夸张、变形的面具。

（2）活动难点：能大胆拼摆组合，采用变形的方法表现面具别具一格的立体特征。

（三）活动准备

（1）经验准备：幼儿了解了一些西方的艺术家，很喜欢他们的作品。

（2）物质准备：毕加索人物作品（见图6-54～图6-58），面具作品少量（制作成PPT）；面具模板（纸箱板材质）4～5种，人物五官造型（纸箱板材质）若干，红、黄、蓝、绿、橙、紫等水粉颜料若干，水粉笔若干，黑色勾线笔人手一只，双面胶若干，木棒人手一支。

图6-54 毕加索人物作品（一）

图6-55 毕加索人物作品（二）

图6-56 毕加索人物作品（三）

图6-57 毕加索人物作品（四）

图6-58 毕加索人物作品（五）

（四）活动过程

（1）幼儿欣赏毕加索的人物作品，感受变形、夸张的立体派创作手法。

①"变形的脸"游戏导入，激发活动兴趣。

教师："我们来玩一个'变形的脸'游戏，你们可以想尽办法让自己的脸发生变形，看看谁的脸变得最有趣。（提示幼儿可以用手帮助自己对脸进行挤压和扩张，幼儿自由体验变脸的愉悦，请个别幼儿将自己的成果与大家分享）你们看看他的脸哪里发生了扭曲和变形？"

教师小结："生活中的变形会让我们感受到快乐，享受其中的乐趣，变脸真好玩啊！"

② 幼儿欣赏人物作品图片，初步感受画家的变形手法。

教师："有一位画家，他也喜欢画各种奇怪有趣的脸，请你们来看一看（出示图6-54）。画面上的人是什么样子的？和我们平常的人有什么不同？为什么鼻子是侧面的，眼睛却在前面？"（幼儿讨论）

教师小结："画家把我们眼中的侧面人进行了立体的表现，也就是将侧面人中看不到的地方呈现在一个面部，如眼睛、鼻孔、头发等。这种创作方法正是画家绘画人物与众不同的地方，因为他的这种特别的画法使立体派风格的作品发展起来。"

③ 幼儿欣赏画家更多的立体变形人物，了解和体验丰富的人物变形画法。

教师（出示图6-55、图6-56）："这两幅图上的人物有哪些地方变形了？变形后的五官是什么形状？"（眼睛像小山形状，鼻孔像横着的水滴形）"面部的颜色有什么奇怪的地方？"（有红色、有黄色、有蓝色、有绿色，看上去像一个花脸）

教师（出示图6-57、图6-58）："再看看这两幅画，看看脸部的线条有什么不一样？"（眼睛是菱形的，看上去有棱有角、尖锐，另一个面部都是弧形的，有弯弯的眉毛、月牙形的嘴唇）

教师小结："原来画家表现人物面部变形的方法是不一样的，有的是直线和具有棱角的形状，表现人物的狰狞、荒诞或者恐惧；而有的则是弧线形、柔软的形状，表现美好、柔和、宁静。你们知道绘画出这样具有独特风格作品的画家是谁吗？（幼儿猜测）他就是西班牙画家毕加索，是立体派绘画的开创人之一。"

（2）幼儿交流想象，探索制作夸张、变形面具的方法。

① 幼儿讨论自己最想制作的面具。

教师："如果请你制作一个有趣的面具，像毕加索那样采用变形的方法，你会怎么做呢？"

② 幼儿了解创作的材料，探索怎样拼摆组合制作面具。

教师：（出示面具模板和若干五官造型）"请一个小朋友来试试，怎样拼拼摆摆出一个有趣的脸？"（幼儿尝试，教师引导幼儿关注变形和夸张）

教师：（出示面具作品图）"你们看，这些小朋友是这样拼的，你们想不想也来试一试？"

教师小结："一个夸张、变形的脸一定是与众不同、充满趣味的，所以小朋友要大胆地变形，五官可以在不同的位置，甚至可以是各种造型的五官哦！"

（3）幼儿创作《有趣的面具》（见图6-59）。

教师指导建议如下：

首先，用各种五官造型拼摆组合，然后用双面胶粘贴固定。

其次，记得用水粉颜料给面具着色，尝试使用多种颜色进行涂、染、晕。

最后，待颜料变干后，用木棒粘贴在背面，一个手持面具就完成了。

图6-59　创作《有趣的面具》活动现场

（4）幼儿欣赏作品（见图6-60～图6-63），交流创作体验。

① 幼儿互相说一说自己的面具哪里有变形？哪里进行了形状和颜色的夸张处理？

② 幼儿手持面具，参加"狂欢舞会"。

教师："现在我们来扮演面具上的人物，一起愉快地跳起来、唱起来吧！"

③ 幼儿进行户外活动。

幼儿可以戴上自制面具到户外参加"狂欢舞会"，将自己的作品展示给大家，特别是可以让小班、中班的弟弟妹妹来欣赏，让他们感受毕加索风格的面具，加以学习和体验。

图6-60　幼儿面具作品（一）

图 6-61　幼儿面具作品（二）　　　图 6-62　幼儿面具作品（三）　　　图 6-63　幼儿面具作品（四）

（五）活动延伸

（1）教学活动：教师让幼儿模仿毕加索的人物变形作品，可以让幼儿在欣赏后进行水粉画、油画创作，还可以在纸盒的四面进行创作，画出不同表情的变形脸，然后将纸盒作品进行立体组合装帧。

（2）区域活动：教师让幼儿自己在纸箱板上画出脸部轮廓，剪下后进行五官的组合拼贴，这样更能体现面具的个性化作品。

（六）案例评析

毕加索的作品渗透着与幼儿生活经验相关的内容：变形、夸张、奇特，这些内容满足了幼儿对新鲜、特别事物的探究，同时巧妙地融入美术关键性经验：拼摆组合、色彩混搭，让幼儿在探究过程中既满足了情感体验，又获得了技能提升。"有趣的面具"可以无限地按照幼儿的意愿进行表现和创作，在提供材料方面教师也为幼儿提供了支持，造型各异的面具模板也让幼儿在最近发展区获得成就感。

《3—6岁儿童学习与发展指南》指出要"尊重幼儿的学习方式和学习特点"。游戏化的情境更容易让幼儿采用自己的学习方式来体验和操作，"有趣的面具"给了幼儿一个展示表演的机会，在活动的尾声幼儿手持面具，在音乐声中进行游戏"猜猜我是谁"，充分体验了毕加索立体主义呈现的面具的与众不同，通过同伴之间的互相猜测增添了趣味性和互动性。该活动的设计以游戏化为主要方法和手段，让幼儿在欣赏、表达等多通道的体验中学习和创作。

维果茨基的认知理论告诉我们，游戏是学前期儿童认知发展的关键。游戏化的美术活动可以让儿童在游戏中体验到快乐，激发丰富的想象力，在艺术表达时更能用自己的抽象化方式来表现对事物的情感表达和对美好事物的向往。"有趣的面具"，在主题活动背景下进行游戏化的设计，满足了儿童感知、欣赏、表现美的事物的需要，以儿童视角，将美术活动通过多种方式，让儿童尽情地参与和表达。

（居君）

单元回顾

⊙ 单元小结

本单元主要讨论了以下 3 个问题：
(1) 学前儿童美术欣赏能力的发展。
(2) 学前儿童美术欣赏教学目标。
(3) 学前儿童美术欣赏教学活动的基本环节与组织实施。

学前儿童美术欣赏能力的发展可以分为本能直觉阶段（0~2 岁）、主观的审美感知阶段（2~7 岁）。本能直觉阶段儿童的欣赏行为主要表现为形式审美要素的直觉敏感性和注意的选择性，是纯表面的和本能直觉的，主要通过视觉、听觉、运动觉的协调活动进行信息的相互交换。此时，儿童对形状、色彩等基本形式要素的视觉偏爱，只是由生理机能组织决定的，是一种本能的快感，还没有真正独立的美感反应。处于主观的审美感知阶段的儿童，其欣赏行为特点是关注作品的内容多于形式，初步关注作品的形式审美特征。幼儿对美术作品的审美偏爱特点：在作品风格方面，幼儿偏爱夸张、拟人、具象风格的美术作品；在作品色彩方面，幼儿偏爱色彩鲜艳、明亮且和谐的美术作品；在作品题材方面，幼儿偏爱以自己能够理解的、熟悉的事物为题材的美术作品；在观察和欣赏作品时，幼儿倾向于寻找和指认画面中自己认识的事物。

学前儿童美术欣赏教学的目标主要有 4 方面：喜欢环境、生活和艺术中的美，体验欣赏活动的乐趣；感受周围环境和作品中的形式美，并产生相应的情感与想象；了解作品基本的背景知识，理解美术作品所蕴含的意义；积极与他人交流和评价美术作品，能用多种方式表达自己对作品的感受和联想。不同年龄阶段的学前儿童美术欣赏教学活动的目标也有所差异，但都应包括认知目标、能力目标、情感目标和创造目标 4 方面。

学前儿童美术欣赏教学活动的基本环节包括整体感受、自由表达，要素识别、形式分析，回到整体、加深理解，心理回忆、创作构思，自由创作、大胆表现，展示作品、相互评价 6 个环节。在实施过程中，教师要提高自己的美术素养，营造与作品相匹配的审美情境，针对作品的审美特征提问，尊重幼儿真实的审美感受，引导幼儿多通道地感受作品，通过创作丰富幼儿的欣赏经验。

⊙ 拓展阅读

[1] 屠美如. 儿童美术欣赏教育研究 [M]. 北京：教育科学出版社，2001.

[2] 边霞. 幼儿园生态式艺术教育的理论与实践 [M]. 杭州：浙江教育出版社，2017.

⊙ 巩固与练习

一、名词解释

1. 学前儿童美术欣赏教学活动
2. 主观的审美感知阶段

二、简答题

1. 简述学前儿童美术欣赏教学的目标。
2. 简述幼儿园美术欣赏教学活动的基本环节。

三、论述题

1. 请你谈一谈学前儿童审美偏爱的特点，这些特点对组织学前儿童美术欣赏教学活动有什么价值？
2. 学前儿童美术欣赏教学活动的实施要点有哪些？

四、案例分析题

中班美术欣赏活动 《缠线》

活动目标

（1）欣赏作品对自然美的表达，感受色彩的局部变化。

（2）尝试运用色彩的变化表现与家人的日常互动环节。

活动准备

（1）经验准备：幼儿有为家人做事情的经历，并且知道毛线团，绕过毛线团。

（2）物质准备：关于缠线的PPT、毛线团、"缠毛线"的图片。

活动过程

（一）欣赏过程

教师："小朋友们有没有绕过毛线团呢？绕毛线需要注意哪些事项呢？今天老师给小朋友们带来了一幅漂亮的画，让我们一起来看看吧！"

教师："大家请看大屏幕，小朋友们仔细看，说说你们从这幅画中看到了什么？"

教师:"你们看到这幅画中的人在做什么呢?天空又有什么特点?我们美工区里面也有毛线团,有没有小朋友愿意来试一试呢?"

教师:"小朋友们有没有和你们的家人一起做事情呢?来和我们分享一下吧。"

教师:"说说你们看了这幅画的感受是什么呢?如果我们要画出像画中绕毛线的画面,我们应该画些什么呢?"

(二)幼儿创作

(1)教师进行创作引导:主要是让幼儿体验画出生活中的场景,或者模仿画中的绕毛线场景。

教师:"想一想、说一说,你想创作的场景是什么样的?小朋友回忆一下自己的家人长什么样,都有什么特点呢?"

(2)幼儿创作,教师个别指导:鼓励幼儿独立思考,尽量画出具有自己风格的作品,大胆创作。

(三)活动评价

教师让幼儿分享自己的画,说一说自己画中的趣事。

以上是某老师以莱顿《缠线》为欣赏内容设计的一个中班欣赏活动。

问题与思考:

请你根据学前儿童美术欣赏活动的基本环节与实施要点,分析此案例中存在哪些问题,以及如何进行调整。

五、实践题

请以"京剧脸谱"为主题设计一个幼儿园美术欣赏教学活动,要求如下:

1. 年龄班自选。

2. 方案的格式:活动名称、活动目标、活动准备、活动过程、活动延伸。

3. 方案中有关键性提问、小结话语,活动环节清晰、完整。

第七单元　幼儿园美工区活动

导　言

一位大学老师和她刚进入幼儿园工作一年的学生们交流在幼儿园美工区活动中遇到的问题和困惑。这些新老师说："幼儿园提供的活动材料太少""活动形式单一，就是玩彩泥""场地有限，距离水源又远，很少开展使用颜料的活动""幼儿在美工区的活动大部分都是剪、粘、捏，虽然有颜料，但真的很少用，特别是在冬天""我自己欠缺活动组织经验""想让幼儿能够更多地自己动手操作，但是这样活动开展的时间就会很长，我自己常常把控不好活动时间""我们幼儿园的美工区都是室内的，其实户外也有很多空间是适合幼儿进行美工活动的，户外场所可不可以算作美工区，又该如何引导幼儿活动呢"……

以上这些讨论反映了教师在如何创设适宜的美工区活动环境、如何有效组织美工区活动、如何拓展户外美工区等方面存在的问题与困惑。通过本单元的学习，大家将对这些问题有更深入、全面的理解和把握。

学习目标

1. 记忆与理解：幼儿园美工区的定位、环境创设的基本要求；幼儿园美工区活动工具和材料的投放原则及常见的活动材料。

2. 理解与应用：幼儿园美工区活动的基本环节与实施要点；在美工区活动中对幼儿活动的观察与指导。

3. 应用与创造：应用所学原理，创设适宜的幼儿园美工区环境，投放适宜的材料。

思维导图

幼儿园美工区活动
- 幼儿园美工区的环境与材料
  - 幼儿园美工区概述
  - 幼儿园班级美工区环境的创设
  - 幼儿园班级美工区活动工具和材料的投放
  - 幼儿园户外美工区环境创设与工具和材料投放
- 幼儿园美工区活动的基本环节与组织实施
  - 幼儿园美工区活动的基本环节
  - 幼儿园美工区活动的观察与指导
- 幼儿园美工区活动的案例与分析
  - 幼儿园班级美工区活动的案例与分析
  - 幼儿园户外美工区活动的案例与分析

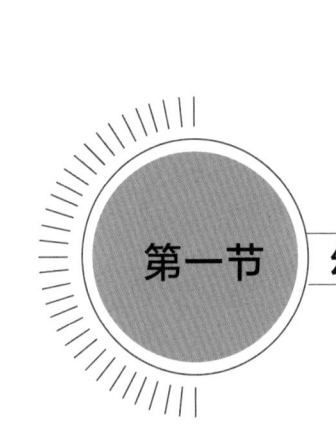

第一节 幼儿园美工区的环境与材料

幼儿园美工区活动是幼儿园区域活动中不可缺少的活动之一，也是幼儿园美术教育活动的重要形式之一。美工区是教师为了支持幼儿美术素养的提高，在班级或幼儿园内提供相关的环境与材料，激发幼儿自主进行美术创作、美术欣赏活动的特定区域。美工区活动是一种结构化很低的美术活动形式，主要以幼儿的需要与行为为导向，幼儿自由选择、自由发起。这不仅能培养幼儿的自主性和独立性，而且可以提升幼儿欣赏美、创造美的能力，并使其身心愉悦。

一、幼儿园美工区概述

（一）幼儿园美工区的概念

幼儿园美工区是教师根据学前儿童美术教育的目标和内容，结合幼儿的发展水平和生活经验，为幼儿提供的自由欣赏和创作美术作品的自主性的学习场所。在美工区，教师可通过有目的的环境创设和材料投放，引导幼儿按照自己的意愿和能力，选择喜爱的美术作品进行欣赏和体验，选择感兴趣的工具和材料进行创作，进而表达自己的所思所想。它是促进幼儿学习品质、社会性、情感、认知等方面综合发展的平台。

幼儿园美工区的概念有狭义和广义之分。狭义的幼儿园美工区主要指每个班级活动室内的美工区，它只是一个小区域、小角落，便于幼儿在一日生活中根据作息时间灵活地开展美工活动，比如在晨间、餐前餐后、游戏、学习等活动时间都可以开展。广义的幼儿园美工区指幼儿园园内环境中所有包含美术教育价值、可以让幼儿自由欣赏和创作的活动区域，比如幼儿园专门的室内美工室、公共走廊，户外场地中的花园、草坪、种植园、树林、操场、墙面、地面、绿廊、水池等。

幼儿园专门的室内美工室可以是针对特定美术类型的专门活动室，如手工活动室，它可以细分为泥塑区、折纸区、粘贴区、染纸区、剪纸区等；也可以是综合的美工活动室，如在一个活动室中划分出绘画区、手工区与欣赏区等。专门的室内美工室是为全园各年龄班幼儿提供的功能室，并不专属于某个班级。一般来说，幼儿园会根据全园班级艺术活动的需要，统筹安排与协调美工室的开放时间，并安排教师进行相应指导。与班级美工区的材料相比，专门的室内美工室的材料品种更加齐全、丰富，幼儿的可选择性更大，有的幼儿园也会将具有地方特色的美术教育资源融入美工室的布置和材料投放中。

幼儿园的户外场地是一个天然绝好的综合性美工区。比如，在美丽的小花园里，幼儿运用嗅觉、听觉、触觉、视觉等多种感官感受与欣赏花草树木的自然美，开展写生、收集自然材料拼贴、画树影等自然美术活动；在宽敞、平坦的操场上，幼儿更可以放开手脚，运用各种材料进行游戏化的创意美术活动……自然宽敞、有趣多元的户外场地解放了幼儿的手脚、双眼和头脑，让幼儿更加轻松和自在，更能体验到美术活动的游戏性（见图7-1～图7-7）。

幼儿在户外区域开展美术活动

图7-1 幼儿在种植园写生

图7-2 幼儿在花园收集树叶

图7-3 幼儿在拓印树皮

图7-4 幼儿在拓印木地板

图 7-5 幼儿根据色卡寻找树叶（一） 　　图 7-6 幼儿根据色卡寻找树叶（二）

图 7-7 幼儿给水池石墩涂色

（二）幼儿园美工区的定位

1. 美工区是幼儿自主学习美术的场所

在美工区中，教师根据幼儿的兴趣和发展，为其提供丰富的工具和材料，鼓励幼儿按照自己的意愿自由选择、自主欣赏与创作，使其在美工活动创作过程中感受愉悦和完成作品的成就感。因此，与其他美术教学活动相比，美工区活动中幼儿的自主性更强，自由选择和探究的成分更多，教师根据幼儿自主学习的情况进行个别化指导，活动组织形式更为宽松，活动状态接近游戏状态。

2. 美工区是"有准备的环境"

无论是班级室内美工区，还是幼儿园户外美术活动空间，都是教师精心为幼儿创设的"有准备的环境"。一方面，这体现在教师从儿童的视角按照操作环境、展示环境、欣赏环境的不同空间要求来精心规划活动空间；另一方面，这体现在教师根据幼儿的年龄特点和学习目标，提供并合理地呈现优秀的美术作品、丰富和有层次性的创作工具和材料，以引发幼儿的自主活动。比如，教师在创设班级美工区时，会考虑将其设置在教室什么地方比较合适，怎样体现其艺术性，怎样合理地摆放柜子、桌子等设施设备，怎样呈现幼儿的作品，提供什么工具和材料供幼儿自由选择。同样，教师在规划户外美术活动空间时，也需要提前考虑如何有效利用户外场地，在哪些场地可以开展哪种类型的美术活动，提供什么工具和材料去引发幼儿开展自主的美术活动。

3. 美工区包含综合性的美术活动内容

美工区活动集绘画、手工、欣赏三类活动于一体，让幼儿通过与美术工具和材料的交互作用，在观察、发现、想象、表现、创作中对美术活动产生兴趣，发现美、欣赏美、表现美、创造美，并获得身心的愉悦。美工区的三类活动并不是单一存在的，手工活动常常包含绘画的内容，欣赏活动更需要绘画、手工活动的融入，绘画、手工活动中也不能缺少欣赏活动。因此，在美工区中，这三类活动相互交织、相互促进。

二、幼儿园班级美工区环境的创设

教师应根据不同年龄段幼儿的美术能力发展水平和美术活动需要，以及班级环境和教育内容的不同，科学、合理地设置美工区，让幼儿在有准备的环境中自主探究与创作，积累丰富的审美经验，促进幼儿美术能力的不断提升。在规划美工区时，教师要考虑哪些活动能够使幼儿愿意沉浸其中，如何设计与安排空间才能激发幼儿参与活动的兴趣，如何摆放与收纳材料才可以激发幼儿创作的灵感，以及是否有足够宽敞的空间让幼儿进行自由活动。一个适宜的班级美工区环境应遵循以下几个基本要求。

幼儿园班级美工区环境创设的基本要求

（一）幼儿园班级美工区环境创设的基本要求

1. 位置适宜

班级美工区不能随意设定在教室的某一处，而应该根据幼儿创作的需求选择合适的地点（见图7-8、图7-9）。首先，美工区的空间要足够大，最好适宜幼儿开展大型创作活动，并且几个人同时活动也不会彼此妨碍；其次，美工区要靠近水源且地面容易清洗，幼儿在这里进行创造性活动，会用到水粉颜料、画笔等，靠近水源便于幼儿进行清洗；最后，美工区要考虑光线问题，幼儿既不能在强光直射的地方，也不宜在背光的地方进行创作。所以，教师应仔细分析班级教室的环境，将美工区设置在教室适宜的位置，满足幼儿自由欣赏与创作的便利性。

图7-8 班级美工区（一） 　　　　图7-9 班级美工区（二）

2. 布局合理

在通常情况下，班级美工区需要具备幼儿操作的空间、摆放工具和材料的空间以及展示幼儿作品的空间。操作的空间需要较大，干、湿画材存放在不同的区域，教师要将画架放置在远离幼儿频繁来往的地方，把罩衣挂在衣钩上等。幼儿除了在桌面上进行操作外，还可以在墙面上、地面上进行操作（见图7-10～图7-13）。

图7-10 手工区 　　　　图7-11 涂鸦区

摆放工具和材料的空间要方便幼儿拿取。"当儿童身处的环境是可预见的，知道在哪里能找到材料的时候，他们会更加具有创造性。尽管强调环境整洁可能阻碍儿童的创造性表达，但是过于杂乱的空间会让儿童不知所措，也让他们难以集中注意力。杂乱无序也削弱了美工区的吸引力，降低了最初想为儿童提供艺术体验的热情。"[①] 教师可以按照工具和材料的类别、用途来进行摆放，如按照绘画工具、手工工具、综合材料等进行分类，还可以按照材料色彩的冷暖、明暗等进行摆放（见图7-14）。

---

① 巴伯. 幼儿园创造性游戏：环境创设与活动指导［M］. 王连江，译. 北京：中国轻工业出版社，2017：38.

图 7-12 涂鸦墙（一）

图 7-13 涂鸦墙（二）

图 7-14 美工区工具和材料架

美工区材料的收纳方式

在布置作品展示区时，首先，教师要考虑幼儿的身高，方便他们能够自主展示作品；其次，教师要考虑平面作品和立体作品需要不同的展示方法，平面作品可以展示在墙面上（见图 7-15、图 7-16）或悬挂在空中（见图 7-17、图 7-18），立体作品可以展示在材料柜上或隔板上（见图 7-19、图 7-20）；再次，作品展示要具有艺术性，凸显幼儿的作品，背景不能复杂或花哨；最后，教师要为幼儿设置未完成作品的存放区，因为有时候当活动时间结束，幼儿还未完成手中的作品，这时教师就可以把作品存放在专门的区域，以便幼儿后续完成。

3. **工具和材料丰富**

丰富的工具和材料能够激发幼儿创作的兴趣与灵感。"各种各样的绘画、建模、雕刻、拼贴以及建造工具和材料，吸引着孩子们去探索各种可能性、去解决问题，以及用二维和三维的形式来表达自己的想法。"[①] 幼儿园美工区中的工具和材料种类

---

① 巴伯. 幼儿园创造性游戏：环境创设与活动指导 [M]. 王连江，译. 北京：中国轻工业出版社，2017：39.

图 7-15　作品展示墙（一）

图 7-16　作品展示墙（二）

图 7-17　悬挂式展示作品（一）

图 7-18　悬挂式展示作品（二）

图 7-19　立体作品展示区（一）

图 7-20　立体作品展示区（二）

几乎是无限的，但总的来说可以分为绘画类工具和材料、手工类工具和材料与欣赏类工具和材料三种。绘画类工具和材料是用于幼儿绘画的各种工具和材料，包括各种纸、笔及其他工具和材料；手工类工具和材料是幼儿用于手工制作的美术工具和材料，包括裁剪工具、泥工工具、塑形工具以及自然材料等（见图 7-21～图 7-24）；欣赏类工具和材料主要是用于欣赏的美术作品，包括各种平面与立体作品，可以是大师作品、工艺美术品、儿童作品、真实植物等。需要注意的是：工具和材料不是越多越好，太多工具和材料可能让幼儿无所适从；工具和材料的提供要根据幼儿的年龄特点和发展水平。

图 7-21　手工装饰材料（一）

图 7-22　手工装饰材料（二）

图 7-23　自然材料（一）

图 7-24　自然材料（二）

4. 富有艺术性

布置得富有艺术性的美工区更能够吸引幼儿参与其中，激发幼儿的创作兴趣。教师要对美工区进行富有美学特征的环境设计，充分运用空间分割、色彩和线条、光线明暗与变化等为幼儿创造生理和心理舒适的空间。

（二）幼儿园班级美工区基础设施设备的基本要求

幼儿园班级美工区的基础设施与标识

美工区的基础设施设备包括操作台、椅子、画板画架、材料收纳柜（架）、作品展示柜等。在选择这些基础设施设备时，教师应精心挑选，考虑幼儿身心发展的特点和喜好，以及美工区环境的特殊要求。在投放这些基础设施设备时，教师应合理布局、科学利用，让基础设施设备构建出良好的环境。

1. 活动柜

活动柜是美工区的基本设施设备，它既可以划分区域空间，也可以放置美工区的工具和材料、展示作品等。因此，选择并设置适宜的活动柜，是幼儿顺利进行美工活动的基本保障。

> **小贴士**
>
> 选择活动柜的注意事项如下：
>
> （1）活动柜在外形、高度、宽窄等方面都应符合幼儿的年龄和生理特点，便于幼儿取放物品。通常选用与幼儿身高等高或稍高于幼儿的长方形活动柜，也可部分使用正方形、阶梯形活动柜（见图7-25、图7-26）。柜内各层架应在幼儿的视线范围之内，还应考虑到层架间隔要适宜，适合摆放各种工具和材料。为3~6岁幼儿提供的活动柜参考尺寸为：长柜150cm×30cm×80cm、矮柜75cm×30cm×80cm、展示架45cm×30cm×90cm。
>
> （2）活动柜需要安全稳固、方便清洁。活动柜应选择无毒、无安全隐患、严格按照国家相关玩教具安全规定生产的材质，还应方便教师定期为活动柜进行消毒。通常活动柜采用实木、塑料和金属材质，以实木材质居多，实木柜安全环保、富有质感。
>
> （3）活动柜的色彩、层架应适合美工区的特点与要求，能够让人赏心悦目。活动柜通常以原木色、白色、黑色等颜色为主，从视觉上给人简洁的感觉，适宜放置色彩丰富的各种工具和材料。
>
> 图7-25　长方形活动柜　　图7-26　阶梯形活动柜

2. 操作台

教师在选择美工区操作台（见图7-27、图7-28）时，应考虑操作台的材质是否安全无毒，桌子的表面是否光滑、平整，桌子的高度、宽度是否适合幼儿的年龄特点。桌子的高度最好不要超过 55cm，尽量宽而长，颜色的选择不宜过于鲜艳，以白色、原木色为好。

图 7-27　操作台（一）　　　图 7-28　操作台（二）

3. 其他基础设施设备

美工区还应根据班级实际情况准备画架、多功能轮式小推车、小黑板、围裙、袖套、帽子、手套、水桶、毛巾、收纳盒、篮子、桌布等设施设备。

（三）幼儿园美工区的标识与规则

1. 美工区的标识

幼儿园中的标识指的是符合幼儿认知特点的直观形象的标牌，即用文字、图画或者图文并茂的不同形式作为区域记号，放置或者悬挂在区域的入口或中间，帮助幼儿快速识别该区域。美工区的标识（见图 7-29～图 7-31）可以利用美术元素去设计，如图片、幼儿作品、美术工具和材料等，使标识更具有美工区的特点。

图 7-29　美工区标识（一）　　图 7-30　美工区标识（二）　　图 7-31　美工区标识（三）

美工区的工具和材料很丰富，如果工具和材料摆放杂乱，那么会影响幼儿的创作。如果教师在工具和材料收纳架上做上标识，就可以帮助幼儿快速选择、整理工具和材料，无形之中可以为幼儿建立良好的规则。教师在设计和使用标识时，应根据幼儿的年龄特点，选择适宜的方式。对于小班幼儿，教师可以制作实物图片式标识（见图7-32、图7-33）；对于中、大班幼儿，教师可以制作绘画加文字式标识（见图7-34~图7-36）。

图7-32　实物图片式标识（一）

图7-33　实物图片式标识（二）

图7-34　绘画加文字式标识（一）

图7-35　绘画加文字式标识（二）

图7-36　绘画加文字式标识（三）

2. 美工区的规则

为了促进美工区活动的有序进行，教师应和幼儿一起讨论和制定规则。规则的内容应涵盖进区人数、操作要求、安全提示、合作分享、收放材料等。教师和幼儿一起讨论规则后，运用图文并茂的形式呈现在纸上，展示在美工区的活动柜或墙面上，方便幼儿能够随时看到。

> **小贴士**
>
> 美工区规则列举：
> - 每次进入6人；
> - 工具和材料要轻拿轻放；
> - 正确使用工具，注意安全；
> - 合理选择材料，学会节约不浪费；
> - 轻言细语，爱护自己和同伴的作品；
> - 遇到困难，请动脑筋想办法，或向他人求助；
> - 使用完工具和材料后，请按指定标识收拾、整理。

三、幼儿园班级美工区活动工具和材料的投放

工具和材料是美工区的核心元素，是幼儿自主创作的物质基础。因此，工具和材料的准备与投放是开展美工区活动的重点工作之一。工具和材料承载着幼儿美术教育的目标和内容，幼儿在不断、主动地操作这些美术工具和材料的过程中逐渐积累审美创造经验，获得发现美与创造美的能力。教师应根据幼儿的年龄特点、美术能力的发展水平、兴趣爱好，为幼儿提供适宜的工具和材料，将美术教育目标和内容渗透到所投放的活动工具和材料中。

（一）美工区工具和材料的投放原则

1. 安全性

教师在投放工具和材料时，首要考虑的就是安全性原则。投放材料必须保证无毒环保，不影响幼儿的身体健康。有些美术工具和材料可能会刺伤或划伤幼儿的肌肤。比如，木制工具和材料表面不光滑，应用砂纸进行打磨。又如，有些黏土、橡皮泥不是用环保材料制成的，有很浓的气味，这种材料就不能提供给幼儿。

2. 多样性

多样性指涵盖多种类型的美工区活动。"儿童需要多样化的材料来探索多种媒介的特征与表现潜能……真实的材料和工具带给儿童的体验过程与效果堪比成人艺术家在自己的工作室里获得的体验。多样化是最基本的要求，这样儿童才能选择那些能够吸引他们的感官，并且能够传递

常见美工区
工具和材料

他们想表现的形象的材料。"① 因此，教师需要提供多样化的工具和材料供幼儿进行自主探索。

> **小贴士**
>
> 幼儿园美工区投放的工具和材料应涵盖绘画、手工和欣赏三类美术活动，教师投放时要注意两点：一是不要一次提供过多的工具和材料，要根据班级幼儿的年龄特点、发展水平和兴趣爱好提供适量种类、数量的工具和材料；二是要提供开放性的工具和材料，着色书、临摹图案、范画等是不适合幼儿的，因为这些是由成人或出版商出于特定的目的而设计的，它们或许有助于幼儿精细动作或手眼协调能力的发展，但不能鼓励幼儿进行自由的创造性表达。

> **小贴士**
>
> "除了提供的材料要多样化以外，成人还应确保儿童拥有足够的操作材料。如果儿童总是被告诫不要浪费材料，他们探索的自由就会被严重削减。在经费预算有限的情况下，项目也可以储备那些既便宜又丰富的材料，例如，纸就可以为儿童提供多种创造可能性。家庭也能够不花一分钱地为项目提供报纸和杂志。空纸箱、塑料容器、碎布头、扣子及其他废弃的家用物品都容易收集到。在一些工业部门或回收销售部门还可以获赠或低成本购买到更多的回收材料。"② 教师还可以在班级设置废旧材料回收处，鼓励家长和儿童收集生活中的废旧材料。

3. 适宜性

每个年龄段的幼儿在美工活动方面有不同的发展水平和兴趣爱好。3～4岁的幼儿喜欢涂涂画画、撕撕贴贴，并且乐在其中。因此，教师可以为小班幼儿提供绘画、涂鸦、泥工方面的工具和材料，让他们能在自由涂鸦、大胆操作中，运用简单的线条和色彩，描绘自己想表达的事物。4～5岁的幼儿能通过绘画、手工制作等表现自

---

① 爱泼斯坦，特里米斯. 我是儿童艺术家：学前儿童视觉艺术的发展 [M]. 冯婉桢，等译. 北京：教育科学出版社，2012：57.
② 同① 62.

己观察或想象的事物,因此教师可以为中班幼儿提供绘画、折纸、塑形、拓印等方面的工具和材料。5~6岁的幼儿能用多种工具、材料或不同的表现手法表达自己的感受与想象,因此教师可以增添编织、塑形、扎染、剪纸等方面的工具和材料。但这些工具和材料提供的方式只能在一定程度上作为参考,针对具体班级提供什么工具和材料最适宜,教师应紧密结合各年龄段学前儿童美术教育目标和内容、班级幼儿的实际情况来决定。

此外,在同一个班级中,不同的幼儿在美术能力方面也存在差异性。《3—6岁儿童学习与发展指南》指出:"每个幼儿在沿着相似进程发展的过程中,各自的发展速度和到达某一水平的时间不完全相同。要充分理解和尊重幼儿发展进程中的个别差异,支持和引导他们从原有水平向更高水平发展。"因此,教师在提供工具和材料时也需要考虑班级中幼儿的不同需求,满足幼儿能根据自己的能力发展水平选择适宜工具和材料的需求。

(二)美工区工具和材料的审思与调整

在美工区活动的开展过程中,工具和材料被投放之后并不是一成不变的,出于各种原因,曾经适宜的工具和材料可能会失去其原有的价值。要想让幼儿在美工区活动中获得持续性的发展,教师就需要依据不同的实际情况及时调整工具和材料,满足幼儿新的发展需要。

1. 审思工具和材料的角度

(1)幼儿美术能力的变化。幼儿的美术能力发展水平是动态变化的,主要体现在两方面:一是班级幼儿整体发展水平发生了变化,即幼儿在不同的年龄阶段呈现出不同的发展特点。因此,教师在每学期开学的时候,应依据班级幼儿美术能力整体发展水平,及时调整美工区的工具和材料。二是个别幼儿的发展水平发生了变化,因此教师也要依据个别幼儿的美术能力发展水平调整材料,满足不同幼儿的需求。

(2)幼儿兴趣的变化。幼儿在美工区活动中使用材料方面通常会出现两种现象:一是某份工具和材料刚投放到区域时,很多幼儿争先恐后地操作这份工具和材料,但经过一段时间的操作,幼儿对这份工具和材料失去了兴趣;二是对于某些工具和材料幼儿从来不用,长期空置。针对第一种情况,教师就要反思这份工具和材料在形式上是否失去了新颖性,在内容上是否失去了挑战性,在操作方式上是否缺少了操作性。针对第二种情况,教师要分析这种工具和材料是否符合幼儿的年龄特点与发展水平、幼儿是否具备一定的使用经验。

（3）班级主题活动的变化。区域工具和材料的调整要结合班级主题活动的开展。当班级开展了新的主题活动时，美工区的工具和材料应密切地随着主题活动变化而进行调整，这样才能促进幼儿更加积极地参与美工区活动。例如，在"春节"主题活动中，教师可以在美工区投放制作红包、鞭炮、烟花的工具和材料等。

根据班级活动主题调整材料的案例

2. 调整工具和材料的策略

（1）随机式个别调整。随机式个别调整是指教师根据个别幼儿的发展需求及个别材料的情况进行随机调整。比如，个别幼儿的发展水平发生了变化、个别材料失去了吸引力或无人问津，这时就需要教师对材料进行个别调整。所以，教师应关注幼儿在美工区的工具和材料使用情况，并根据存在的问题进行随机调整。

美工区拓印工具的调整案例

（2）主题式局部调整。主题式局部调整是指教师根据班级主题活动的开展，相应地调整美工区工具和材料。在调整工具和材料时，教师应根据主题的目标和内容，提供有针对性的工具和材料。例如，在"春天"主题活动中，教师可以调整已有材料，增加投放制作花、昆虫、树木、风筝等的工具和材料。

（3）阶段式整体调整。阶段式整体调整主要在新学期开学的时候进行，是指教师根据班级多数幼儿的发展变化，结合每个年龄阶段幼儿美术能力发展的目标和内容，对美工区的工具和材料进行整体调整，以增加工具和材料的挑战性及丰富性。

四、幼儿园户外美工区环境创设与工具和材料投放

（一）幼儿园户外美工区环境创设的基本思路

1. 安全、宽敞

教师在规划户外美工区时，首先要考虑场地是否安全、宽敞，能否摆放活动需要的设施设备，能否供数名幼儿同时自由创作而不造成拥挤（见图 7-37 ~ 图 7-39）。

2. 因地制宜

户外场地丰富、多元，小花园、草坪、操场、围墙等都可以作为户外美术活动空间。教师应根据场地的类型、大小灵活设计不同种类的美术活动。例如，在小花园里，绘画、手工和欣赏活动都可以开展；草地、操场空间足够大，可供幼儿开展同伴合作的大型美术游戏；墙面可以改造成白板、黑板、玻璃板等不同材质的涂鸦墙。

图7-37 安全、宽敞的户外空间（一） 　　图7-38 安全、宽敞的户外空间（二）

图7-39 安全、宽敞的户外空间（三）

（二）幼儿园户外美工区的基础设施设备与工具和材料的投放

1. 幼儿园户外美工区的基础设施设备的投放

幼儿园户外美工区可以投放的基础设施设备包括画架、椅子、桌子、材料架、栅栏等，其尺寸规格和形状可根据户外场地的大小和幼儿身高进行灵活设计。因在户外，所以设施设备的材质要能防雨、防晒，如防腐木、玻璃板等材质就比较适宜。

2. 幼儿园户外美工区工具和材料的投放

户外美工区的工具和材料不必过多，教师应根据不同户外场地所设计的美术活动类型提供相应的工具和材料（见图7-40、图7-41）。以"小花园"为例，教师可以投放以下工具和材料：①绘画类的工具和材料，如画板、颜料、各种画笔和画纸、小水桶等；②手工类的工具和材料，如各种绳子、碎布、双面胶、白乳胶、小篮子、剪刀等；③欣赏类的工具和材料，如照相机、多种植物等。

图 7-40　幼儿在户外墙面玩涂鸦　　　　图 7-41　幼儿在户外地面玩涂鸦

第二节　幼儿园美工区活动的基本环节与组织实施

幼儿园美工区活动作为美术教学活动之外的一种活动形式，旨在教师通过为幼儿创设一个自由自主的欣赏与创作空间，提供各种形式、层次的活动工具和材料，引导具有不同兴趣、能力和经验的幼儿按照自己的意愿和能力，自由选择美术作品进行欣赏或使用感兴趣的工具和材料进行创作，大胆表达自己的所思所想，进行个别化的美术学习活动。

一、幼儿园美工区活动的基本环节

一般来说，美工区活动的基本环节主要包括准备与计划、探索与创作、分享与评价 3 个环节。

（一）准备与计划

此环节主要是在美工区活动开始前，教师和幼儿一起讨论今天在美工区的活动计划，比如"今天想在美工区做什么？用什么材料怎么做？是自己独立制作还是和同伴一起……"在讨论的过程中，教师要注意以下几点：

（1）关注幼儿的内心活动，尊重和支持幼儿的意愿和兴趣；
（2）通过讨论，激发幼儿的创作兴趣；
（3）通过提问，提高幼儿的创作意识和目的性；
（4）思考美工区是否有足够的相关工具和材料。

此外，教师还可以在此环节有针对性地推介新材料，比如把水墨画、版画等新的绘画方式引入活动区时，教师就需要做必要的介绍与引导。"需要注意的是，教师在介绍新材料、新内容时，应适当把握新材料的'推介程度'，为幼儿留有足够的探究空间，只要幼儿能通过努力自主获得的，教师就不要急于进行示范和展示。"①

（二）探索与创作

此环节是指幼儿根据自己的活动计划，进入美工区，选择、准备工具和材料进行自主探究与创作，同时教师进行观察与指导。在美工区活动结束或幼儿的创作结束时，幼儿应将所有工具和材料进行有序的整理。

（三）分享与评价

此环节是在幼儿整理好创作工具和材料后进行的，即美工区活动即将结束的时候，教师组织幼儿展示自己的作品、分享自己的创作过程等。"教师使用各种各样的策略促进儿童回顾他们的视觉艺术作品。这些策略包括：①要求儿童回忆材料看起来与感觉起来如何，他们是如何进行各种操作，如何练习不同的技法，如何操作材料去解决具体的问题。②帮助儿童回忆或记起他们经历的艺术创造的步骤，他们如何将材料和技法结合起来，如何发现做事情最有效的顺序。③提供能够再现儿童与艺术交互作用的标志与道具，鼓励儿童重演这些经历。④帮助儿童互相观看同伴的作品，以支持性、不做判断的方式交流分享他们的看法。⑤鼓励儿童考察艺术家

---

① 董旭花，刘霞，赵福云，等. 幼儿园自主性学习区域活动指导：生活操作区·美工区·益智区·科学区[M]. 北京：中国轻工业出版社，2014：58.

的作品和技法,并与自己的相比较。"[1] 在此环节,教师要充分尊重和接纳幼儿的观点和想法,不随意评论,让幼儿感到舒服和安全。

需要特别指出的是,幼儿园美工室活动因为是全班幼儿参与,所以活动组织形式更加灵活多样。教师可以基于某一主题组织幼儿自由选择不同的工具和材料及表现方式进行分组创作,如在"美丽的春天"主题活动中,幼儿可以分为不同的创作小组:手工组制作纸杯花、编织春天的服饰、粘贴春天的景色;绘画组尝试采用点彩画法表现春天的美景等。

二、幼儿园美工区活动的观察与指导

幼儿是美工区活动的主体,所以教师要转变集体教学的方式方法,在仔细观察幼儿活动的基础上,把握最佳的教育契机,引导和支持幼儿开展美工活动。教师要有观察意识,注重对幼儿活动过程的观察,不应只关注其作品的完成情况。观察是指导的前提条件,"教师既需要充分了解班级中每一个幼儿的发展水平、关注个体差异,又需要密切观察幼儿自主学习的整个过程,对幼儿的困惑快速做出回应,同时还要兼顾每一个幼儿的个性特点,为幼儿提供有针对性的辅导,满足幼儿在区域活动中的不同需要"[2]。那么教师在美工区观察什么呢?如何进行观察和有效指导呢?接下来我们将对这些问题展开论述。

(一) 美工区活动中的观察

在美工区活动的开展过程中,教师应细心观察幼儿的一举一动,倾听幼儿的一言一语,并针对观察到的幼儿行为进行反思与总结,深入了解活动背后幼儿的真实想法。教师在观察的过程中要做到明确观察目的,掌握观察方法,积极动手记录,勤于反思和总结。

1. 明确观察目的

观察是教师进行指导的依据,适宜的指导有赖于教师的科学观察。教师在对幼儿的活动进行指导之前一定要进行一段时间的观察,保证观察的深入、完整,避免片面、肤浅、表面化地观察。因此,教师要强化观察意识,明确观察目的。观察不同于日常的随意观看,而是有目的地观看并分析幼儿的行为。在观察前,教师要明确观察目标和观察内容,做到心中有计划、眼中有目标。教师可以从兴趣与参与、

---

[1] 爱泼斯坦,特里米斯. 我是儿童艺术家:学前儿童视觉艺术的发展 [M]. 北京:教育科学出版社,2012:126-127.
[2] 王微丽. 幼儿园区域活动:环境创设与活动设计方法 [M]. 北京:中国轻工业出版社,2014:81.

自主与计划、表达与创造、习惯与规则①4方面来观察幼儿在美工区的活动情况。

（1）兴趣与参与。幼儿能否很快选中自己的活动工具和材料，有向往创作的情绪表现；是否专注于自己的创作，不观望，能持续；是否连续进入美工区，对自己上次未完成的作品保持创作的热情。

（2）自主与计划。幼儿是否具有一定的目的性进行创作；是否主动寻找相关工具和材料及辅助工具和材料；是否不依赖教师或同伴的帮助或提示，不一味地模仿同伴的创作；是否自始至终完成创作；遇到问题和困难时，是否有解决的意识和行动，不轻易放弃。

（3）表达与创造。幼儿作品能否表达自己的意图和想法，能否用语言解释自己的作品；能否创作出和别人不一样的作品，能否别出心裁地构思并利用工具和材料进行造型；能否表达对他人作品独特的见解。

（4）习惯与规则。幼儿能否有序选择、整理工具和材料；能否不妨碍、不打扰同伴的创作，遇到冲突时能否自己处理；是否愿意改正自己违反规则的地方。

2. 做好观察记录

在幼儿园美工区活动开展过程中，教师可采用填写观察记录表、拍照片、录音、收集幼儿作品等多种方式记录幼儿的活动过程。其中，最常用的观察记录方法是实况详录法，即教师利用文字、照片详细、完整地记录幼儿在美工区的语言、表情、行为、作品，并对活动过程和作品进行科学的分析。

幼儿园美工区活动观察记录表

（二）美工区活动中的指导

虽然美工区活动是自主性的，但教师并不是完全让幼儿放任自流，对幼儿行为不加任何指导。教师应在充分观察的基础上，选择合适的时机，有针对性地、合理地给予指导、评价与反馈，从而有效提高幼儿在美工区的活动水平。

1. 树立正确的指导观念

在美工区活动中，教师可对幼儿的活动进行指导，但不能把成人的想法强加给幼儿，不能直接说出具体的建议，否则会压抑或破坏幼儿的创造行为，剥夺幼儿自主探索的权利。教师应根据幼儿的最近发展区，把握各年龄段幼儿美工活动的指导内容，树立正确的指导观念。首先，教师应改变重幼儿技能技巧的指导而轻内在情感培养的观念，关注幼儿内在情感的表达及审美愉悦的培养。其次，幼儿活动的过

---

① 董旭花，刘霞，赵福云，等. 幼儿园自主性学习区域活动指导：生活操作区·美工区·益智区·科学区 [M]. 北京：中国轻工业出版社，2014：58.

程比结果更重要，教师应改变重结果轻过程的观念，关注幼儿在操作过程中的审美体验、构思想象与创造。最后，教师应改变重预设目标的达成而轻生成目标的观念，关注幼儿在活动过程中随机生成的创造活动，当幼儿的行为偏离预设目标时，教师要持开放性的态度倾听幼儿的想法，尊重其独特的想法，不以成人的审美标准来评价幼儿的作品。

2. 采用适宜的指导方式

教师通过认真观察，减少指导的盲目性，避免过早或过迟指导，做到"等"与"引"相结合。教师在指导幼儿时，要注意自己的情绪、语言和行为。教师应带着积极乐观的情绪，运用启发性、鼓励性的语言指导幼儿。教师不能直接包办，代替幼儿完成作品，如果这样做，一方面，教师并没有让幼儿真正掌握操作方法，另一方面也不利于幼儿创造性地发展。当幼儿遇到困难时，教师先尝试采用启发引导的方法鼓励幼儿自主解决问题，若幼儿仍然无法解决问题，则教师可与幼儿共同操作，并进行适当的讲解和讨论。具体来说，教师可以根据幼儿的不同情况采取不同的指导方式。

（1）巧妙引导。当幼儿进入美工区之后，较长时间无所事事、对操作工具和材料举棋不定的时候，教师应和幼儿进行交流，询问幼儿的想法，引导幼儿思考创作的思路并选择适宜的工具和材料。

（2）共同参与。当幼儿反复操作同一工具和材料而不能完成自己的作品时，教师应分析幼儿在操作过程中存在的问题，以平行游戏的方式参与，暗中提示幼儿如何操作工具和材料，让幼儿达成自己的目标。

（3）鼓励支持。当幼儿在活动中四处张望、不断更换操作工具和材料时，教师应判断幼儿是因为遇到困难而放弃还是因为耐心和专注力不够，找到原因后教师应帮助幼儿解决问题，从而使幼儿在活动中获得愉悦感和成就感。若幼儿是因为遇到困难而放弃，则教师应帮助幼儿分析问题，鼓励幼儿解决问题；若幼儿是因为耐心和专注力不够而放弃，则教师应帮助幼儿树立目标，鼓励幼儿坚持达成自己的目标。

（4）化解冲突。若幼儿与同伴发生争执，教师应首先平静地阻止冲突，然后接纳幼儿的情绪，帮助幼儿厘清问题，最后通过协商等方式解决冲突。

综上所述，教师在美工区活动中扮演着环境创设者、观察者、倾听者、支持者、记录者等角色。在活动开始前，教师要为幼儿提供不同性质的工具和材料，以辅助幼儿进行不同方式的表现；当幼儿在创作中遇到困难需要帮助时，教师则需要以适宜的方式给予幼儿适当的支持；对于在技法上存在困难的幼儿，教师要引导幼儿突破瓶颈；对于思路受限的幼儿，教师则需要以提问、对话的方式帮助幼儿拓展思路；

对于在工具使用方法上有问题的幼儿,教师可以进行适当的示范;教师应捕捉幼儿在创作过程中出现的闪光点、每个幼儿的表现特点,为活动后的点评提供依据;等等。可以说,教师只有准确把握自己的角色定位,才能在美工区活动中更好地发挥作用。

第三节 幼儿园美工区活动的案例与分析

一、幼儿园班级美工区活动的案例与分析

幼儿园班级美工区活动与工具和材料投放、主题活动、教师指导息息相关。我们可以从下面的活动案例中学习教师如何基于创作工具和材料设计形式多样的美工活动,如何根据班级主题活动生成相关的美工区活动。

⊙ 纸盘日记(小班)

(一)活动材料

大小、形状不同的纸盘,水粉颜料,护衣,各色卡纸,剪刀,胶棒,勾线笔,轻质黏土,双面胶,资源库收集的自然物等。

(二)指导要点

形式一:纸盘动物。

幼儿能够选择不同形状的纸盘,采用撕贴、组合纸张、添画的形式创作出自己喜欢的小动物,并讲述他们的故事(见图7-42、图7-43)。

形式二:捏盘子。

纸盘作为观察对象,幼儿通过观察纸盘形状及其边缘外部特征,能尝试用超轻黏土制作作品,来表现纸盘的厚薄、有无花边等特征(见图7-44、图7-45)。

形式三:由纸盘引起的创想——乘着公交车去秋游。

幼儿结合纸盘的形状结构进行想象,结合自己的生活经验,选择废旧材料,尝

试撕贴不同颜色的纸张,将之拼搭制作成自己喜欢的事物形象,体现其主要外形特征。比如,幼儿由纸盘圆圆的特征加以想象,将它想象为汽车的轮子,并选择纸盒,运用水粉颜料涂画制作成公交车,并以纸张撕贴形式装饰、丰富汽车的外部特征(见图7-46、图7-47)。

图7-42 幼儿作品《纸盘动物》(一)　　图7-43 幼儿作品《纸盘动物》(二)

图7-44 幼儿作品《盘子》(一)　　图7-45 幼儿作品《盘子》(二)

图7-46 幼儿制作《公交车的纸盘轮》(一)　　图7-47 幼儿作品《公交车的纸盘轮》(二)

(三)案例评析

在主题活动"盘子一家人"的开展过程中,小班幼儿用自己稚嫩的声音表达了自己的看法:"我想摸一摸""这个盘子真漂亮""纸盘是圆的""有点儿像一个棒棒糖""像一个车轮""我家里也有纸盘,妈妈用来装蛋糕""我家里还有其他盘子""纸盘是用圆圆的纸做出来的吗?"……

小班的孩子，对纸盘有了一定的认知基础：认识纸盘，知道纸盘的颜色和大小不一样；知道纸盘是用纸做的；知道盘子可以用来装东西，用纸盘装过黏土动物饼干；选择围绕"纸盘"材料来开展美工区的活动，形成"纸盘日记"。这些认知符合小班幼儿的年龄特点。美工区活动，既为幼儿提供了练习精细动作的机会，也为幼儿审美表征能力的发展创造了条件。

在"纸盘日记"活动中，教师创设了小动物的生活环境，孩子们通过撕贴、泥工、绘画等多种形式，充分表现了自己对"纸盘"这一材料的想象，大胆进行创造和利用。

在"纸盘动物"活动中，幼儿能够选择不同形状的纸盘，以撕贴、组合纸张的形式创作出自己喜欢的小动物，可以选择以勾线笔作为绘画工具，添画出小动物的眼睛，并讲述他们的故事。教师开展这一活动有两方面原因：一是勾线笔是孩子们经常使用的，是他们所熟悉的工具；二是要在墙面上绘画，运用勾线笔可以降低幼儿绘画时的难度。孩子们在墙壁上用勾线笔自由地绘画出自己喜爱的小动物。

在"捏盘子"活动中，幼儿通过观察纸盘的形状及其边缘的外部特征，能尝试用黏土制作表现纸盘的特征。幼儿用黏土塑造成不同纸盘的造型，有的薄，有的厚，有的有花边……并将自己的泥盘添置在班级的环境中，如将自己的泥盘用来摆放幼儿在幼儿园户外收集的树叶等。

在"由纸盘引起的创想——乘着公交车去秋游"活动中，孩子们结合自己的生活经验，自由结伴，选择废旧材料，尝试撕贴各种颜色的纸张并拼搭制作自己喜欢的事物，体现其主要外形特征。比如，幼儿对纸盘圆圆的特征加以想象，将它想象为汽车的轮子，选择纸盒，运用水粉颜料涂画制作公交车，并采用纸张撕贴的形式装饰、丰富汽车的外部，一边制作一边说着自己的想法。虽然作品不是很精美，但孩子们很兴奋。当作品完成后，孩子们都不禁大声说："我们的公交车做好了！我要开着它去秋游！"

（时蓉娟）

⊙ 雪地里的新年树（小班）

（一）活动材料

充气气垫圆池、人造雪、泡沫塑料板、雪人玩具、彩色纸杯、麻花毛根绒条、活动眼珠（贴纸眼珠）、彩色贴纸、立体纸板、玉米粒、颜料等。

（二）指导要点

形式一：采用拓印、粘贴等多种方法装饰美化"新年树"。

形式二：利用成品和半成品材料丰富"雪地里的新年树"场景布置。

（三）活动过程

在探索活动"魔法雪"之后，孩子们不断将自制的"雪"倒入充气气垫圆池里，并时常去玩"雪"，孩子们玩得很开心，但也出现了一些问题，如"雪"被扔得满地都是，影响了教室的整洁，产生了安全隐患。教师和幼儿在讨论玩"雪"时应注意的问题的过程中，产生了新的玩法创意：布置场景。一开始，孩子们要在"雪"地里"堆雪人"，因为技术难度高被否定后，教师启发幼儿以成品和半成品材料做"雪地"场景布置，即在"雪地"里放置"雪人"、手工制作的彩色娃娃以及一棵大大的"新年树"。随即，教师和幼儿的"工作"重点转向了美术区域活动"彩色娃娃"和"新年树"。"彩色娃娃"的原材料是彩色纸杯、麻花毛根绒条和活动眼珠（贴纸眼珠）。教师在彩色纸杯两侧分别戳一个洞，幼儿用毛根从洞中穿过，简单扭曲两侧露出的麻花毛根绒条即形成了"娃娃"的手臂，再在"娃娃"脸部贴上活动眼珠（贴纸眼珠），在头部贴上彩纸帽子，"彩色娃娃"就栩栩如生了（见图7-48）。"新年树"的原材料为废旧纸板，教师选择两块家电包装盒硬纸板，交叉对插后制成"立体树"，请幼儿采用手掌印画的方式加以装饰（见图7-49），后因幼儿自发将玉米粒粘在"树"上，教师鼓励幼儿用玉米粒对"新年树"进行第二次装饰（见图7-50），产生了更为立体的装饰效果。最后，形成了"雪地里的新年树下，彩色娃娃堆雪人"的场景（见图7-51）。

图7-48 幼儿自制的部分彩色纸杯娃娃和"雪人"

图7-49 幼儿用手掌印画装饰立体纸板"新年树"

图7-50 幼儿用玉米粒装饰立体纸板"新年树"

图7-51 幼儿布置的场景

(四) 案例评析

1. 区域活动内容来源于幼儿生活

活动来源于年初雪后的一次晨间谈话。因为孩子们喜爱雪却难以保存雪,教师想到了和孩子们一起制作能够保持较长时间的"魔法雪"。随之而来的是与雪相关的持续的探索活动和交流讨论,并且生发了"雪地里的新年树"场景布置游戏。新的游戏内容的生成,既延续了幼儿对于"雪"的热情,也拓展了幼儿兴趣发展和能力锻炼的广度与深度。可见,本次区域活动的内容是来源于幼儿生活的,也是基于幼儿兴趣的。

2. 区域活动材料符合幼儿能力

美工区工具和材料的投放,符合小班幼儿的兴趣和动手能力。在尊重幼儿"堆雪人"愿望的基础上,教师引导他们利用各种工具和材料布置娃娃玩雪的场景,选择纸杯、麻花毛根绒条、纸板、玉米粒等易获得、易操作的材料进行造型和装饰。教师充分考虑到小班幼儿美术能力发展水平和兴趣,选择废旧纸板制作高大的"立体树",既便于幼儿装饰,也有利于展示场景布置的效果。教师还特意在纸杯上戳好洞以便幼儿穿麻花毛根绒条,鼓励幼儿采用手掌印画的方法对纸板树进行装饰。同时,教师对于幼儿自发地用玉米粒粘贴装饰纸板树的行为加以肯定和引导,成就了对纸板树的第二次装饰。以上种种细节都体现了教师在投放工具和材料时对幼儿能力的考量,体现了教师对幼儿的理解和支持。

3. 教师指导更多地隐藏在工具和材料之中

教师对幼儿在美工区活动中的指导,避免了很多显露在外的说教,而更多地隐藏在提供的工具和材料之中，并且满足了幼儿的发展需求。例如，在小组讨论之后，教师和幼儿确定了"雪地里的新年树"场景布置的主要形象和物品，除了"雪人"外，就是"彩色娃娃"和"新年树"。紧接着教师就在材料区提供了戳好洞的纸杯、麻花毛根绒条、活动眼珠（贴纸眼珠）和彩色贴纸（已有帽子形象），同时，展示了一个彩色娃娃成品。在这些工具和材料的引领下，能力较强的幼儿可以自己尝试制作，能力弱一些的幼儿也只需要教师在穿麻花毛根绒条做娃娃手臂的部分加以辅助。

4. 系列活动激发幼儿创造思维

美工区活动"雪地里的新年树"不是一个孤立的活动，而是涉及多个领域的相互关联的活动之一。它是根据幼儿的兴趣和上一阶段游戏进程中发现的问题而自然生成的，在内容上有联系、在形式上有特色。最初的核心话题不断拓展和延伸，其蕴含的知识能力素养网络也在不断发展和完善。幼儿的发展是整体的，幼儿的经验学习也具有整合性特征。幼儿园的区域划分不是割裂幼儿的发展，而是希望促进幼儿在不同领域的深入发展。因此，根据主题和幼儿兴趣不断调整和拓展各区域的活动内容，是符合幼儿心理发展需求的。在活动"魔法雪""雪地里的新年树"之后，幼儿园还生成了科学区活动"魔法树"（利用特殊液体的结晶原理形成"霜花"以呈现小树开花的魔法效果），美工区活动"松果树"（用轻黏土以搓、拉、捏、团等方式造型装饰），语言区活动"雪地里的脚印"（故事欣赏），健康区活动"雪天的安全与保暖"（图片配对游戏）等。在不同的区域活动中，幼儿各方面的能力都获得了提高。在小组探究、集体讨论等多种学习形式中，幼儿的创造思维也得到了发展。

（张兰）

⊙ 萝卜变变变（中班）

（一）活动目标

（1）尝试用各种萝卜（红萝卜、白萝卜、胡萝卜）及辅助材料进行创作。

（2）体验用萝卜创作的乐趣。

（二）活动材料

完整真实的红萝卜、白萝卜、胡萝卜，切成片、条、块的圆形、半圆形、三角形、正方形的萝卜，各色黏土、竹签、眼镜、亮片、刻刀等。

（三）指导要点

形式一：幼儿自由选择萝卜的种类，自由选择辅助材料给萝卜"变身"（见图7-52、图7-53）。

图7-52 幼儿在装饰萝卜　　　　图7-53 幼儿萝卜作品（一）

形式二：教师将萝卜切成各种形状，为幼儿提供长短不一的竹签，幼儿给萝卜"变身"（见图7-54～图7-57）。

图7-54 幼儿在用萝卜块拼插作品

图7-55 幼儿萝卜作品（二）　　　　图7-56 幼儿萝卜作品（三）

形式三：幼儿利用工具，在萝卜的横切面上刻图案（见图7-58～图7-60）。

形式四：教师将萝卜切成圆形萝卜片，幼儿尝试将萝卜片剪成螺旋形的条状，并将之做成萝卜干（见图7-61、图7-62）。

图7-57 幼儿萝卜作品（四）　　图7-58 幼儿在雕刻萝卜（一）

图7-59 幼儿在雕刻萝卜（二）　　图7-60 幼儿在雕刻萝卜（三）

图7-61 幼儿在剪萝卜条　　图7-62 幼儿做成的萝卜干

(四) 案例评析

本次美工区活动是在开展班级主题活动"萝卜的奥秘"过程中生成的。在"种"萝卜、"识"萝卜、"探"萝卜系列活动中，幼儿了解了萝卜的生长过程，了解到萝卜有不同种类，对萝卜有了较为完整的认识。萝卜成熟后，孩子们"玩"萝卜、"腌"萝卜，在想象力、创造力、动手能力等方面获得了进一步发展。

在本次活动中，教师为孩子们提供了不同种类的萝卜以及丰富的辅助材料，通过4种不同形式的玩法，锻炼了幼儿装饰、拼插、雕刻、剪等多种美术操作能力。在"形式一"中，孩子们自由选择各种辅助材料装饰萝卜，锻炼了幼儿的装饰能力；在"形式二"中，教师将萝卜切成各种形状，让幼儿自由选择萝卜块，然后用牙签拼插出不同造型的事物，锻炼了幼儿的拼插与建构能力；在"形式三"中，孩子们用刻刀在萝卜上刻画出不同的图案，锻炼了幼儿的雕刻能力；在"形式四"中，孩子们用剪刀将萝卜片剪成萝卜条，锻炼了幼儿剪的能力。本次活动的主要材料是生活中常见的萝卜，这也让孩子们体会到美工活动材料的多元化。

（张红）

⊙ 小猫的家（大班）

（一）活动材料

师幼共同收集的各类纸盒、纸筒、铁盒、塑料盒等废旧材料，美工区常有的材料如植物果实、彩色纽扣、绒球、亮片、吸管、活动眼珠（贴纸眼珠）、短毛茛、超轻黏土等辅助材料。

（二）指导要点

层次一：能利用美工区已有的各类材料制作大小不同、形态不一的"小猫"。教师要鼓励幼儿通过欣赏绘本或图片中猫的各类形态，使用各类材料自由创作自己喜欢的"小猫"（见图7-63、图7-64）。

层次二：综合利用废旧材料为"小猫"制作各式各样的"家"。教师要鼓励幼儿发挥想象、创意组合各类材料进行《小猫的家》的制作，进一步鼓励幼儿为自己的作品赋予一定的游戏情境并进行故事讲述（见图7-65、图7-66）。

（三）案例评析

幼儿利用各类材料制作小猫完全出于偶然，随着创作活动的不断推进，各种废旧材料被幼儿主动利用变成了小猫的"家"，此活动持续了将近4个月。学期一开始一连两天幼儿都在尝试用松果、超轻黏土、吸管等材料制作小猫，教师利用游戏分享时间请幼儿进行有趣的创作分享，没想到由此激发了更多幼儿创作小猫的兴趣。

图7-63 幼儿用吸管、松果、苍耳、活动眼珠（贴纸眼珠）、超轻黏土制作的"小猫"

图7-64 幼儿用超轻黏土、小木棍制作的"小猫"

图7-65 幼儿作品《小猫的家》（一）

图7-66 幼儿作品《小猫的家》（二）

随后几天，几个女孩热衷于使用超轻黏土、自然材料做各种各样的动物，如小兔子、小狗、小猫等，并持续了两个多星期。随后某一天北北第一次尝试将捏的黏土小猫放进空空的废旧材料纸盒里，并告诉教师这是"小猫"的"家"。其余的几个女孩也模仿北北将自己做好的"小猫"放进废旧的纸盒里，并用画笔进行简单的装饰，她们也初步尝试为"小猫"建造"家"。在随后的幼儿创作过程中，教师观察发现北北依旧尝试为"小猫"建造"家"，她会用超轻黏土来装饰纸盒，在里面加上"床""沙发""马桶"等，随后又采用挖空纸盒、泡沫盒的方式扩大"家"的面积，并在"家"里增添很多"设备"，如"淋浴房""洗澡盆""厨房"等。随着幼儿创作的不断推进，教师发现幼儿在创作中有以下几个特点。

第一，用于制作"小猫家"的载体多样化。首先表现为制作"家"的材料属性差别极大，不仅有废旧纸盒，还有铁盒、泡沫盒、塑料盒等。其次，幼儿大胆尝试制作大小、形状不一的"家"。幼儿会自己思考，也会与同伴交流学习，他们尝试想各种办法在原有材料的基础上去转化、拓宽空间，体现了对空间的自由探索。最后，对"家"的装饰日益精细化。很多幼儿非常喜欢制作各类迷你型的"小猫"以及它的"家"，如小拇指般大小但是五官齐全的"小猫"，非常细小的"淋浴喷头""马桶""肥皂""食物"等。

第二，"家"的立体创意演变，从材料的单一装饰到多次组合演变利用。一开始幼儿着重针对一个或两个材料进行装饰，随后将各类材料进行组合，在纸盒的基础上综合运用其他各类材料，如纸筒芯、塑料勺子、塑料盖等进行"家"的创意建造，最后为"小猫"的"家"建构立体的"化妆镜""滑梯""多功能沙发"等，还改进并增加了"游泳池""沐浴场地"以及"防盗装备"（某男孩为"小猫"的"家"增加了"智能防盗装备"，如看到小偷可以直接把他抓住的"飞勺"和将小偷直接弹飞的"黑勺"）。还有的幼儿通过多种材料的叠加来增加"家"的楼层，并在"屋顶"用废旧的小熊木偶以及在"屋前"用自己剪贴的爱心来进行装饰。

幼儿是小小的艺术家，是积极、主动的学习者。幼儿在美工区自由自主的艺术创作往往会使我们惊叹于幼儿超强的艺术创造力，也会被他们的专注、执着、富于想象所折服。在这个过程中，教师只是材料的提供者、活动的观察者和记录者，我们鼓励幼儿大胆地尝试并且给予他们充分的时间和空间去实践自己的想法，创造一个舒适的、有利于展示的环境让幼儿交流分享自己的想法。这正是美工区游戏的要义所在，让幼儿成为自己大脑与双手的主人，享受游戏、享受创作，于独立、自由之中不断获取新的创作能量。

（陈凤）

二、幼儿园户外美工区活动的案例与分析

幼儿园户外活动场地空间宽敞、环境丰富，教师可根据不同场地的特点，设计更多形式新颖的美术游戏。幼儿在这样的空间里心情更加放松，对美术活动更加感兴趣，创作更加大胆。下面的一系列活动案例体现了幼儿园户外美工区活动的特点。

⊙会说话的泥巴（中班）

（一）游戏一：有趣的泥巴画

1. 游戏材料

收集的自然物（树叶、树枝、果子等），黄泥巴和陶泥混合稀泥。

2. 指导要点

幼儿利用自然界最朴实的颜色大胆地创意玩耍，用手去感知泥土的温度、形态，用鼻子去闻一闻泥土的味道，用眼睛去看一看泥土的样子和颜色，把泥巴自由滴落、挥洒在白布上，大胆想象和创作出艺术作品（见图7-67～图7-69）。

图7-67 "有趣的泥巴画"活动现场（一）

图7-68 "有趣的泥巴画"活动现场（二）

图7-69 幼儿作品泥巴画《小饼干》

（二）游戏二：泥巴怪来了

1. 游戏材料

黄泥巴，装饰材料（羽毛、木片、树叶、装饰小眼睛等）。

2. 指导要点

幼儿在黄泥中加入适当的水，感受水和泥在不同的比例下混合出的泥巴的稠度，在墙面上创意表现，用辅助材料进行装饰（见图7-70、图7-71）。

图7-70 "泥巴怪来了"
活动现场（一）

图7-71 "泥巴怪来了"
活动现场（二）

（三）游戏三：创意陶艺

1. 游戏材料

陶泥，装饰材料（火柴棒、毛球等）。

2. 指导要点

幼儿采用团圆、搓长、压扁、捏、挖、分泥、抻拉等方法，进行立体造型的创意玩泥，并运用装饰物进行装饰（见图7-72、图7-73）。

图7-72 幼儿陶艺作品（一）

图7-73 幼儿陶艺作品（二）

（四）案例评析

幼儿与生俱来就有一种亲近大自然、亲近泥土的天性，看见泥土就想摆弄，泥土多变的特性让幼儿在游戏中能释放自我、贴近自然。泥土湿润、柔软，在摆弄的过程中，幼儿无拘无束，身体自由活动，双手可以敲打、揉捏、搓拉等。泥土具有自然界中最朴实的色彩，作为低结构化的游戏材料，其具有很强的可塑性，能让幼儿不断地发挥创意，进行持续性的游戏。玩泥巴是一种感官游戏，幼儿在双手触摸泥巴的同时，泥巴质地的变化也是对其触觉的刺激。

在玩泥巴的区域中，孩子们由《小泥人》的绘本引发游戏兴趣，尝试将水和泥土进行调和，不断地往泥土里加水、搅拌、再加水、再搅拌，变成泥水。教师提问："可以做什么呢？"孩子回答："可以画画呀！像颜料一样。"孩子们将泥水带到户外，用手去感知，用鼻子去闻一闻，用眼睛去看一看，与泥巴直接进行"对话"，通过丰富多样的操作材料表达自己的认知与感受，在游戏中提高了美术能力和兴趣，每个幼儿充分展示和表现了自己，从中获得了满足感和成就感。在游戏中孩子们发现加入水的多少直接影响泥的稠度，具有一定稠度的泥巴可以粘在直立的平面上，于是孩子们开始在墙面的白板上游戏，呈现的作品具有一定的立体性，一团团的泥巴在孩子们的创作中变得鲜活起来，像一个个"泥巴怪"。这些泥巴在孩子们的创作中仿佛会说话，说出了孩子们的想象，说出了孩子们不同的想法（见图7-74～图7-77)！

图7-74　幼儿作品《草裙泥巴小黑人》 　　图7-75　幼儿作品《疯狂原始人》

图7-76　幼儿作品《吓一跳小人》 　　图7-77　幼儿作品《胖胖的妈妈》

幼儿的创作与表达是通过适宜的材料展现出来的，教师提供多样化的表现形式和材料是支持幼儿个性化表达的重要前提，表现形式的多样性意味着幼儿能根据自己的经验和喜好方式进行创作，这也是对幼儿个性化表达方式的尊重与支持。有了这些经验作为基础，幼儿对泥的不同表现形式更加大胆，使用陶泥进行立体表现，采用团圆、搓长、压扁、捏、挖、分泥、押拉等方法，进行立体造型的创意玩泥，并运用不同材料进行装饰。

（贾娟）

⊙ 林间的布帐篷（大班）

（一）活动缘起

夏末秋初，满山的"巴掌叶""扇子叶"飞舞于林间，就像一个个叶子精灵欢迎孩子们的到来。孩子们在山坡上肆意地欢笑、游戏，玩累了就躺在柔软的草地上休息一会儿，晒晒太阳。孩子们提出想在林间搭建一个帐篷供大家休息，于是，他们找来了麻绳、麻布、河滩石搭建了一个简易的三角形布帐篷，用颜料在帐篷上进行大胆创作（见图 7-78、图 7-79），同时，用自己制作的美术作品（见图 7-80、图 7-81）布置周边的环境，打造属于自己的林间基地（见图 7-82、图 7-83）。

图 7-78　幼儿在装饰帐篷　　图 7-79　幼儿装饰的帐篷

图 7-80　幼儿在彩绘灯泡　　图 7-81　幼儿彩绘的灯泡

（二）活动材料

水粉颜料、水粉笔、透明塑料灯泡、河滩石、麻绳、麻布等。

（三）指导要点

游戏一：幼儿涂鸦装饰自己的布帐篷。

游戏二：幼儿尝试用自然物美化布帐篷周边的环境。

图 7-82 幼儿用自然物美化环境　　　　图 7-83 幼儿美化的环境

（四）案例评析

林间的游戏一直深受幼儿的喜爱，在大自然的环境中玩耍能更好地激发幼儿的创作灵感。大班幼儿，对于搭建帐篷有了一定的经验，他们利用麻绳和麻布搭建了可以休息的帐篷。

在"林间的布帐篷"系列活动中，幼儿在自己喜欢的地方大胆创作，相互配合，将自己的想法付诸实践。在"游戏一"中，幼儿通过平涂彩绘的方式装饰了帐篷，将自己的所见所闻用画笔呈现在帐篷上。在"游戏二"中，幼儿利用树枝、小灯泡、河滩石等材料制作彩灯吊饰，搭建小动物基地等。在艺术活动中幼儿既能与他人相互配合，也能独立表现，运用多种材料和不同的表现手法表达自己的感受和想象。幼儿与自然融为一体，用材料装扮、美化身边的自然环境的同时，也让大自然成为他们越来越喜欢的地方。

（王莹）

单元回顾

⊙ 单元小结

本单元主要讨论了以下 2 个问题：
(1) 幼儿园美工区的环境与材料。
(2) 幼儿园美工区活动的基本环节与组织实施。

幼儿园美工区是教师根据学前儿童美术教育的目标和内容，结合幼儿的发展水平和生活经验，为幼儿提供的自由欣赏和创作美术作品的自主性学习场所。因此，美工区是幼儿自主学习美术的场所，是有准备的美术活动空间，包含综合性的美术

大班户外美术游戏活动"树叶披风"的案例与分析

活动内容。幼儿园班级美工区环境创设的基本要求有位置适宜、布局合理、工具和材料丰富、富有艺术性，基础设施设备包括活动柜、操作台、其他基础设施设备，还需要标识与规则，帮助幼儿有序进行活动。工具和材料是美工区的核心元素，班级美工区工具和材料的投放要遵循安全性、多样性、适宜性3个原则。美工区的工具和材料投放之后并不是一成不变的，要根据幼儿的使用情况进行审思与调整，调整的策略包括随机式个别调整、主题式局部调整、阶段式整体调整。在规划幼儿园户外美工区时，要考虑安全、宽敞和因地制宜两方面；基础设施设备要能防雨防晒，工具和材料投放要结合户外场地的特点和美术游戏的方式。

幼儿园美工区活动的基本环节主要包括准备与计划、探索与创作、分享与评价3个环节，每个环节有不同的实施要求。在美工区活动开展的过程中，观察与指导的能力是教师需要具备的重要能力。观察是指导的前提，教师要明确观察目标、掌握观察方法，做好观察记录并进行反思。教师不能盲目地指导幼儿，要树立正确的指导观念，根据观察的情况采取适宜的指导方式。

⊙ 拓展阅读

［1］爱泼斯坦，特里米斯. 我是儿童艺术家：学前儿童视觉艺术的发展［M］. 冯婉桢，等译. 北京：教育科学出版社，2012.

［2］巴伯. 幼儿园创造性游戏：环境创设与活动指导［M］. 北京：中国轻工业出版社，2017.

⊙ 巩固与练习

一、名词解释

1. 美工区
2. 美工区活动

二、简答题

1. 简述幼儿园美工区的定位。
2. 请列举幼儿园美工区材料调整的策略。

三、论述题

1. 请阐述幼儿园班级美工区环境创设的基本要求有哪些。
2. 请你谈谈美工区材料的投放原则有哪些。
3. 请结合实例，谈谈幼儿园美工区活动的基本环节。

四、案例分析题

教师在美工区投放了一些硬纸板、挂历纸，想让孩子们通过画、剪、贴来创作作品，结果却无人问津。

问题与思考：

请你分析可能的原因是什么？如何解决这个问题？

五、实践题

选择适宜的内容，或从以下内容中选择其一，按照美工区活动的基本环节与实施要点，完成一个美工区活动设计，并进行模拟教学。

1. 小班美工区活动：糖果多多。
2. 中班美工区活动：我喜欢的小动物。
3. 大班美工区活动：各种各样的车。

第八单元 学前儿童美术教育评价

导 言

正在实习的小王老师，跟班看完老教师一节优秀的美术教学活动后不禁感叹老教师开展的活动课真好，却不能清楚地说出它具体好在哪里；当她看到一位幼儿在美术活动中的一些表现，想要去系统评价他的行为表现，评价他在活动中的创作成果时，又总觉得无从下手。

缺少评价环节的教育是不完整的，教育评价是幼儿园教育工作的一个重要组成部分，是了解教育的适宜性与有效性，调整和改进工作，促进每个幼儿发展，提高教育质量的必要手段。那么我们应该从哪几个方面去评价幼儿教师的美术教学活动和幼儿的美术学习，进行评价时又需要注意哪些事项呢？相信学习完本单元的内容后，你就能知道答案了。

学习目标

1. 记忆与理解：学前儿童美术教学活动评价的目的；学前儿童美术学习过程、美术作品和美术欣赏的评价标准与方法。

2. 理解与应用：掌握幼儿园美术教育活动评价的内容，学会评价具体的幼儿园美术教育活动。

3. 应用与创造：学会从美术创作过程、美术作品、美术欣赏3方面对幼儿的美术学习进行评价。

思维导图

- 学前儿童美术教育评价
  - 学前儿童美术教学活动评价
    - 学前儿童美术教学活动评价的目的
    - 学前儿童美术教学活动评价的内容
  - 对学前儿童美术学习的评价
    - 对学前儿童美术创作过程的评价
    - 对学前儿童美术作品的评价
    - 对学前儿童美术欣赏的评价
  - 学前儿童美术学习评价案例与分析
    - 学前儿童美术学习过程评价案例与分析
    - 学前儿童美术作品评价案例与分析
    - 学前儿童美术欣赏评价案例与分析

学前儿童美术教育评价是学前儿童美术教育活动中不可或缺的组成部分。学前儿童美术教育的评价是一种整体评价，不仅包括对学前儿童美术学习结果和学前儿童美术发展状况的测量和评价，还包括对美术教育活动中教师的活动设计、活动准备、活动实施和活动效果的评价。教师应自觉地运用评价手段，了解教育活动对学前儿童发展的适宜性和有效性，从而选择最佳的教育内容、教育模式及实施策略，提高教学质量，促进学前儿童发展。

第一节 学前儿童美术教学活动评价

学前儿童美术教学活动评价是对教师的美术教学活动进行的评价，是对整个美术教学活动及各环节的评价，具体可以从活动设计、活动准备、活动实施和活动效果等几方面进行。

一、学前儿童美术教学活动评价的目的

（一）诊断存在的问题，提高学前美术教学质量，促进儿童发展

《幼儿园教育指导纲要（试行）》明确指出："教育评价是幼儿园教育工作的重要组成部分，是了解教育的适宜性、有效性，调整和改进工作，促进每一个幼儿发展，提高教育质量的必要手段。"幼儿园美术教育活动的评价作为幼儿园美术课程的一个重要组成部分，其主要目的是为教师调整和改进现有的美术教育活动提供客观的依据，使教师将最有价值的美术教育活动呈现给幼儿，保证幼儿园美术教育目标的实现，最大限度地促进幼儿的发展。评价可以透析幼儿园美术教育活动的适宜性、有效性。评价的结果也为教师了解、调整和改进现有美术教育活动提供了客观的反馈依据，从而不断提高教育质量。

（二）总结成绩与经验，促进教师专业成长

对学前儿童美术教师教学的评价，可以及时发现美术教学过程中的新问题、新情况，验证教师制定的美术教育目标、选择的美术教育内容、采用的教学方法，以及活动的组织过程等是否符合学前儿童的年龄特点、发展水平，是否达到了预期的教育效果，教师通过在教学过程中不断自评、互评及教研活动等，对教育活动的各环节做出反思，总结出成功的经验和失败的教训，从而促进自身的专业成长。

总之，以《幼儿园教育指导纲要（试行）》中传达的幼儿园教育评价观念为指导，幼儿园美术教育活动的评价凸显其发展性目的，秉承过程化、多元化的评价观念，承认和关注幼儿的个别差异，从而提高教育质量、促进教师的反思性成长和每个学前儿童的发展。

二、学前儿童美术教学活动评价的内容

《幼儿园教育指导纲要（试行）》指出对幼儿园教育工作的评价应重点考察以下5方面。

（1）教育计划和教育活动的目标是否建立在了解本班幼儿现状的基础上。

（2）教育的内容、方式、策略、环境条件是否能调动幼儿学习的积极性。

（3）教育过程是否能为幼儿提供有益的学习经验，并符合其发展需要。

（4）教育内容、要求能否兼顾群体需要和个体差异，使每个幼儿都能得到发展，都有成就感。

（5）教师的指导是否有利于幼儿主动、有效地学习。

可见，幼儿园教育评价不再只是单纯地评价幼儿的发展状况，而是包括对整个教育过程和各教育环节的评价，不仅要对教育计划和活动的目标进行考察，而且要评价教育的内容、方式、策略、环境条件、过程、教师的指导及对个体差异的关注程度等方面。从改进教育工作的目标出发，学前儿童美术教学活动的评价主要针对教师的行为表现展开。评价学前儿童美术教学活动可以从以下几方面着手：

（一）活动设计

评价教师的活动设计包括活动目标的制定是否清晰，结构是否合理，各环节是否循序渐进并突出了重难点，内容是否符合幼儿的学习特点，是否具有独创性等。

1. 活动目标

活动目标是指教师期望通过活动达到的教育结果。对学前儿童美术教学活动目

标制定的评价可从以下两方面着手：

一是活动目标、年龄阶段目标和总目标之间是否统一。该目标是否与学前儿童美术教育的总目标和各级目标相一致，是否为总目标的具体实施。

二是活动目标与本班幼儿的实际发展水平是否一致。活动目标的设定应建立在本班幼儿现状的基础上，根据本班幼儿的经验提出目标要求，对幼儿的现有水平和个性特点以及活动内容中所蕴含的价值进行深入分析。因此，在评价活动目标时还要看教师制定的目标是否与本班幼儿的实际水平和发展特点相一致，是否考虑到幼儿的美术发展和身心发展的个别差异。例如，在中班剪纸活动"跳舞的孩子们"中，教师制定的原活动目标是：能用连剪的方式剪出人物的外形特征，并剪出人物的细节，如五官、肢体动作等。结果全班只有2个幼儿达到该目标，这表明教师忽视了本班幼儿美术能力的发展规律，导致无法实现预设目标。调整修改后的活动目标是：尝试用连剪的方式剪出人物的轮廓特征，这样大多数幼儿都能完成任务，符合中班幼儿的实际，有利于幼儿取得进步。

2. 活动内容

对活动内容进行评价包括以下两方面：一是要看活动内容的选择是否有助于实现学前儿童美术教学活动的目标；二是看活动内容是否符合幼儿身心发展的年龄特点、学习美术的特点、经验水平与兴趣，是否能够调动幼儿学习的积极性，以及教育内容要求能否兼顾群体需要和个体差异，使每个幼儿都能得到发展、获得成就感。对学前儿童美术教学活动内容的评价，可以依据《幼儿园教育指导纲要（试行）》中所提到的3个原则：①既适合幼儿的现有水平，又有一定的挑战性；②既符合幼儿的现实需要，又有利于其长远发展；③既贴近幼儿的生活来选择幼儿感兴趣的事物和问题，又有助于积累幼儿的经验、开阔幼儿的视野。同时，《幼儿园教育指导纲要（试行）》指出："教育活动内容的组织应充分考虑幼儿的学习特点和认识规律，各领域的内容要有机联系，相互渗透，注重综合性、趣味性、活动性，寓教育于生活、游戏之中。"

例如，在大班美术活动"画春天"中，教师可以先带领幼儿去春游，让幼儿感受春天，积累背景经验，在此基础上，引导幼儿多角度地进行欣赏，从整体到局部，同时欣赏一些表现春天的作品，充分激发其创作兴趣，最后鼓励幼儿大胆创作，并相互欣赏和分享。

（二）活动准备

评价教师的活动准备主要包括教师是否熟悉活动内容、了解幼儿的现有水平，是否充分考虑了活动所需的工具、材料、场地等。

活动工具、材料与活动内容是相互联系的，有什么样的活动内容，就应准备相应的活动工具和材料。另外，在学前儿童美术教学活动中，美术工具和材料多种多样，各种工具和材料由于性质不同，有着不同的使用方法。因此，对学前儿童美术教学活动工具和材料的评价包括两方面：一是是否根据美术活动的主题准备相应的工具和材料，如针对国画相关课程，教师需要提供生宣纸或熟宣纸，而不能是瓦楞纸等。二是在活动中是否有充足的、富有美术表现力的工具和材料供幼儿使用，以及是否能根据幼儿的美术水平、年龄特点提供可供幼儿操作的各种形式的工具和材料。例如，在泥工活动"会飞的小汽车"中，教师除了提供橡皮泥，还可以提供彩纸、牙签、纽扣、瓶盖等材料供幼儿装饰。又如在一次大班美术活动"画味道"中，教师的活动准备包括以下3方面：①知识经验。中班时开展过"画各种水果"的活动。②物质准备。各种味道的食物（酸甜苦辣）、水粉颜料、画纸、笔。③创设展示区，尝一尝、猜一猜、画一画。这些活动准备不仅考虑到物质材料方面，而且考虑到本班幼儿已有的知识和经验，展示区的创设准备是为了在活动的最后一个环节引导幼儿在展示区中大胆展示和表达自己所描绘的味道特征，为幼儿之间交流经验、互评提供了舞台。

（三）活动实施

评价教师活动实施情况包括教师的活动组织能否调动大多数幼儿参与活动的积极性、主动性，教师能否有效地执行教育活动计划，教师能否根据教学过程的实际需要灵活调整活动目标与计划等。

对活动实施情况进行评价具体包括在活动中，教师的引导是否积极、有效，必要的讲解和示范是否准确、清晰、易懂，能否了解幼儿的活动意图，帮助他们实现自己的构思，能否通过提问有效地激发幼儿创作的欲望，能否适时地为幼儿提供具体帮助，针对幼儿的个别差异进行指导。比如，当某幼儿经常选择蓝色来画天空时，教师可以问他："快要下雨时的天空是什么颜色的？"在这里，教师的提问可以帮助幼儿考虑改变惯有的思维模式，促进幼儿观察能力和想象力的发展。

（四）活动效果

活动效果主要指幼儿在活动过程中的行为表现和创作的作品效果，如幼儿活动时的情绪是否愉快，注意力是否集中，积极性、主动性、坚持性如何，创作的作品效果如何等。

对学前儿童美术教学活动进行评价时，我们可以把活动的原始情况记录在表8-1

中，同时进行分析与评价。表8-1既可用于同行对执教教师的评价，也可用于执教教师的自我评价，从而探讨、分析存在的问题与解决方法，还可作为教师的工作资料，以备后用。

表8-1 幼儿园美术教学活动评价记录表

活动名称_____ 时间_____ 地点_____
班级_____ 教师_____

项目	具体内容	原始情况	分析评价
活动设计	活动目标		
	活动内容		
	活动环节设计		
活动准备	内容熟悉		
	了解儿童经验		
	工具和材料准备		
活动实施	调动幼儿积极性		
	计划执行与灵活调整		
	活动指导		
	师幼关系		
活动效果	幼儿活动过程		
	幼儿作品		

第二节 对学前儿童美术学习的评价

成人对学前儿童美术学习的评价标准、态度往往直接影响幼儿参与美术活动的兴趣和积极性，影响幼儿对美术学习的态度，以及对美的鉴别能力。《幼儿园教育指导纲要（试行）》明确指出，应把"平时观察所获的具有典型意义的幼儿行为表现和所积累的各种作品等"作为评价的一个重要依据。

幼儿园美术活动一般包括绘画活动、手工活动和美术欣赏活动，在评价学前儿童美术学习时，我们可以从学前儿童美术创作过程、学前儿童美术作品和学前儿童美术欣赏3方面来进行。

一、对学前儿童美术创作过程的评价

幼儿的美术创作过程是从某一艺术表现的构思到完成作品的过程，其中既有幼儿内部的心理活动，又有幼儿外部的行为表现，两方面在实际活动中融为一体。所以，教师可以记录幼儿在美术创作过程中的语言、表情、行为等方面的表现，并对这些记录下来的资料进行整理、分析，做出解释。同时，教师需要有适宜的幼儿美术教育理念，在评价过程中既要考虑幼儿已经掌握的美术知识和技巧，又要考虑幼儿已有的审美经验和生活经验，以及幼儿的美术学习态度和学习风格等。

对幼儿美术创作过程的评价，一般可以从幼儿的构思、主动性、兴趣性、专注性、独立性、创造性、操作的熟练性、自我感觉、习惯与常规9方面进行，同时每方面又可以细致地分成4种水平或类型。[①]

（一）构思

构思是指观察和评价幼儿是否在创作之前已经预先想好创作的主题和内容，主要看幼儿是否能事先构思出主题和主要内容、动手之后围绕构思进行创作，具体可分为以下4种水平或类型。

（1）创作前幼儿先考虑好创作的主题和内容，之后再围绕已想好的主题和内容进行创作。

（2）幼儿先考虑好要创作作品的部分内容，完成之后再考虑另一部分内容。

（3）幼儿先开始创作，再进行构思，在创作过程中，想到什么就创作什么。

（4）幼儿只有创作活动，没有形象创造，表现为在纸上随意涂抹或反复掰泥、撕纸等。

（二）主动性

主动性主要是观察和判断幼儿是否主动发起、是否情愿投入美术活动。主动性可能受幼儿自身对美术的兴趣，以及幼儿对活动主题兴趣的影响，具体可分为以下4种水平或类型。

---

① 陈帼眉. 学前儿童发展与教育评价手册［M］. 北京：北京师范大学出版社，1994：712－713.

（1）幼儿受到自身兴趣以及愿望的支配，自觉进行美术创作。

（2）幼儿受到特定工具和材料的引发，开始进行美术创作。

（3）幼儿看见其他人进行美术创作，自己也跟着做。

（4）在教师和成人的提醒或者要求下幼儿开始进行美术创作。

（三）兴趣性

兴趣性是评价幼儿是否愿意投入美术创作中，以及在创作中是否积极、热情，是否感到愉快和满足，具体可分为以下4种水平或类型。

（1）幼儿自愿开始进行美术创作，并倾注极大热情，完全沉浸在创作过程中。

（2）幼儿欣然接受并愉悦地开始创作，在创作过程中可能会以自言自语的方式流露出愉悦之情。

（3）幼儿在创作中犹豫不决，并企图中断或张望别人在做什么。

（4）幼儿拒绝进行美术创作。

（四）专注性

专注性是观察和评价幼儿对美术活动的注意集中度与持久程度。幼儿的专注性可能受到周围环境、幼儿对活动本身的兴趣以及幼儿学习品质的影响，具体可分为以下4种水平或类型。

（1）幼儿能在较长一段时间内从事已选定的美术创作，并不受外界的干扰，有时甚至在第二天能够继续创作。

（2）幼儿能在同年龄幼儿一般可维持的时间内持续从事创作活动，中途偶有离开的现象发生，但还会自动回来，直到活动完成。

（3）幼儿需要成人的鼓励，才能将美术创作进行完毕。

（4）幼儿不能将美术创作完成，或中途改变活动。

（五）独立性

独立性是评价幼儿能否自己决定活动任务并完成任务的标准。幼儿的独立性可能受到幼儿的气质与性格特点、幼儿的美术能力水平的影响，具体可分为以下4种水平或类型。

（1）幼儿自己决定活动任务，解决创作过程中出现的问题，拒绝别人的干涉，能独立完成任务。

（2）幼儿主动请教成人或同伴，考虑他人的建议，然后自己完成任务。

（3）幼儿模仿他人完成自己的作品。

（4）幼儿接受并在他人的帮助下完成作品。

（六）创造性

创造性是评价幼儿在美术创作过程中是否有独创性和表现意识与能力，具体可分为以下 4 种水平或类型。

（1）幼儿在构思、材料的利用以及造型方面都别出心裁。
（2）幼儿重组学过的造型式样、方法和技能进行造型。
（3）幼儿重复学过的造型式样、方法和技能进行造型。
（4）幼儿只按成人教授的造型式样、方法和技能进行造型。

（七）操作的熟练性

操作的熟练性是评价幼儿在美术创作过程中的动作是否灵活、准确，如是否恰当地选择材料，是否熟练地运用工具，以及对动作的控制情况等。这是学前儿童美术评价的最主要内容。操作的熟练性可能受到幼儿的年龄、动作发展、机体成熟水平与美术能力水平等影响，具体可分为以下 4 种水平或类型。

（1）幼儿掌握工具姿势正确、轻松，操作动作连贯、迅速、准确，一次完成创作，作品质量好。
（2）幼儿掌握工具姿势正确、轻松，操作动作平稳，但缺乏准确性，中途修改，作品质量好。
（3）幼儿掌握工具姿势正确但笨拙，操作动作迟缓、准确性差，有失误，不知道修改，作品明显粗糙。
（4）幼儿使用工具的姿势笨拙、有误，只有重复性动作，不能完成作品。

（八）自我感觉

自我感觉是评价幼儿对自己创作出来的美术作品的看法，具体可分为以下 4 种水平或类型。

（1）幼儿自己认为作品很成功，主动邀请别人欣赏自己的作品，并解释作品的含义，甚至能将自己的作品慷慨地赠予别人。
（2）幼儿对自己的作品感到满意，但不主动展示，听到别人的称赞后会感到愉快，并希望保留作品。
（3）幼儿认为自己的作品不太成功，能够接受别人的看法，希望将作品交给成人。
（4）幼儿对自己的作品感到不满意，对别人的评价无动于衷或产生抵触情绪，对自己作品的去向不关心或毁掉作品。

(九) 习惯与常规

习惯与常规是评价幼儿在美术创作过程中是否能够有步骤、有秩序地工作，包括创作的顺序性、保持工具和材料的秩序两方面。

1. 创作的顺序性

(1) 幼儿有顺序、有步骤地完成作品。

(2) 幼儿弄错步骤，发现后主动纠正，并完成作品。

(3) 幼儿想到什么就做什么，在混乱中完成作品，作品有缺陷。

(4) 幼儿半途而废，只完成作品的局部。

2. 保持工具和材料的秩序

(1) 幼儿保持工具和材料摆放的固定位置，用时取出、用后放回原位置。

(2) 幼儿大致能保持工具和材料的原位，放错位置后能找到。

(3) 幼儿用后乱放，用时找不到。

(4) 幼儿不会取放，拿到什么用什么。

以上各部分的4种不同水平行为表现，我们可以通过平时对幼儿行为的观察，然后对照上面归纳的具体表现，逐一记录在表8-2中。表8-2可用于记录一个幼儿的不同发展水平或多次活动中的行为表现情况，以及一群幼儿在同一活动中的行为表现情况。完成记录后，评价者就可以看出一个幼儿在美术活动中的特征倾向，从而客观地了解每个幼儿的美术活动倾向，并可以对所有幼儿的美术活动倾向进行比较，为更好地因材施教提供可靠的依据。

表8-2 幼儿美术创作过程评价统计表

序号	姓名	构思	主动性	兴趣性	专注性	独立性	创造性	操作的熟练性	自我感觉	习惯与常规
1										
2										
3										
4										
5										

二、对学前儿童美术作品的评价

幼儿的美术作品是幼儿美术活动的成果，是幼儿美术学习的一种呈现方式，可以清晰地反映幼儿美术能力的水平与特点。对幼儿美术作品进行科学、有效的评价，有助于教师更好地了解幼儿的现状，可以激发幼儿的兴趣，增强幼儿的创作欲望。

（一）教师如何实施科学、有效的评价

1. 明确评价的目的性

对幼儿美术作品做出科学、有效的评价，能激发幼儿的兴趣，培养幼儿的创造力，增强幼儿的自信心，锻炼幼儿的语言表达能力等，最终促进幼儿全方面发展。例如，在评价作品时，教师要给予幼儿充分肯定，帮助他们逐渐消除画不好、画不像的胆怯心理，可以通过评价鼓励幼儿进行大胆尝试，只有在尝试中幼儿的情绪才能得以释放、个性才能得以张扬、好奇心才能得以满足，从而才会有更大的进步。

2. 评价主体要多元化

《幼儿园教育指导纲要（试行）》指出，管理人员、教师、幼儿及其家长均是幼儿园教育评价工作的参与者。在实际的评价中往往以教师的评价占多数，忽视了幼儿的主体地位。因此，为了充分调动幼儿的参与意识，教师应该创造多种机会，让幼儿参与评价，使幼儿真正成为评价的主体，真正参与到评价之中，让幼儿充分表达自己的情感和想法，如可以问幼儿"如果你是老师，你认为这幅画画得怎么样"，引导幼儿发现问题，提高自我评价、相互评价的能力，使幼儿在自我评价和相互评价中学会发现自己、赏识自己、表现自己，进而发展自己，在评价中真正形成师幼互动。

3. 评价方式的多样性

对幼儿美术作品的评价要改变单一的以教师为主，教师问、幼儿答的评价方式，可以在幼儿参与自我评价的基础上，采用幼儿互评的方式，让幼儿学会尊重别人、学习他人的优点，弥补自己的不足，此过程也有益于幼儿学会欣赏他人、学会与同伴进行合作和交流，同时可以弥补教师出于时间紧张等原因不能对每个幼儿都进行评价的不足。

4. 评价标准的灵活性

因为不同地区、不同幼儿园、不同班级的教师、幼儿各不相同，所以评价者在制定美术教育评价标准时不要单纯追求统一的标准，而忽视实际情况，挫伤教师与幼儿活动的积极性。同时，美术教育活动评价标准最终必须具体化，成为便于操作的评价工具。在评价工具中，各项评价标准要切合实际，不能要求过高。评价标准应尽量具体、描述明确，能够被操作者所理解和接受。

在对幼儿的美术作品进行评价时，教师宜站在幼儿的角度，用发展的眼光来评价

幼儿的美术作品，多用积极的态度鼓励幼儿。每个幼儿的发展水平是不一样的，教师要根据实际有差别地进行评价，要结合幼儿的个体差异，因人而异，尊重幼儿的身心发展特点，采用不同的标准来评价幼儿的作品，相信幼儿美术能力发展的可能性。

（二）幼儿美术作品的评价指标体系

1. 罗恩菲德的美术作品评价指标体系

对幼儿的评价，由于评价者的视角不同，有不同的评价方法和标准。罗恩菲德认为评价幼儿绘画能力的标准有2个：一是客观的评价标准；二是主观的评价标准。他主张评价幼儿的美术作品应首先从幼儿的成长这一角度来进行，即从美术作品中所反映的幼儿的感情、智能、身体动作、知觉、社会性、美感、创造7方面的发展来进行主观评价，其次从发展阶段、技巧和作品的组织3方面来进行客观评价，并且这一客观评价只是主观评价的补充。表8-3、表8-4分别是罗恩菲德为幼儿美术作品制订的主观评价标准和客观评价标准。[1]

表8-3 幼儿美术作品的主观评价标准

评价项目	发展的属性	评价等级		
		很少	一些	很多
感情的发展	非定型的表现 非概念性的表现 经常改变表现符号 自我经验的表现 自由地使用线条和笔触			
智能的发展	包含许多细节 色彩有变化 其他主动知识的呈现			
身体动作的发展	视觉和动作的协调 身体动作的表现 身体意象的投射 技巧熟练			
知觉的发展	视觉经验的表现：光、影、空间投射、颜色变化 非视觉经验的表现：触觉、纹理组织、听觉 运动经验的表现			
社会性的发展	体验他人的需要 呈现社会环境的特征 参与团体制作 欣赏其他文化 乐于与人合作			

---

[1] 罗恩菲德. 创造与心智的成长 [M]. 王德育，译. 长沙：湖南美术出版社，1993：70-72.

续表

评价项目	发展的属性	评价等级		
		很少	一些	很多
美感的发展	思想、感情和知觉的统整 对于色彩调和的敏感性 对于纹理调和的敏感性 对于线条调和的敏感性 喜爱装饰物的设计			
创造性的发展	独创而不抄袭 独创而不模仿他人的风格 独创的内容 表现方式与他人不同 作品整体与他人不同			

表8-4 幼儿美术作品的客观评价标准

评价项目	评价标准	评价等级		
		很少	一些	很多
发展阶段（表现是否符合所属阶段特征）	人物 空间 色彩			
技巧	所用技巧适于表现 所用技巧是作品整体的一部分 作品中所呈现的努力程度			
作品的组织	作品的一部分有细节表现 作品的一部分表现了真实环境 作品的一致性 作品的任何改变影响作品意义的程度			

2. 多彩光谱方案中的美术作品评价指标体系

多彩光谱方案是以美国心理学家加登纳的"多元智能理论"为主要理论依据的课程和评估方案。该方案中的视觉艺术评价采用的方法是收集儿童在一整年中的美术作品，并按照具象性表现水平（指创造出可辨认的符号来代表一般物体的能力），探索程度（指儿童使用艺术材料时通过设计、具象性绘画所反映出的灵活性、生产性、创造性和变化性的程度），艺术水平（指运用不同艺术元素如线条、形状、色彩来表现感情、制造效果以及装饰艺术作品的能力）3个维度，从整体上对儿童作品集进行考察与评价。这3个维度又分别有3个具体的评分角度。具象性表现水平包括基本形

多彩光谱方案中的视觉艺术评分标准（一）

式（组成物体的基本线条和形状、物体特征的表现、比例是否接近现实），颜色（颜色是否与所画对象一致）和空间组合（物体在画面上的空间排列）3方面。探索程度包括颜色（颜色的多样），变化（图画在形式和主题上的变化程度），动态（线条、形状和色彩显现出来的动态）3方面。艺术水平包括表现力（作品中对情感的表达）、饱满感（不同深浅线条的效果）和美感（美感与和谐）。评价时，评价者根据儿童的作品在每个具体的评分维度上给出1、2、3不同水平的评价分值。

除了量化的评价标准外，多彩光谱方案还特别强调用叙述性文字对儿童的美术学习情况进行描述。多彩光谱方案的艺术评价标准具体、清晰，具有良好的操作性。但其对幼儿作品的写实性程度的关注不太符合幼儿的美术发展年龄特征，而且因为该研究来自国外的幼儿园教育实践，对该方案的运用还需要先经过本土化的转化过程。

3. 幼儿美术作品评价建议

评价幼儿的美术作品时，评价者首先应尊重幼儿的特点，找出幼儿作品的精华所在，并以欣赏的目光注视幼儿，用积极的态度激励幼儿。正确地欣赏、评价幼儿作品，对幼儿的发展将会有很大的帮助。教师对幼儿美术作品的欣赏应该建立在对幼儿身心发展规律认识的基础上，要善于了解和理解幼儿，懂得幼儿的内心世界，懂得幼儿美术发展的规律以及幼儿美术的特征，这样才能真正认识幼儿的美术作品，并且准确地把握评价幼儿美术作品的标准。

受各种美术作品评价理论的启发，并结合已有研究和实际评价经验与实践，我们认为在实际工作中可以从造型、色彩、构图、创意、情感、美感6方面对幼儿美术作品进行评价。

> **小贴士**
>
> **幼儿美术作品评价——造型**
>
> 这主要看能不能用流畅的线条和相对准确的形状表现形象，形象是否生动且有一定变化。一幅好的幼儿美术作品往往充满了稚趣，画面上的线条、形状、形式和色彩都传达了幼儿的思想和情感。虽然画面上的事物之间的时空关系不准确，不一定符合客观事实，虽然绘画的技法可能不熟练，甚至很稚拙，但是画面中充满了幼儿的想象和创造，没有太多概念化、模式化的东西，或者模仿

成人画的痕迹。如果一幅幼儿美术作品缺乏稚趣，不能反映"童心"，而是一味追求真实，那么即使形象很规则、构图很合理、技法很规范，我们仍不能说它是一幅好的幼儿美术作品。

> **小贴士**
>
> **幼儿美术作品评价——色彩**
>
> 这主要看色彩是否鲜明、丰富，能涂出自己主观感受到的色彩，不受约束，是否有大面积涂色。儿童画不同于成人画，它满含了儿童对周围事物天真而又充满热情的感受，反映了他们幼稚而又大胆的想法。幼儿的色彩画不受物体固有色的限制，他们的画中充满色彩的对比和夸张的表现，根据自己的喜好随意使用鲜艳、强烈的色彩抒发感情，将画面渲染得五彩缤纷。对于一棵大树，他们会用多种颜色进行涂染，一座小房子经过他们的加工会变得五颜六色。

> **小贴士**
>
> **幼儿美术作品评价——构图**
>
> 这主要看画面饱满程度，所画形象与主题的关联性，主次是否分明、富有变化，主体与背景之间的协调性。构图能力是指绘画者在给定的空间和人、物的关系与位置的前提下，把个别或局部的形象组成一个整体的能力。同时，构图也反映了幼儿认知发展的水平和特征，年龄越小的儿童，其绘画作品越不能清楚地表现出各形象之间的联系，即形象之间相互独立、毫无联系，画面主体感觉偏向画纸的边缘，或是毫无目的地一味将空间填满。幼儿绘画构图的一个大致发展趋势为：由无表现意图转向有表现意图，能把图形和线条简单组合并表现出来，而后转向有目的、有意识的美术创作，绘画形象由最初的相互对立、无联系向统一、有联系转变。

> **小贴士**
>
> **幼儿美术作品评价——创意**
>
> 这主要看能否用与众不同的想象理解主题，画面情节是否完整且富有想象

力。幼儿的思维是大胆的、自由的和富有创造性的，创造力的表现是美术活动本身的一个属性；反之，创造性的美术活动过程刺激了幼儿创造力的发挥。美术活动本身的性质促使幼儿充分地发挥自己的想象力，创造性地解决创作中遇到的问题和冲突，因此，想象力和创造力的体现也是评价幼儿绘画作品的重要方面。

> **小贴士**
>
> **幼儿美术作品评价——情感**
>
> 幼儿美术作品是幼儿自我思想表现的一种方式，包含了他们的生活经验和感受，体现了他们与周围事物的情感关系。例如，在一次活动过程中，一个小朋友画了一幅漂亮的描绘春天景色的作品，画面上一棵棵吐着绿芽的小树苗在山上挺着，草坪上小朋友们放着各式各样的风筝，花坛里开着各式各样的鲜花，蝴蝶在自由地飞翔。画面干净，内容丰富，充满了童趣和幻想色彩。当教师再次回到他身边时，刚才那幅美丽的作品已被蓝色的水彩笔破坏得面目全非了，这时，小朋友正在滔滔不绝地和同伴们讲："大家正在高高兴兴放风筝的时候，天上下起了大雨，山上、地上、草上、小朋友的身上都被雨水淋湿了。"这幅画可能有不尽如人意的地方，但是它充分表达了幼儿独立的思想和情感，幼儿兴趣浓厚，表现积极。

> **小贴士**
>
> **幼儿美术作品评价——美感**
>
> 色彩的运用对于幼儿而言是一种令人激动的体验，幼儿可以通过颜色去表现自己的情绪、态度甚至反映某些个性特征。因此，幼儿美术作品的线条、色彩、形象等绘画因素有着自己的特点，我们可以通过作品表现出来的审美规律来审视不同作品的差异，如色彩的搭配，线条的韵律、节奏等。

三、对学前儿童美术欣赏的评价

学前儿童美术欣赏指幼儿对各种美术作品进行体验和感悟的复杂心理过程，评价者可以从美术欣赏能力和美术欣赏态度两方面进行评价。[①]

(一) 对幼儿美术欣赏能力的评价

美术欣赏能力包括情感、想象、记忆、知觉、感觉等诸多心理要素。对幼儿美术欣赏能力的评价可以从幼儿对美术作品的经验、形式、象征和主题4方面进行，每方面又可以分成3~4种水平。

1. 经验

(1) 幼儿能说出美术作品的主要内容及简单关系，而且能够具体描述作品中的细节，做出整体性描述。

(2) 幼儿能说出美术作品的主要内容及简单关系。

(3) 幼儿能说出美术作品的主要形象和内容。

(4) 幼儿不能说出美术作品的主要形象和内容。

2. 形式

(1) 幼儿能用描述性或者具体、生动的语言从美术作品的造型、色彩、构图等方面说出美在哪里。

(2) 幼儿由于受到美术作品中某些形象、色彩或者情节的吸引，而做出正面评价。

(3) 幼儿由于受到作品中自己熟悉的某些形象、色彩或者情节的吸引，而做出正面评价。

(4) 幼儿只是很笼统地对美术作品做出正面评价。

3. 象征

(1) 幼儿能够准确、细致地说出作品的象征意味。

(2) 幼儿能够准确、简单地说出作品的象征意味。

(3) 幼儿不能或者无法正确地说出作品的象征意味。

4. 主题

(1) 幼儿能够细致地描述作品的主题。

(2) 幼儿能准确、简单地说出作品的主题。

(3) 幼儿不能或者不正确地说出作品的主题。

[①] 边霞. 幼儿园美术教育与活动设计 [M]. 2版. 北京：高等教育出版社，2016：199.

(二) 对幼儿美术欣赏态度的评价

美术欣赏态度是指参与美术欣赏过程中的专注程度，可以分为很专注、比较专注和不太专注 3 种水平。

（1）很专注：从美术欣赏开始到结束，幼儿能够集中注意力，几乎不受其他因素的影响。

（2）比较专注：在美术欣赏过程中，幼儿能够努力集中注意力，较少受到其他因素的影响，即使受到影响而中断欣赏，也能很快地继续欣赏。

（3）不太专注：在美术欣赏过程中，幼儿很容易受到其他因素的影响，经常走神。

第三节　学前儿童美术学习评价案例与分析

一、学前儿童美术学习过程评价案例与分析

学前儿童美术学习过程区别于成人美术学习过程，幼儿美术创作的过程并不是经过深思熟虑的，常常受到时间、地点、场合及情绪情感的影响，表现为不断建构、不断生成的构思和表达过程。因此，对学前儿童美术学习过程进行评价和分析应该基于对他们美术学习过程的观察与记录。以下 2 个案例呈现了幼儿美术创作的详细过程。第一个案例是按照上文提出的构思、主动性等 9 方面一一进行对照与分析，并对每部分的 4 种水平进行了评定。而第二个案例则是将以上 9 方面融合在一起进行综合分析与评价。也就是说，在实践中可以结合具体案例灵活进行分析与评价。

⊙《我看到的汤家巷》创作过程的评价与分析

（一）基本信息

幼儿飞飞：6 岁（大班），男。

工具和材料：黑色勾线笔、白纸、炫彩棒。

经验准备：飞飞所在班级参观过家乡小镇的汤家巷，并欣赏过吴冠中的水墨画作品。

（二）绘画过程

飞飞取出黑色勾线笔在白纸上作画。他先在白纸偏下方画出一条长弧线，在弧线上方左侧画出一幢两层楼的房子，在房子旁边画上消防车。他在长弧线右上侧再次画出两条稍短的弧线，并用黑色勾线笔在两条短弧线内涂出两个相似的黑色图案，黑色图案上方是一幢尖顶房子，房子左侧有乌龟和与"乌龟车"相似的图案，在整幅画面的中心位置依稀看出"一个人坐在池塘边钓鱼"的场景。

接下来，飞飞在长弧线内继续创作两个人物，他抬头询问我："刘老师，我可以在画上画出不一样的那个吗？（不一样的汤家巷）"我一开始没有完全理解他的意思，顺着他的话鼓励他："可以的。"他在消防车上利用线条、色块进行装饰，并再次询问我："刘老师，我想画一个太阳。"我答道："你在汤家巷能看到太阳吗？"他点头："能。""好，有（太阳）你就画（太阳）。"他在左上角画出扇形太阳。"汤家巷还有白云。"他抬头告诉我，并在太阳右侧画出4朵表情不一的云朵，云朵下方缀着许多黑色圆点和一些锯齿线。

飞飞边画边说："谁逃了都能抓桶里。"旁边的女孩听他讲述画面，我主动询问他正在装饰的是什么？他告诉我："大概有两个渔夫，钓到了两条小鱼，两条小鱼是兄弟哦，渔夫一边说话一边钓鱼。"我指了指云朵下面的锯齿线询问他这是什么？"是雨和雷！"他一边比画一边回答我。女孩指着画面的中心位置问他："那这是什么？"飞飞说："这是汉堡，这鱼把汉堡吞了，还剩下肉片。"

涂色时，飞飞首先选择蓝色炫彩棒对消防车车厢进行装饰，再选用红色炫彩棒涂抹房顶，边涂边说："这屋顶着火了。"旁边的小伙伴指着他的太阳提出质疑："下雨了，怎么还有太阳？""因为会出彩虹呀，只是现在还没有到出彩虹的时间。"用绿色炫彩棒涂完乌龟和乌龟状的车后，他和旁边的女孩先后去上厕所。

飞飞回来后，继续用蓝色炫彩棒涂抹，很投入，他拍拍我的手，比画着告诉我："刘老师，他们被水淹了还不知道。"我很惊讶："飞飞，你为什么画两个人被水淹了呢？""因为这两个人……他们两个是说……一不小心说多了就呜呜沉下去了。"我继续追问："那你的消防车是用来救他们的吗？"他圈着红房顶，用笔敲敲画面："消防车是救这些人，是用来灭火的。"他选择蓝色炫彩棒涂房子的墙面，喃喃自语道："他们差点儿就被烧了，他们是第一层。"他用棕色炫彩棒涂长弧线以下部分，嘴里一直发出"呜呜"的声音，一会儿，他举起笔和我说："刘老师，我用着用着，（笔头）就斜了。"呜呜声跟着他的涂抹声持续进行。

"有时候……我们那个……就是……我们……过好了老家就可以出去玩了,刘老师。"他忽然抬头和我说。看到他涂色覆盖住了人物,我问:"棕色的是什么?""棕色的人是一个被石化的,这机器人被踩下去了……他躺在那儿好好的,被踩下去了。"我向他确认:"那飞飞你画的是汤家巷吗?""对,另一种汤家巷,这是以前的汤家巷。"(见图8-1)

图8-1 幼儿作品《我看到的汤家巷》

(三)案例评析

(1)构思:该幼儿能围绕"汤家巷"这一主题,结合自身经验(如救火、垂钓、雨后彩虹特定场景等),在创作前考虑好主题,动手创作之后围绕主题展开想象,又产生新的构思。

(2)主动性:飞飞参观过汤家巷,在创作过程中主动回忆自己看到的汤家巷,并投入创作活动中。当他遇到困惑时能主动向教师提问,征求教师的意见,如:"刘老师,我可以在画上画出不一样的那个吗?(不一样的汤家巷)"

(3)兴趣性:飞飞在绘画时身心投入并充满兴趣,不断地描绘自己的内心世界,积极主动地向同伴、教师讲解,展现了较强的想象力。

(4)专注性:在25分钟的创作过程中,飞飞能独立、专注地完善作品,能按照自己的意愿作画,不受他人的干扰,中途上完厕所后,能继续主动专注地作画。

(5)独立性:飞飞能够独立地选择绘画工具,边构思边创作。当他遇到问题征求教师的建议后,能独立地继续完成作品。

(6)创造性:飞飞画出的线条、形象、色彩等具有自己的特点,如人物造型多以色块的形式为主,注重装饰,精心构造画面。除了表现自己看到的汤家巷外,还创造性地表现虚构的汤家巷。

（7）操作的熟练性：飞飞使用炫彩棒时姿势正确、轻松，操作动作连贯流畅，一次完成动作。他还巧用锯齿线、半弧线等线条表现实物轮廓的特征，用色块表现人物造型。飞飞使用炫彩棒涂色时方向较为混乱，常常不能饱满地涂色，有时会涂到轮廓的外边，设色相对单调，这些表明飞飞涂色时耐心不够，但作画时情绪愉悦。

（8）自我感觉：飞飞主动向教师和同伴介绍并讲解作品内容，对自己的作品表示满意。

（9）习惯与常规：飞飞能有顺序、有步骤地完成作品，保持工具和材料的固定位置，用时取出、用后放回。

（刘鑫阳）

⊙《亚洲象》创作过程的评价与分析

（一）基本信息

幼儿尧尧：6岁（大班），男。

工具和材料：超轻黏土。

（二）泥工制作过程

尧尧拿来一盒蓝色的超轻黏土，将它分成5份，拿起其中的一份用手掌搓长，接着用拇指和示指将超轻黏土的一端捻得又细又长。尧尧拿来一份新的超轻黏土，依旧用双手手掌将之搓成一个像短木桩一样的形状，然后将其贴在之前做好的那份超轻黏土上。尧尧左手拿着刚刚做好的超轻黏土，右手在桌上搓了几下另一份超轻黏土，然后将其贴在"主体"上，剩余的两份超轻黏土也如法炮制。

泥塑大致成形了，看得出有一个身子和四条腿，尧尧将它放在桌上。这次，他又用指尖扣了一点儿超轻黏土，接着用拇指和示指捻着，然后粘到"身子"上，最后用手指捏出两片彩泥圆片，粘在刚刚的地方两侧。尧尧说："我这次做的是一头亚洲象。"

尧尧认真地注视着他的"亚洲象"（见图8-2），双手不停地进行调整。尧尧说："下次让我教大家做吧！"我点点头。尧尧又扯下来一块超轻黏土，一边旋转，一边用拇指、示指、中指进行捻和捏，做完后将它装到了"大象"的长鼻子旁边。尧尧说："太软了。"我问："你是不是做了一根象牙？"尧尧说："对的，我还要再做一根象牙，成年大象有两根象牙，一根短的，一根长的！"

"我这还不太长。"尧尧边说边做第二根象牙，做完之后将它装到了"大象"鼻子的另一侧。

"完成了！"尧尧双手托着他的作品给我看，"这是一头亚洲象！"

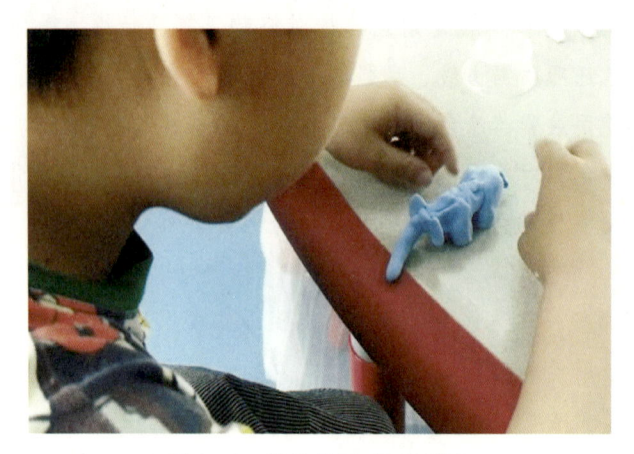

图8-2 幼儿作品《亚洲象》

向我展示完毕后,他把"大象"泥塑放到了桌面上,把"大象"的前腿和后腿分别掰开说:"这是摔了一跤。"

"这是摔了一跤吗?"我问。

"它只是累了,休息一下。"尧尧说。

"它是不是趴下来在睡觉呀?"我问。

"是的,有时候大象会用它们的鼻子给自己洗澡,夏天的时候它们就会这样。"尧尧说。

(三)案例评析

区域活动时间,尧尧小朋友连续两天选择了美工区的泥工活动,他对泥工活动倾注了极大的热情,完全沉浸在创作过程中,对泥工活动充满了兴趣。他的泥工活动持续了约10分钟,捏了一头"亚洲象"。在这10分钟里,尧尧小朋友十分专注,不受外界的干扰,并且在创作完成之后感觉良好,主动向教师展示自己的作品,还积极地介绍"这是一头亚洲象",接着兴致勃勃地与教师讨论大象睡觉等相关话题。

在泥工活动中,尧尧小朋友的手部小肌肉群发展较好,手的动作协调灵活,能熟练地运用捏、捻、搓、压、推、拉等技能来塑造出自己想要的形状;操作动作连贯、迅速、准确,一次完成创作,作品质量好。

尧尧小朋友的独立性较强,自己决定活动的任务、主题,对于创作过程中出现的问题,如超轻黏土做的象牙太软了不能定型的问题,能够积极动脑,独立完成任务。他具有较好的创造性,能够重组学过的造型、方法和技能,如能够采用捏萝卜的方法做"大象"的"牙",采用做柱子的方法做"大象"的"腿",采用做面条的方法做"大象"的"尾巴"……

总之,尧尧在这次泥工活动中能有顺序、有步骤地完成作品,体现了良好的顺序性;而且在创作前就考虑好创作的主题和内容——"亚洲象",之后围绕已想好的主题和内容进行创作。在创作过程中,尧尧操作熟练,体现了良好的主动性、兴趣性、专注性、独立性与创造性。

(吴钟远)

二、学前儿童美术作品评价案例与分析

⊙ 幼儿作品《冰激凌商店》的评价与分析

（一）基本信息

幼儿然然，5 岁（中班），女。

作品介绍："我画的冰激凌有好多口味，有可乐味、咖啡味、蓝莓味和巧克力味。我最喜欢巧克力味道的冰激凌。这个冰激凌商店叫作'4712'，这两个笑脸是我和我的妹妹，有一天我们一起去买了冰激凌，我们吃得好开心。"（见图 8-3）

图 8-3 幼儿作品《冰激凌商店》

（二）案例评析

（1）构图：然然在作画时用一条基底线将各类冰激凌一一摆开，排列整齐，运用了规律排序的数学经验，呈现出商品目录式构图的特点。

（2）造型：从作品的基本形式来看，然然倾向于将三角形和波浪线、小长方形和大正方形组合成冰激凌的样式，将点、线、图形和数字共同组合。

（3）色彩：在用色方面，然然的作品是单色调的，她只使用了黑色，虽然作品颜色没有变化，但大量地使用了各类线条和图形，线条流畅。

（4）创意：然然将画面有序地分为上、下两部分，上面是冰激凌，下面是她和妹妹的笑脸。然然用数字"4712"作为商店的名称，并在右上方写出来，将数字与

图画较好地组合在一起。

(5) 情感:然然能通过实际的具象手法,如画面下方的两张笑脸,表达了她喜悦的情绪,画面呈现出"活泼""快乐"的情感氛围。

(6) 美感:以线条和色块的变化来装饰冰激凌的上端,其画面呈现出一定的饱满感。

(许浒)

⊙ 幼儿作品《我看到的汤家巷》的评价与分析

(一) 基本信息

幼儿飞飞,6岁(大班),男。

作品介绍:"最下面有个人被埋住了,然后有个机器人被踩下去了。乌龟和汽车比赛,乌龟赢了。小池塘里有两个人在说话,说得很大声,沉到水里了,橘黄色的这儿是代表好运的桥。中间大嘴花上面还有人,被水喷湿了。蓝色消防车有一个箱子,因为这是特殊消防车,救着火的房子里的人。右边的房顶本来就是红色的,所以不去救。"(见图8-1)

(二) 案例评析

(1) 构图:作品主题明确,飞飞对上和下、里和外的认识明确,可以看出作品内容具有一定的透视关系。其中透过渔夫的鱼篓子可以看出有鱼的形象,体现了"透明画"的表现手法,整幅画呈现出罗列式构图方式。

(2) 造型:作品中人物造型多以色块的形式为主,没有明显的五官,但能看出人物的动作。房子、消防车、乌龟、云朵等物体线条流畅自由,笔触的力度均匀适中。飞飞还注意细节描绘,如云朵表情各异,运用了拟人的表现手法。物体和物体间的比例接近现实,展现了明显的动态特征。

(3) 色彩:画面色彩比较鲜艳,灵活地运用了对红色、黄色、蓝色。所有颜色的运用大多与真实物体颜色不一致。

(4) 创意:飞飞用不同的线条和色块来表现事物的结构,如消防车的云梯和车厢、云朵的表情等,画面充满故事性、趣味性和韵律感。飞飞假想了两条小鱼在对话,将池塘里的小鱼拟人化。

(5) 情感:消防车、着火的房子、池塘、小乌龟、钓鱼的人等让整幅作品充满了热闹的氛围。而且飞飞对自己的生活经验进行了想象,强调他画的不是现在的汤家巷,而是过去的汤家巷。

(6) 美感:动物、人物等都是飞飞的有意安排,而且为了修饰的需要选择了某些颜色。

(刘鑫阳)

三、学前儿童美术欣赏评价案例与分析

⊙ 幼儿欣赏作品《舞蹈》的评价与分析

(一) 基本信息

大班：幼儿年龄在5~6岁，活动持续25分钟。

马蒂斯作品《舞蹈》

(二) 美术欣赏过程

幼儿1："啊！脚丫子。"

幼儿2："没穿衣服。"

幼儿3："他们很奇怪。"

教师："嘘！先用你的小眼睛仔细看。"

(幼儿慢慢安静下来，认真地看了起来)

教师："在这幅画里你看到了什么？给你什么感觉？"

幼儿1："我感觉他们在跳舞。"

幼儿2："他们光着身子。"

幼儿3："他们穿着衣服，是假裁缝做的。"

幼儿4："他们在手拉着手跳舞，很强壮。"

教师："你们说他们很强壮，是从哪里看出来的？"

幼儿1："腿上的肌肉。"

幼儿2："他们很有力量。"

幼儿3："我感觉他们转得很快，快要飞起来了。"

教师："你们都认为他们是在跳舞，除了看到他们在跳舞，你还看到了什么？"

幼儿1："绿色、蓝色。"

幼儿2："蓝色的像大海，他们马上要跳进去了。"

幼儿3："感觉他们站在荷叶上，快要摔到河里了。"

幼儿4："绿色和蓝色是冷色。"

幼儿5："可是人是暖色。"

教师："你们可真聪明，发现了画面上的冷色和暖色。人身上的暖色给你什么感觉呢？"

幼儿1："天太热了，他们把衣服都脱光了。"

幼儿2："他们在海边，觉得跳得太热了，把衣服脱了。"

教师："你们都有很热的感觉。天气热，他们跳舞跳得也热。他们手拉手飞快地跳着，像要飞起来。他们的肌肉很有力量，身体也很强壮。这一切都给我们热烈的感觉。下面请小朋友猜猜看，这幅画的画家是谁，为什么是他呢？"

幼儿1："康定斯基。他的画像音乐一样，是画跳舞的人的。"

幼儿2："不是康定斯基，康定斯基的画上有好多小线条，这幅画是用绿色、蓝色、橘色画的。这是蒙德里安画的。"

幼儿3："蒙德里安喜欢画方块，是马蒂斯，他就用大色块。"

教师："对，这是马蒂斯的作品。康定斯基的画虽然有音乐的感觉，但他不一定直接画听音乐的人，他的画上会有许多抽象的线条，很自由。蒙德里安喜欢用红、黄、蓝，他的画也有很多大色块，但大多数是正方形、长方形、菱形的图案。马蒂斯就喜欢用红、绿、蓝这样的大色块表现热烈、奔放和自由的感觉。"

教师："下面我们来听几段音乐，一边听一边想一想，感觉一下，哪段音乐最热烈？"

（教师依次播放《邀舞》《自新大陆》《沉思》等不同风格的音乐，幼儿沉浸在音乐所创设的不同氛围中，用心地听着，边听边做各种身体动作）

幼儿1："第二段最热烈。"

幼儿2："我也觉得是第二段。"

教师："大家都觉得是第二段，老师也觉得是。让我们再来听一听第二段音乐，边听边用动作来表现出音乐热烈的感觉。谁愿意上前面来表演给大家看？"

（幼儿纷纷举手要求到前面来给大家展示。他们根据音乐所表现出的热烈的感觉，积极、大胆地做着各种夸张的身体动作，有的还颇有些舞蹈的韵味）

教师："我们再来画一画热烈的感觉。想一想，你准备用什么样的色彩和线条来表现热烈的感觉。"

（幼儿自由讨论、创作，操作后互相欣赏、评议，看一看谁的画面最热烈）

（三）案例评析

1. 美术欣赏能力

（1）经验：幼儿能够看出画面中的人在跳舞，而且能从他们腿上的肌肉推测出这些人强壮、有力，这说明幼儿能够说出作品中的主要内容及简单关系，对作品能够做出简单的描述，而且能够注意到作品的细节。

（2）形式：幼儿能够说出这幅作品的主色调是绿色和蓝色，也能够分辨出绿色、蓝色是冷色调，而人是暖色调。这说明他们对作品所呈现的色彩具有较高的敏感性，对作品的色彩美能够做出较为准确的评价。

（3）象征：幼儿将暖色调和画面中的人因为太热而把衣服脱掉联系起来，感受到画面所传达出的热烈氛围，这说明他们对作品中色彩的象征意味有较为准确的认知。

（4）主题：在猜测作品的画家时，大部分幼儿没有正确猜出，这仅仅是因为他们缺乏相关知识，然而他们能够正确地说出作品的某些特征和作品所展现的风格，这说明他们对作品所表达的主题有正确的认知。

2. 美术欣赏态度

整个欣赏活动持续了25分钟，在欣赏的过程中幼儿能够比较专注地欣赏作品，积极地回答教师的问题，因此幼儿的美术欣赏处于较高的发展水平。

（李燕）

⊙幼儿欣赏作品《收获的风景》的评价与分析

（一）基本信息

大班：幼儿年龄在7～8岁，活动持续27分钟。

梵高作品《收获的风景》

（二）美术欣赏过程

（幼儿观看过表现农民在田野上劳动和收获场面的视频资料，欣赏过视频《在希望的田野上》，在积累了一定的感受和经验之后进行了热烈的谈论）

教师："下面我们来看一幅画，你在这幅画上看到了什么？"（见图8-4）

图8-4 《收获的风景》梵高

幼儿:"田野。"

教师:"田野是什么样的?"

幼儿:"金黄色的,有小麦。"

教师:"在这片田野上你还看到了什么?"

幼儿:"山。"

教师:"远处有山。"

幼儿1:"有房子。"

幼儿2:"有稻草房。"

幼儿3:"是稻草堆。"

幼儿4:"稻草堆上有梯子。"

教师:"为什么有梯子?"

幼儿:"堆得太高了。"

教师:"想再往上堆就用梯子,是吗?"

幼儿1:"田野里的车子。"

幼儿2:"前面有一排栅栏。"

教师:"你们喜欢这片田野吗?人们在田野里干什么?"

幼儿1:"我看见有人在劳动。"

幼儿2:"我发现田里的东西要收获了。"

幼儿3:"我感觉这些像割麦子的车子。"

教师:"你们看到人们在田野里辛勤地劳动,心里是什么感觉?"

幼儿1:"很辛苦。"

幼儿2:"我觉得他们劳动很有力气。"

幼儿3:"我想让他们到城市里去,因为劳动很累。"

幼儿4:"他们割麦子给我们吃,我们感谢他们。"

幼儿5:"我想去帮忙。"

教师:"你想去帮忙,真是有同情心的好孩子。劳动是有辛苦的一面,可是看到自己的劳动成果时,会有什么感觉呢?"

幼儿1:"很高兴。"

幼儿2:"特别高兴,因为我们有粮食吃了。"

幼儿3:"因为庄稼丰收了所以高兴。"

教师:"你们感觉到了农民在庄稼丰收时的喜悦,这种感觉你从画面上是怎么看到的?"

幼儿1:"我觉得画面上的人很忙碌,很高兴。"

幼儿2："我觉得画面是暖色的，很好看。"

教师："你们注意到了画面的颜色，我们来看一看，整幅画以什么颜色为主？"

幼儿1："我感觉黄色最多。"

幼儿2："我感觉也是黄色最多。"

教师："能不能用一个词来说一下。"

幼儿1："金黄色。"

幼儿2："很有力的黄色。"

教师："对这种金黄色调你有什么感觉？"

幼儿："我感觉就像走在火里，热得要把我烤焦了。"

教师："这些金黄色给你烤焦的感觉吗？感觉一下。"

幼儿："很幸福，像金黄色的金子。"

教师："画上没有太阳，你是怎么感觉到阳光的？"

幼儿1："地上的颜色很黄。"

幼儿2："我感觉太阳在这个地方，因为这个地方很亮。"

幼儿3："暖色。我感觉这里也有阳光。"

幼儿4："这片田野上到处是阳光。"

教师："刚才小朋友谈到阳光照在田野里、照在农舍上，除了看到房子、庄稼外，往远处看你还看到了什么？"

幼儿1："看到了天空。"

幼儿2："草地。"

幼儿3："好像变色了。"

教师："老师有一个问题，你们觉得画家画远处的景色和近处的景色有什么不同？"

幼儿："远处的景色颜色淡，近处的景色深一点儿。"

教师："画家是怎么表现远处和近处的景色的？"

幼儿："我感觉远处的房子越来越小，很远很远就像没有了。"

教师："刚才小朋友说了，在颜色上远处和近处不同，远的淡，近的深。同样画田野，在远处的景色很简洁，近处的是怎么画的呢？大家伸出手来学一学。"

教师："你们真聪明，你喜欢这幅画吗？给它起个名字吧。"

幼儿1："《丰收田野》"。

幼儿2："《山脚下的农田》。"

幼儿3："《丰收的田野》。"

教师："画家自己给这幅画取的名字是《收获的风景》，和你们起的名字意思差

323

不多。这个画家是谁呢？你们猜一猜。"

幼儿1："马蒂斯。"

幼儿2："毕加索。"

幼儿3："蒙克。"

幼儿4："米罗。"

幼儿5："康定斯基。"

教师："画这幅画的画家名叫梵高。这幅画里还有个故事呢：梵高是荷兰人。有一天，他在法国南部一个叫阿尔的地方，看到田野上正是一片丰收繁忙的景象。地里的庄稼金灿灿的，微风吹过，麦浪翻滚；农民们一边收割，一边快乐地唱着歌，歌声随着风儿飘扬……梵高被这快乐的景象感染了！于是，他拿起画笔画下了这幅《收获的风景》。今天让我们也来学梵高画一幅农民在田野里丰收的图画，很多小朋友都到过农村，说一说你在农村里看到了什么？"

幼儿1："爷爷在田里拔菜，拔！拔！拔！"（边说边做出拔菜的动作）

幼儿2："有几只鸭子在田野里。"

教师："田野里什么样？"

幼儿1："金黄色。"

幼儿2："我看见阿姨在种油菜。"

教师："阿姨是怎么种的？"

幼儿："划一个沟然后把油菜放到里面。"

教师："油菜花是什么颜色？"

幼儿1："黄色。"

幼儿2："亮晶晶的。"

幼儿3："黄色最多。"

幼儿4："我哥哥带我去撒网，在水塘里捉鱼。"

幼儿5："农民伯伯都戴着帽子，因为太阳太晒了。"

教师："你是说田野里阳光特别强烈，特别刺眼对吗？那你想用什么颜色来画呢？"

幼儿1："用暖色。"

幼儿2："大片的黄色。"

教师："你们想画什么？怎么画？怎样构图呢？"

幼儿1："我画赶鸭子。"

幼儿2："小路、天空、太阳。"

幼儿3："我画大片的田野，不画天。"

幼儿4："我画一点点天，像梵高那样的。"

教师："这样画有什么优点呢？"

幼儿1："感觉田野很大很远。"

幼儿2："我要画很大的天，因为我喜欢天。"

（构思讨论完后，幼儿纷纷跑向画桌，开始画画）

（三）分析与评价

1. 美术欣赏能力

（1）经验：幼儿能够看出这幅作品画的是田野，能够说出田野里有房子、金黄色的小麦、稻草、车子，看见有人在劳动。这说明幼儿能够具体描述画面中的细节，能够准确地说出这幅画的内容和相互关系，对作品能够做出整体性的评价。

（2）形式：幼儿能够说出这幅画的主色调是黄色，而且能够具体描述出黄色带给人的感受，还能够清楚地说出画面中近大远小的规律。这说明幼儿对作品的造型、构图和色彩等要素有清楚的认知，对作品所表达的形式美能够做出正确、准确的评价。

（3）象征：幼儿表达出与画面中人物相同的同理心，能够感受到他们劳动的辛苦，想要帮助他们，并为他们的丰收感到高兴。这说明幼儿对作品所表达的象征意味有较为深刻的认知。

（4）主题：当教师让幼儿为这幅画命名的时候，幼儿将之分别命名为《丰收田野》《山脚下的农田》和《丰收的田野》，与这幅画真正的名字《收获的风景》十分相似。这说明幼儿对这幅画所表达的主题有较为明确的认知。

2. 美术欣赏态度

本次美术欣赏活动持续了27分钟，幼儿能够在教师的引导下积极地欣赏作品，身临其境地回忆自己在农村生活的经历，整个活动对幼儿的美术素养提升有极为重要的影响和作用。

（郑梅）

单元回顾

⊙ 单元小结

本单元主要讨论了以下2个问题：

（1）学前儿童美术教学活动评价。

（2）对学前儿童美术学习的评价。

学前儿童美术教学活动的评价主要针对教师的行为表现，可以从活动设计、活动准备、活动实施和活动效果4方面进行。评价教师的活动设计包括活动目标的制定是否清晰，结构是否合理，各个环节是否循序渐进并突出了重难点，内容是否符合幼儿的学习特点，是否具有独创性等。教师的活动准备主要包括教师是否熟悉活动内容、了解幼儿的现有水平，是否充分考虑了活动所需的工具、材料、场地等。在活动实施环节，教师的活动组织能否发挥和调动大多数幼儿的活动积极性、主动性，教师能否有效地执行教育活动的计划，教师能否根据教学过程的实际需要灵活调整活动目标与计划等。活动效果主要指幼儿在活动过程中的行为表现和创作的作品效果。评价学前儿童美术教学活动的目的是为教师改进现有的美术教学活动提供依据，同时帮助教师提高自身教育水平，获得专业成长，它起到激励、诊断、调节、导向的作用。

学前儿童美术活动一般包括绘画、手工和美术欣赏，在评价幼儿美术学习时，我们可以从美术创作过程、美术作品和美术欣赏3方面来进行。美术创作过程是从某一艺术表现的构思到完成作品的过程，其中既有内部的心理活动，又有外部的行为表现，两方面在实际活动中融为一体，评价者可以通过观察学前儿童在美术活动中的行为表现，记录和整理后做出评价解释。幼儿美术作品是幼儿美术活动的成果，是幼儿美术学习的一种呈现方式，可以清晰地反映出幼儿美术能力的水平与特点。对幼儿美术作品进行科学、有效的评价，有助于教师更好地了解幼儿的现状，可以激发幼儿的兴趣，增强幼儿的创作欲望。幼儿美术欣赏是指幼儿对各种美术作品进行体验和感悟的复杂心理过程，可以从美术欣赏能力和美术欣赏态度两方面进行。

⊙ 拓展阅读

[1] 罗恩菲德. 创造与心智的成长 [M]. 王德育, 译. 长沙：湖南美术出版社, 1993.

[2] 陈帼眉. 学前儿童发展与教育评价手册 [M]. 北京：北京师范大学出版社, 1994.

⊙ 巩固与练习

一、名词解释

1. 学前儿童美术教育评价

2. 活动准备

二、简答题
1. 学前儿童美术教学活动评价的目的是什么？
2. 学前儿童美术教学活动评价的内容有哪些？

三、论述题
1. 谈谈你对学前儿童美术教育评价的理解。

四、案例分析题
在中班美术活动"画春天"中，教师先带幼儿出去春游，认识春天的各种元素，然后回到教室后，以各种方式带领幼儿欣赏春天（如观看视频、图片、实物等），同时观摩表现春天的作品，在积累了大量前期绘画经验的基础上，充分激发幼儿的创作兴趣，最后鼓励幼儿大胆作画，并集体欣赏和评价幼儿的创作成果。

问题与思考：
请依据学前儿童美术教学活动评价的相关要求来分析、评价以上美术教学活动案例。

五、实践题
请观察和记录一个幼儿的美术创作过程，结合本单元内容对其进行描述与评价。

参考文献

［1］王宏建．艺术概论［M］．北京：文化艺术出版社，2000．

［2］蒋跃．绘画形式语言与创作研究［M］．合肥：安徽美术出版社，2018．

［3］潘天寿．潘天寿美术文集［M］．北京：人民美术出版社，1983．

［4］范梦．中外画家谈素描［M］．郑州：河南美术出版社，1987．

［5］李季湄，冯晓霞．《3—6岁儿童学习与发展指南》解读［M］．北京：人民教育出版社，2013．

［6］陈帼眉．学前儿童发展与教育评价手册［M］．北京：北京师范大学出版社，1994．

［7］王振宇．学前儿童心理学［M］．北京：中央广播电视大学出版社，2011．

［8］陈帼眉，冯晓霞，庞丽娟．学前儿童发展心理学［M］．北京：北京师范大学出版社，2013．

［9］郭声健．艺术教育论［M］．上海：上海教育出版社，2000．

［10］屠美如．学前儿童美术教育［M］．长春：东北师范大学出版社，2003．

［11］尹少淳．尹少淳谈美术教育［M］．北京：人民美术出版社，2016．

［12］屠美如．儿童美术欣赏教育研究［M］．北京：教育科学出版社，2001．

［13］边霞．儿童艺术与教育：修订本［M］．南京：江苏凤凰教育出版社，2015．

［14］孔起英．幼儿园美术领域教育精要：关键经验与活动指导［M］．北京：教育科学出版社，2015．

［15］边霞．幼儿园生态式艺术教育的理论与实践［M］．杭州：浙江教育出版社，2017．

［16］李力加．给幼儿教师和家长的81条美术教育建议［M］．北京：中国轻工业出版社，2015．

［17］林琳，朱家雄．学前儿童美术教育［M］．上海：华东师范大学出版社，2014．

［18］边霞．幼儿园美术教育与活动设计［M］．2版．北京：高等教育出版

社，2016.

[19] 汝茵佳，周燕．幼儿园美术教育［M］．北京：人民教育出版社，2004.

[20] 冯婉桢，王晶，崔雨秋．幼儿美术鉴赏活动指导［M］．北京：人民邮电出版社，2017.

[21] 顾菁．当代艺术与美国儿童美术教育［M］．上海：复旦大学出版社，2015.

[22] 李甦．探索儿童的绘画世界［M］．上海：华东师范大学出版社，2017.

[23] 边霞，黄进，张金梅．幼儿园体验·探究·交往课程教师指导手册：大班上册［M］．杭州：浙江教育出版社，2014.

[24] 董旭花，刘霞，赵福云，等．幼儿园自主性学习区域活动指导：生活操作区·美工区·益智区·科学区［M］．北京：中国轻工业出版社，2014.

[25] 王微丽．幼儿园区域活动：环境创设与活动设计方法［M］．北京：中国轻工业出版社，2014.

[26] 唐松梅，周慧萍．从美出发：聚焦幼儿审美经验建构［M］．南京：南京师范大学出版社，2016.

[27] 阿恩海姆．艺术与视知觉［M］．滕守尧，译．成都：四川人民出版社，2019.

[28] 里德．艺术的真谛［M］．王柯平，译．北京：中国人民大学出版社，2004.

[29] 罗恩菲德．创造与心智的成长［M］．王德育，译．长沙：湖南美术出版社，1993.

[30] 加德纳．艺术·心理·创造力［M］．齐东海，等译．北京：中国人民大学出版社，2008.

[31] 加登纳．艺术涂抹［M］．兰金仁，译．北京：中国商业出版社，1994.

[32] 加登纳．艺术与人的发展［M］．兰金仁，译．北京：光明日报出版社，1988.

[33] 达维多．涂鸦解密：儿童绘画心理透视［M］．陈霞，译．杭州：浙江教育出版社，2007.

[34] 格罗姆．儿童绘画心理学：儿童创造的图画世界［M］．李甦，译．北京：中国轻工业出版社，2008.

[35] 詹森．艺术教育与脑的开发［M］．北京师范大学"认知神经科学与学习"国家重点实验室，脑科学与教育应用研究中心，译．北京：中国轻工业出版社，2005.

［36］赫维茨，戴．儿童与艺术［M］．郭敏，译．长沙：湖南美术出版社，2008．

［37］史密斯，福齐纳，肯尼迪，等．教孩子画画［M］．贾茜茜，译．长沙：湖南美术出版社，2008．

［38］荷伯豪斯，汉森．儿童早期艺术创造性教育［M］．邓琪颖，译．南宁：广西美术出版社，2009．

［39］爱泼斯坦，特里米斯．我是儿童艺术家：学前儿童视觉艺术的发展［M］．冯婉桢，等译．北京：教育科学出版社，2012．

［40］巴伯．幼儿园创造性游戏：环境创设与活动指导［M］．北京：中国轻工业出版社，2017．

［41］佩洛．艺术语言：以探究为基础的幼儿园美术活动［M］．于开莲，译．北京：教育科学出版社，2011．